刊行の趣意

「学問は歴史に極まり候ことに候」とは、先哲荻生徂徠のことばである。歴史のなかにこそ人間の智恵は宿されている。人間の愚かさもそこにはあらわだ。この歴史を探り、歴史に学んでこそ、人間はようやくみずからの正体を知り、いくらかは賢くなることができる。新しい勇気を得て未来に向かうことができる。徂徠はそう言いたかったのだろう。

「ミネルヴァ日本評伝選」は、私たちの直接の先人について、この人間知を学びなおそうという試みである。日本列島の過去に生きた人々の言行を、深く、くわしく探って、そこに現代への批判を聴きとろうとする試みである。日本人ばかりではない。列島の歴史にかかわった多くの異国の人々の声にも耳を傾けよう。

先人たちの書き残した文章をそのひだにまで立ち入って読み、彼らの旅した跡をたどりなおし、彼らのなしとげた事業を広い文脈のなかで注意深く観察しなおす――そのとき、はじめて先人たちはいまの私たちのかたわらによみがえってくる。彼らのなまの声で歴史の智恵を、また人間であることのよろこびと苦しみを、私たちに伝えてくれもするだろう。

この「評伝選」のつらなりのなかから、列島の歴史はおのずからその複雑さと奥ゆきの深さをもって浮かび上がってくるはずだ。これを読むとき、私たちのなかに新たな自信と勇気が湧いてきて、その矜持と勇気をもって「グローバリゼーション」の世紀に立ち向かってゆくことができる――そのような「ミネルヴァ日本評伝選」にしたいと、私たちは願っている。

平成十五年（二〇〇三）九月

上横手雅敬
芳賀　徹

救世軍中将の正装の山室軍平

大正２年の山室家（1913年）（後列右が山室軍平）

演説する山室軍平（1925年）

はじめに

現在、山室軍平《やまむろぐんぺい》という人物、そして彼が関わった救世軍《きゅうせいぐん》というキリスト教の団体については馴染みの薄い存在となった。しかし、戦前生まれの方、キリスト教や福祉に多少とも関心をもっている人は、名前だけでも聞いたことがあるかもしれない。年末の街角で「社会鍋」と書かれた旗の下で、ラッパを吹きながら募金活動をする団体を見たか、あるいは寄付したかもしれない。戦前、山室の名前は彼の講話や説教がレコードにもなり、救世軍の活動はかなり多くの人たちに知られていた。街行く人たちは、寒風吹きすさぶ街頭で必死になって募金活動をする救世軍に思いをよせた。その募金の投入先が「社会鍋」(慈善鍋)であり、それが貧しい人々への幾らかの支援になることを願い、わずかなりともお金や物品を寄付した人も多い。

救世軍は一九世紀後半、英国で生まれたキリスト教の一団体である。軍という名がついているのは、創立者のウイリアム・ブースが、その目的の実行に、よりよく活動が行きわたるように、軍隊様式を採用して、伝道と社会福祉をもって人々の救済に乗りだしたからである。他のキリスト教団体とは、その伝道や活動様式は異なっていたが、日本では日清戦争後、すなわち一九世紀末に本部のある英国から伝わり、救世軍の活動がスタートしていく。

この救世軍の来日当初から関わりをもって、明治、大正、昭和にわたり大きな貢献をした人物が本書で取り上げる山室軍平である。日本での救世軍の活動は、国の内外を問わず様々な地域でおこなわれた。名もなき人々へのキリスト教伝道が中心であったが、多くの社会福祉活動や社会運動を展開した。貧しさゆえに生活破綻をきたした人々、家庭の事情で遊廓に売られ働かざるを得なくなった女性たち、失業し明日の生活への期待が持てなくなった家庭、結核などの病気で苦しみながら、お金がないために医療を受けられない人々に対して救済の手をさし伸べていった。それは海外に移住した日本人や日系人にも及んでいる。

これまで山室を形容して「平民伝道者」「社会福祉の先駆者」「廃娼運動家」「人道の戦士」といった評価がなされてきた。その山室は実際、いかなる人生の歩みをしながら、戦前において大きな足跡を残し、多くの人々に慕われていたのか、とりわけ名もなき人々が何ゆえに彼に尊敬の眼差しをもっていたのか。そして現在、そうした記憶を残す人々が少なくなっていく中で、彼の歩みをもう一度、振りかえってみたいというのが、今の私自身の素朴な思いである。

それは豊かに見える二一世紀の現今においても、お腹をすかし、教育も十分に受けられない貧しい子どもたちがおり、高齢社会の中で十分な年金もなく、介護も十分に受けられず、社会の片隅に追いやられ、まっとうな人生を送ることに苦しんでいる多くの人々がいるという状況も反映し、それに対するやるせなさにも似た思いがある。山室が今を生きていたら、どのような生き方をしていくのだろうか、彼の生涯は現代社会にどのように響いていくのだろうか。山室の生涯をたどることは、今生きる我々の時代を確かめることにほかならない。山室という人物は今、忘れ去られようともしている。このような人物が近代日本にいたことを是非知っていただけたらと思う。

山室軍平――無名ノ英雄、無名ノ豪傑タルヲ勉メン哉　目次

図版一覧

凡例

一、原則として史料引用の場合、新漢字にあらためた。また、現在からみて不適切な言葉もそのまま引用している。

一、史料引用の場合、意味の通じがたいものについては（ママ）を、疑問が残る場合は（カ）を付して傍注した。

一、年代表記は基本的に西暦で表し、適宜和暦、元号を入れた。一八七二（明治五）年までは原則として旧暦で表した。

一、『山室軍平選集』（「山室軍平選集」刊行会）一巻から一〇巻と別巻については、（『選集』一、〇頁、『選集』別、〇頁）とした。

一、『ときのこゑ』等の雑誌の引用については、原則として漢字のルビや圏点は省略した。

一、頻出する救世軍機関紙『ときのこゑ』については、原則として号数は省略し、発行年月日については『ときのこゑ』一九〇二年三月一五日を『ときのこゑ』（〇二・三・一五）とした。

一、『石井十次日誌』（石井記念友愛社）については原則として『石井日誌』とし、逐一、日誌刊行の年度は挙げていない。

一、引用文献や参考文献については巻末の主要参考文献（著者のみ）にまとめた。

一、「満洲」（中国東北部）は「満州」とした。国名については「英国」「米国」というように併記した。

序章　近代日本と山室軍平

山室軍平を論じていくにあたって、二つの風景を呼び起こすことから始めよう。

慈善鍋と遊廓の風景

「来る人に我は行く人慈善鍋」（高浜虚子）

これは俳人高浜虚子《たかはまきょし》が大正期に詠んだ句である。また昭和期に活躍した中村汀女《ていじょ》も「慈善鍋昼が夜となる人通り」といった句を残している。どちらも年末のあわただしい情景と救世軍の慈善活動の様子を詠んだものである。二句とも救世軍（The Salvation Army）の代名詞ともとれる俳句の季語「慈善鍋」を登場させている。「慈善鍋」は明治末期、今から一世紀以上前、街頭で鉄鍋を三脚につるし、救世軍活動の寄付を募っていく方法で大都市を中心に開始され、社会鍋として現在まで続いている。

もう一つの風景、戦前、日本に公娼制度という公に認められた狡猾な売春制度があった。その主な舞台が「遊廓」である。ここには貧困ゆえに、家族を守るために多くの女性たちが売られ、負わされた借金返済に縛られ奴隷的な仕事に追いやられていた状況があり、この女性たちを何とか救い出そうと活動した団体の一つが救世軍であった。この活動の一端は「東雲《しののめ》のストライキ」として「東雲節」という俗歌にもなり、救世軍は広く人々に知られ、彼らの熾烈な行動は多くの民衆の心に刻まれていく。このように明治末期に登場した慈善鍋の風景、廃娼への闘いは、社会的に弱い人々への同情と支援の発露として、多くの日本人の心の中に記憶されていった。

平民伝道者、社会事業家の先駆者としての山室

この「慈善鍋」「遊廓」、そして「救世軍」という言葉で想起される人物が山室軍平（一八七二～一九四〇）である。しかし、この山室の名もキリスト者や年配の一部の人以外、知る人も少なくなった。まさに「明治は遠くなりにけり」（中村草田男《くさたお》）である。

山室軍平は明治維新後まもない時期に岡山県で生まれ、新島襄《にいじまじょう》の創設した京都同志社で学び、当初から「名も無き民衆へのキリスト教伝道」、いわゆる「平民伝道」の志をもった。一八九五（明治二八）年九月、救世軍が英国から来日した時、日本人で初めての救世軍の士官候補生となり、救世軍の日本人による主体的活動を尊重した人物である。その後は一貫として救世軍の指導者として、「救世軍の山室か、山室の救世軍か」と多くの人々によって尊敬された。山室はキリスト教が教養ある知識層でなく、あくまでも民衆のための宗教として、常に日々の生活の中に入り込んでいくことを主な目的とした。

しばしば近代日本の代表的なキリスト者として植村正久《うえむらまさひさ》や内村鑑三《うちむらかんぞう》らがあげられるが、植村が都市を中心にした教会形成に貢献し、内村が多くの著作を通して知識層に受け入れられたのに比し、山室

は平民伝道と社会的活動を生涯の事業とした。それは一方で、人々が精神的かつ肉体的にも救われ、人々の福祉を実現していくものでなければならなかった。その意味において、平民伝道者、社会事業家の先駆者と呼ばれても不思議でない人物である。

救世軍とは

救世軍の淵源は一八六五年、英国でウイリアム・ブース（William. Booth 一八二九～一九一二、以下W・ブース）によって創設されたプロテスタントの一教派である。W・ブースはメソジスト派の伝道者であったが、ロンドン・イーストエンドの貧しい下層労働者への伝道を行う。彼は貧しい底辺の人々と接触することによって、生活の安定が得られた後にはじめてキリスト教伝道が可能になると気づき、六五年に「東ロンドン伝道会」を創設する。これが七八年に救世軍と改称され、伝道と社会事業を併せもつ団体となった。「救霊事業にあらざる社会事業なく、社会事業にあらざる救霊事業なし」という言葉が、それを的確に表現している。そして目的を遂行していくためには軍隊様式でやっていくのが効率的にも優れているとして、あえて「軍」（Army）という言葉を使用した。軍という言葉が使用される以上、そこには戦いの強いイメージ、組織的かつ統率的なイメージが強い。

ちなみに「The Salvation Army」を「救世軍」と訳したのは、尾崎行雄《おざきゆきお》であり、彼は一八七九（明治一二）年ごろ『新潟新聞』主筆に就き、その頃、英国の救世軍のことを知り、邦訳したとされている。

このように救世軍は組織や活動などに軍隊様式を取りいれて活動する特異なキリスト教団体である。

もちろん軍といっても、社会事業や平和を目的としたキリスト教団体名にすぎない。しかし軍と名のる以上、軍規があり、厳しい規律を重んじる。本部は英国ロンドンにあり、司令官がそこから各国に派遣される。教会の支部に相当する組織は「小隊」と呼ばれている。また軍旗や軍服もあり、軍隊同様、内部のヒエラルヒーも明確である。救世軍人は通常の軍隊に類似し、大将、中将、少将、大校、中校、少校、士官、下士官、軍曹などとなっており、軍友という名称もある。機関紙として英国本部は *War Cry* や *All the World* などを刊行し、日本の救世軍は『ときのこゑ』や『救世軍士官雑誌』などを刊行している。それはまた「神の弾丸」とも呼ばれ、漢字にはルビを振り、絵入りの分かりやすい文章でもって、福音と福祉という日々の活動を民衆の心に響く言葉で語りかけていった。通常の洗礼式に相当するものを「入隊式」、街頭での伝道活動を「野戦」と呼び、そこでの活動は「進軍」「戦闘」などと呼ばれる。救世軍兵士の信仰として「聖潔《きよめ》」(潔め)が重視される。夫婦は原則として救世軍人として働き、女性の救世軍士が多くいることも特徴である。そしてその活動はロンドンに本部を置き、現在、百数十カ国に広がっている。

日本への伝道

一九世紀後期に創設された救世軍は一二〇年ほど前、世界伝道の一環として日清戦争後に日本に伝わり、キリスト教伝道とあわせて先駆的かつ様々な社会活動を展開した。戦前において、救世軍やその指導者の山室軍平の名を知る人は少なからずいた。たとえば山室の母の子どもを思うゆえの「卵絶ち」のエピソードは、当時レコードにもなり、多くの人々の記憶として残った。またブース大将が日露戦争後の一九〇七(明治四〇)年四月、初めて来日した時、クリスチャンであるか否かにかかわらず、多くの国民は彼を見ようと街頭演説に群がっていった。

　その時、W・ブースはある種の「スター」であり「英雄」であった。そして彼の説教をわかりやすい日本語で通訳したのが山室であり、こうした活動を通して救世軍やW・ブース、山室の名も知れわたっていった。救世軍の活動はキリスト教伝道のほかに、社会運動や社会事業の諸活動があり、とりわけ「遊廓」に身売りされた娼婦の自由廃業支援の運動は、判官びいきの好きな日本人の脳裏に刻まれていくことになる。冒頭にあげた貧しい民衆のために街頭に設置された「慈善鍋」（「社会鍋」）は、年末の風物詩として俳句の季語にもなり、人々の心の中に入っていったのである。

救世軍創設の背景
――暗黒に光をあてる

　一九世紀後期、英国で誕生した救世軍の活動は、「ヴィクトリア朝の光と影」、都市に現れた「暗黒」に対する戦いであった。救世軍は一九世紀中葉の下層貧民の生活状態――貧困、不衛生、不道徳、児童虐待、非行問題――「聖月曜日」といわれた飲酒問題などを背景にして登場した。W・ブースは一八九〇（明治二三）年に『最暗黒の英国と其の出路』（*In Darkest England and The Way Out*）を刊行し、資本主義の矛盾、すなわち社会問題の登場を背景にその犠牲となった人々の救済と自立を求めた社会的計画を発表する。

　当時、H・M・スタンレーという英国の冒険家がアフリカで経験した「死の陰の谷の森林」の恐怖、これを彼は『最暗黒のアフリカにて』（*In Darkest Africa*）として出版したが、W・ブースはその「暗黒」は繁栄を誇る大英帝国、そして「文明都市・ロンドン」にも存在するものととらえた。大英帝国イングランドにも「最暗黒」が存在するという衝撃的な指摘であった。「暗黒」への戦いを表明した救世軍は万国主義をかかげ、世界各国に広がっていった。言ってみれば、英国文明の世界各国への伝道であり、近代化への戦いでもあった。すなわち「各国の最暗黒」に向けての「進軍」であり、個別日本においても「日本の最暗黒」に向けての挑戦であった。もちろんこの「暗黒」という視点は「文明」の裏返しでもあり、そこには英国の文明国としての「思い上がり」がないとは言えないが、当時の日本の知識人は「西洋文明」にたいして疑いをもつ者は少なかった。そして山室もそうした価値観から自由でなかった。

山室は近代日本をいかに生きたか

本書で私は山室軍平の生涯をみていくが、救世軍の教理や歴史について、ことこ細かに論じない。もちろん救世軍特有の軍隊様式、ヒエラルヒーの強固な団体と山室個人という関係から、両者を完全に切り離して論じることはできない。しかし組織内にいたとしても、そこには山室の主体的な生き方や思想があったはずだ。

したがって本書はあくまで「近代日本と山室軍平」という視点、枠組みを重視し、山室がいかなる近代日本社会との向かい方、もしくは関わり方をしていったかを、山室が主体的に関わった救世軍の動きと関連させながら論じていく。すなわち山室をみていくことで、近代日本の実態が透けてみえてこないか、換言すれば「もう一つの近代日本」を描きだせればという素朴な思いがあるからだ。それが山室を論じるモチーフの一つでもある。

一九世紀中葉、遥か彼方の英国で誕生した「救世軍」が、ユーラシア大陸をはさみ、対極の東に位置する日本の地に伝えられ、それが日本に定着し多くの民衆の間に受け入れられていくには、山室という傑出した人物の登場が必要であった。換言すれば遅ればせながら近代化に邁進していく日本は山室という人物を必要としたのである。そこには山室の主体的な思想が少なからず反映され、山室は近代日本の実態を身体でも感じていく。

今、山室を考える意味

山室や救世軍の活動原点の一つに「暗黒」といったキーワードを置くことができる。この言葉は二一世紀という一見、高度に発達した文明社会、グローバル社会と称してもいいが、この日本の状況をみても、表面的な「近代社会」だけでなく「最暗黒の日本」が存在すると言ってよい。ここでの「暗黒」は文明のみならず、政治の光が照たらない場所や人々を指し、光に対して「影」の部分を意味する。もちろんこれは人間が存在し、ユートピアが架空のものである以上、普遍的に存在するものである。二一世紀の日本の足下でも、「ホームレスの問題」「女性や高齢者、こどもの貧困」、「下流老人」「介護地獄」といった言葉が声高に論じられるように、貧困の課題は遠く過ぎ去った問題ではない。それは高齢者への介護や虐待問題、自死や孤独死、生死の問題、「格差社会」「無縁社会」、さらに核や環境、生命倫理、「AIと人間」の課題、そして「リスク社会」「個人化社会」とも呼ばれる現代社会特有の課題でもある。

山室にとって救世軍はキリスト教として特異であったけれども、人々の幸福を実現するに理想の存在であった。その祈りと言語、行動にこそ山室を通してみる近代日本の実態が赤裸々にみえてくる。彼は「自助」や「公助」「共助」のほかに、「神助」という概念も存在すると主張している。日々の祈りの中、聖書の「愛」に人間の救済方法があると言う。高尚な教養を説かず、終生、「平民」（民衆）

のために、キリスト教の福音と福祉を希求した彼の生涯を追体験していくことは、今を生きる我々にとって決して無益なことではない。

歴史家クローチェが「歴史はつねに現代史である」と言うように、歴史は常に現代に還元され、今という時代の中で物語れるものである。二一世紀も四半世紀に到達しようとする時期に、山室を再考していくことも決して無駄ではない。山室はしばしば戦前日本の救世軍の指導者として、あるいは先駆的な社会事業家として偶像化もされてきた。一方、山室は社会問題認識への不徹底、植民地、戦争へ積極的に関わり、国家や天皇制に追随していったことに対し、批判もされてきた。かかる課題は、彼の国際的な視点、とりわけ東アジアへの視点や国家観などの課題を包含する。しかし人間山室の生き様は何物にも代えがたい歴史の一コマなのである。歴史学者E・H・ノーマンは、歴史家の仕事は写真家というより画家に似ているという。山室という人物を近代日本という時代の中でいかに描くかであり、筆者の本書を書く意図はここに集約されている。

第一章　少年時代

1　故郷――岡山時代

誕生

地球上のある地で一人の人間が生まれ、いかなる経緯でもって、活動や足跡を世に残していくか、あるいは時代を代表するような偉人として後世まで伝えられるに至ったか、それは誰もがもつ関心であろう。その時、なにゆえにその人はそのような人生を歩んだのか、そういう生き方をしなければならなかったのか、人生の歩みに我々はしばしば関心を抱く。山室軍平という一傑物を理解するためにも、彼がいかなる環境に生まれ、育ち、いかなる経緯の中でその歩みを始めたのか、時には挫折し、さまよい、苦しみ、人生の節目で苦渋の決断をもって時代を生きていったのか、その道程をみていく必要がある。そのために遠回りかもしれないが、さしあたり山室誕生の時空に降りたって彼の人生という旅の始まりからみていこう。

ところで山室を描くにあたって、山室は生涯を振り返った自伝を書いていない。一九二九（昭和四）年、唯一、五七歳の時に刊行した『私の青年時代――一名従軍するまで』（以下『青年時代』）という著作がある。これは山室が少年から青年に至る精神的彷徨の末、救世軍に入り、救世軍の重要な教理である「聖潔」を体験し、自他ともに認める「救世軍人」になるまでの歩みを回顧したものである。還暦を間近に控え、救世軍という団体がいかに彼の人生の中核となっていくのか、自伝風に書き記したものである。

もちろん書かれた時期は、救世軍人として、司令官にまで上り、確固たる地位を築き、「救世軍の山室か、山室の救世軍か」と評価されていた時であって、そこには救世軍人への道程を視野に入れて書かれていることを前提としなければならない。また、人並み外れた記憶力を持っていたと言われる山室でさえ、ある程度は合理化され脚色された回顧があることは否めない。自伝という限界があるけれども、彼の青少年時代を知りうる貴重な記録である。ちなみに自伝的な文章もちりばめられた『人生の旅行』（一九二四）という著作もあり、彼は人生を「旅」という言葉を駆使して書いている。この『青年時代』を主に参考にしながら、彼の誕生から少年時代の旅の出立から見ていくことにしよう。

山室家

山室は二世紀半にわたって続いた徳川幕藩体制が崩壊し、明治という時代に代わってまもない一八七二（明治五）年七月二九日（新暦九月一日）、岡山県阿哲《あてつ》郡本郷《ほんごう》村字則安《のりやす》（現・新《に》見《い》市哲多町）という山間の村で生まれた。明治維新という新しい政治体制が登場していく中で、こうした山間の村にも生活様式の変化は起こってくる。たとえば太陽暦の採用や学制の頒布、断髪令などを通して、民衆の生活の変化はそれなりにあったことは確かである。

山室の父は佐八《さはち》、母は登毛《とも》である。父佐八は山室利右衛門（公儀名で通称「利八」）の長男で、母登毛は哲多郡宮河内村定岡元治郎の三女である。山室家は代々、染物屋を営み「竹丸屋」という屋号があった。長兄善太郎（嘉永六年一月生）は一九歳、長姉寿恵（文久元年三月生）は一一歳、次姉松代（文久二年一二月生）は一〇歳、次兄峯三郎（明治元年四月生）は四歳であった。軍平は八人兄弟の末子であったが、他に三人が夭折している。

「卵絶ち」の記憶――民衆と福祉の原像

山室の生まれた故郷は山陽と山陰の背骨に近い山間の地であり、海からも遠く離れ、交通もきわめて不便な所であった。明治に改元された数年後に、こうした岡山の山間の僻地に生まれたことを確認しておこう。誕生当時、長男善太郎の病気もあり、左官や付け木の販売などの副業をし、幾らかの農業を営む決して豊かでない家庭の出であった。

軍平の生まれた家

山室は父に対して、無教育な人物であるが算盤《そろばん》が上手で文字は達者であったが、世間と目立った交わりはなく、生まれつきの「律義者」で、昔かたぎの「いっこく者」であったと評している。それに比べ、母登毛は非常に気立が優しく誰にも親切であり、とりわけ困った人でも来ると、食物をその人に与えるような慈悲に富んだ優しい母のイメージをもっていた。その母が海魚に恵まれない山間の地で、末子の軍平の健康と成長を願い、貴重な栄養をもたらす食べ物である卵を一切食しない、すなわち「卵絶ち」という「願掛け」をした。その祈念する母の姿は生涯、彼の脳裏から離れず、この母親の存在が故郷の原風景と共に心底深くよどんでいくことになる。

山室は、母の「卵絶ち」というエピソードを、後年にかけて幾度も講演や文章において語る。たとえば山室の誕生から三〇年間、七〇歳で亡くなるまで不便な山間僻地にて、ほとんど唯一の滋養物である鶏卵を絶ち、「私の為に『知らざる神』に願がけして、拝んでくれたのである。私は何時になつたかというて、此の慈母の恩愛を忘れることが出来やうとは思はない」（『山室機恵子』一頁）と述懐する。これは大正初期の回顧であるが、母の印象は強烈であった。そして山室にとって母に対する原像は日本人庶民の典型でもあり、生涯、彼の脳裏に焼きついていく。彼のキリスト教や福祉思想を理解する時、子供の健康を一心に願う典型的な庶民の母親像に重要な鍵がある。

小学校入学、吉村校長との出会い

彼の生まれた一八七二（明治五）年は「学制」発布の年であった。明治政府は近代国家に向けて教育を重要な根幹と位置づけた。本郷村にも、七三年三月に「啓蒙所」が開設され、七七年、五歳の時、弘業小学校（後の本郷尋常小学校）に入学する。山室はここを「寺子屋式の尋常小学校」と称し、生徒は思い思いに低い机を持って登校し、畳の上に座って授業をうけた。このように小さな山間の学校において山室少年は素直に学ぶ喜びを感じ、山間の村では山室ら少年たちの歓声が大きくこだましていた。そして吉村隆造《りゅうぞう》という尊敬すべき先生とめぐり会う。

山室は同志社の学生時代、小学校の恩師吉村隆造に長文の書簡（『山室軍平選集』一〇巻所収。以下「吉村宛書簡」）を認めている。この書簡は山室の小学校時代の一端を垣間みることができる数少ない貴重な史料である。小学校卒業後、一〇年ほど経っているが、彼の眼底には故郷の小学校の情景と師と仰ぐ吉村の面影が鮮明に残されている。その吉村校長について「恩人」「良師」と仰ぎ、生涯忘れることが出来ない「第二ノ父」とも言うべき先生であると、恩師への敬愛の念が認められている。九歳の時、養子に出され、この地を離れざるを得なくなったが、弘業小学校での体験が幼い山室にとっての楽しい時空であり、山室にとって吉村は新しい知識を得る喜びを教えた恩人であった。

また山室は松山藩主板倉周防守《いたくらすおうのかみ》の大庄屋高畠伝五郎翁と五、六歳の頃から毎日親しくしていた。高畠から「英雄物語」を聞くのが大きな楽しみであった。それは明治初期生まれの気骨あふれる少年にとって、立身出世は自然かつ健全な野望であった。このように山間の村で生を享けた一人の少年は何も特別な育て方があったわけではなく、敬愛する先生や古老と交わり、子のために卵絶ちして祈る母のもと、平凡な庶民の家庭で育っていった。

2 養子に出される

杉本家の養子となる

一八八一（明治一四）年七月、山室は弘業小学校の下等科（四年）を卒業し、大きな転機を迎える。すなわち九歳の時、母の弟、つまり叔父にあたる杉本弥太郎の家に養子に出される。当時の山室家はかなり生活が困窮していた。才気活発な軍平の将来を考えると、山室家にとっても養子が最良の策であった。

養子先の杉本家は同じ県下、足守《あしもり》町にあって質屋を営んでいた。弥太郎には子供がなかったので、山室家末子の軍平に白羽の矢が立った。後年、兄の峰三郎は当時の山室家と軍平につき、山室家は赤貧洗うが如き時であり、幼い軍平はその状況を把握し、粗衣粗食を貫き、何ら不満を言わず、そのため栄養不足のため身体は虚弱であった。「叔父が養子に引受けるため、新しき着物羽織の携帯し来り、最後の氏神参でに新調の衣服を纏ひ、肩を怒らして闊歩せるを見て同情に値するものがあった」（『留岡幸助永眠十周年山室軍平永眠三年追憶記念集』六七頁）と回顧している。こういう状況下で山室軍平は杉本軍平となった。かくして「小天国」として過ごした弘業小学校を卒業後、軍平は養子先の足守にある高等小学校に入学することになる。

養子となった叔父の杉本家は質屋を生業としていた。救世軍創始者のW・ブースもロンドンの質屋の家で働いていた時があり、国や時代は違うが偶然の一致として興味深い。軍平は家の商売柄、多くの生活困窮者を目の当たりにしている。質屋業ゆえにこそ、そうした状況はいやが上にも経験せざるを得ない運命にある。山室は質草の期限の近い家々を訪れ、催促して歩いたが、先方の人々があまりにも窮迫している状況をみるに忍びず、同情し落涙して帰宅するようなこともあったと回顧している。幼な心にもそうした生活に窮する民衆の苦しみへの共感も持ち合わせていた。もちろん生活体験、人生経験が少ない彼が貧困の本質について理解することができなかったが、生活苦にあえぐ貧しい人々を幼心にも同情と憐憫の心でもって垣間見ていた。それは山室自身が養子となった境遇から想像しても身につまされる体験であった。

養父の杉本弥太郎（右）と

松浦漢学塾と養父の教育

軍平は小学校から帰宅すると、養父の勧めもあり漢学の素養をつけるために松浦漢学塾に通うこととなる。塾長は松浦黙（一八四二～一九一〇）で、軍平は『陰隲録』と『功過格』を松浦から学んだ。二冊とも江戸時代に中国から入ってきた、いわゆる「善書」と呼ばれるものである。こうした著書で松浦の塾で学んだことは、軍平の後の人生の重要な意味を持つことになる。その二冊につき、山室は二冊とも善には善の報いがあり、悪には悪の祟《たた》りが来ることを述べ、善行を奨励したもので、とりわけ『功過格』には、日々のおこないに点数をつけ、「善を励み、悪を避くべきことを教へて居るのであつた」（『青年時代』一八頁）と記している。このように山室は善人となることに憧れ、悪行に対しては日々、心に規制をかけるような少年であった。この善本から説かれる通俗道徳の厳しい実践が後年のキリスト教への回心の一つの伏線となっていく。

さらに軍平は養父から『経典余師』を教わっている。『経典余師』は、江戸期において『経典余師四書之部』から『経典余師 近思録』まで出版されている漢文の入門書である。ひらがなによって、その意味と読み方を懇切丁寧に解説し、寺子屋や塾に通えない人のために出版された独習の手引き書である。ちなみに山室は後年、聖書の注解書『民衆の聖書』二四巻を出版することになるが、当初その著作の一連のタイトルを、『マタイ伝余師』『マルコ伝余師』『ルカ伝余師』などとつけている。その「余師」というタイトルもこの読書体験の影響があったのだろう。高等教育を受けていなくとも、だれもが独習できるような聖書解説書を意図した。このようにして松浦漢学塾や養父の献身的な教育の効果もあり、善書、経典、漢学の一般的な教養を積むことができた。こうした経験は後の彼の活動の「肥やし」となっていった。

一四歳で家出
――夢の実現へ

養父の軍平への教育は、彼の才能と将来への期待を込めてのものであった。一方、学ぶ喜びを知った軍平は中学校、高校、帝大へと夢をひそかにふくらませていく。しかし高等小学校修了時に、この夢を養父に打ち明けると、養父が夢物語に語ったことがら全てが、幼児をもてあそび慰める「寝物語」すぎないものであったことを知り愕然とする。そして己の夢を実現するために、大恩ある叔父を裏切り家を出るという大胆な行為にでた。

一八八六（明治一九）年八月、高等小学校を卒業した軍平は一四歳の時、東京への家出を敢行した。「嗚呼《ああ》不肖ガ他日大恩アル叔父等ヲ後ニ見幾多ノ嘆キヲ彼等ニ与へ幾多ノ怒ヲ彼等ニ与へ将タ又タ幾多ノ怨ヲ彼等ニ与へ断然東京指シテ出奔スルニ至リタル事ノ起リハ全ク此ノ時ニ醸セシナリ」（「吉村宛書簡」）と記すが、家出には一抹の良心の痛みもあった。杉本家からの家出は三回目でやっと成功するという冒険的なものであったが、少年時代から抱いていた夢は大きく膨らんでおり、その夢を諦めるということは彼の選択肢になかった。むしろ気休め的な口約束としてあった養父への抵抗であったかもしれない。ともあれ明治期に立身出世を夢見ていた一人の大志ある少年の冒険であった。

ちなみに足守時代の竹馬の友であった橋本忠治は「山室君は実に聡明な機敏な性格の人でしたから、家業の手伝も能く養父母の命を守り、実に感心に堪えない勤勉家でした。小学校を卒業するや、向学心にもえたる信念は、之を制止する事を得ず、遂に意を決し、養父母の許しを得ず東京に行き」（『山室軍平選集』別、三八六頁）云々と思い出を語っている。そしてこの家出を機に軍平は杉本家から籍を抜かれ山室軍平にもどる。

3　東京築地時代——キリスト教との出会い

東京へ——松浦鳳之進を頼る

山室は将来への野望を実現するために、岡山から見知らぬ都会へ着したものの、頼るべき人がいたわけではない。その点きわめて無謀なことのように映るが、それが若気の至りでもあり、家出の家出たるゆえんである。見知らぬ東京の地で山室が訪れたのは足守出身の松浦鳳《まつうらほう》之《の》進《しん》という人物であった。山室には故郷足守の杉本家の一員であり、岡山県足守という地域の出身という出自も役に立つというそういう時代であった。山室はそれを最大限に利用する。広い東京で身寄りのない山室の必死に生きる姿である。

当時、松浦は三島《みしま》中洲《ちゅうしゅう》（一八三〇〜一九一九）の設立した二松学舎《にしょうがくしゃ》の塾長をしていた。ちなみに三島は岡山県出身の漢学者で一四歳の時、山《やま》田《だ》方谷《ほうこく》の塾「牛麓舎《ぎゅうろくしゃ》」で学び、のちに二松学舎を設立した人物である。彼は斎藤拙堂《せつどう》、佐藤一斎《いっさい》にも教えを受け、その後、備中松山藩に仕え有終館《ゆうしゅうかん》学頭となり、維新後の一八六九年、高梁《たかはし》に「虎口渓舎《ここうけいしゃ》」という塾を開いた。その後明治政府のもとで司法官となり、また二松学舎を設立し漢学の振興に努め、東京帝国大学教授、東宮侍講、宮中顧問官などを歴任している。山室は松浦という岡山県足守という同郷のつながりを利用しての東京での出発であった。かくて松浦の世話になって、築地活版製造所（京橋区築地二丁目）の職工という就職口を紹介してもらうことになる。

築地活版製造所

何よりも勉学へ意欲満々としていた山室にとって、その職場は当初日給八銭という低賃金であり、生活は汲々たるものであったが、わずかでも本や活字に触れる機会が与えられたことは、学問への渇望を少しは満たしてくれた。しかし山室の抱懐していた勉学への期待という夢、将来への野望が家出の原因であるとするなら、職場の獲得は生活基盤を固めるための緊急避難的手段であって、それでもって家出の第一の動機、知識欲を十分に満たしてくれる環境が整っていたわけではない。

山室は厳しい生活現状において、いかなる手段でもって初志を貫いていこうとしたのか。彼は東京専門学校（後の早稲田大学）や英吉利《イギリス》法律学校（後の中央大学）等の講義録を入手し独学する。また、スマイルズの『自助論（Self Help）』（中村敬宇訳『西国立志編』）を読み、いくつも成功例が挙がっている欧米人の人生に感動を受けた。なかでもアメリカの大政治家ベンジャミン・フランクリンが「活版職工」から身を起こしたことに感動を覚えた。当時の山室には知識欲とともに立身出世への上昇志向が存在していたことは言うまでもない。

「如何ニシテ此肉欲ノカヨリ免レン」

しかし、少年から青年へと成長していく山室にとって職工仲間との付きあいや都市文化の一端に触れながら、人間社会、とりわけ大人の世界への仲間入りという葛藤もあった。印刷所の寄宿舎を出て下宿したところは「一種の淫売宿」（『青年時代』三五頁）であった。こうした状況を吉村校長宛の書簡には、活版所で働き少し給料も上がり、東京生活にも慣れた頃につき、「放蕩ナル男工淫猥ナル女工ニ誘ハレ将《まさ》ニ肉欲ノ濁界ニ今ヤ其ノ足ヲ投ジ入レ殆ンド生涯ヲ過ルノ端緒ヲ此時ニ開カン許《ばかり》ノ時ニ達スルニ至リタリ（中略）如何ニシテ此肉欲ノ力ヨリ免レン嗚呼如何ニシテ彼ノ淫婦ノ手ヨリ免レン彼ハ実ニ余輩ヲ精神的ニ殺戮セントセリ此ハ実ニ余輩ヲ肉体的ニ俗殺シ了セントセリ不肖焉ンゾ此ニ堪ヘン」（「吉村宛書簡」）といった文言がみられる。当時の彼の状況は酒やタバコの稽古をはじめ、日々同僚から道楽、不品行な話などを聞かされ、悪への誘惑に駆られていた。まさに「善人」を希求する山室にとって人生の危機的状況であった。

このように都市生活の中での酒や性の誘惑に駆られるという山室の危機状況は、逆にそれを断ち切ることへの渇望となる。すなわち自己の内面における俗欲との精神的格闘の日々であり、それは現状を否定し、新しい違った生き方への志向へとつながる。そこには、生まれ育った家庭、そして養父や松浦から学んだ漢学の教え、とりわけ善書本の影響があった。山室は常に己れを律する強い人間となっていく。

キリスト教との邂逅、そして受洗

山室のキリスト教との接触はもちろん偶然的な出来事にすぎないが、彼が精神的な渇きを癒やしてくれる何かを求めていたことに対する応答とするなら、それはキリスト教信仰への必然性を有している。その必然性は一八八七（明治二〇）年の晩秋、山室が一五歳の時にやってくる。築地の活版所前の祝橋という場所で、たまたまキリスト教の路傍演説会に出会う。後日、山室はこの時の路傍伝道との出会いにつき、キリスト教を理解することもできなかったが、少し聞いてみたいような、好奇心が刺激されるものでもあった、と回想している。つまり時として流されそうになった欲望と闘っている彼の内面に、何か心を揺さぶるものが入ってきたのである。

しかしその教えは早急に理解できるはずがなかったが、好奇心も高まり、さらなる理解をも求めていった。かくして山室は京橋区竹川町の「築地福音教会」にたびたび通うようになり、一から二カ月でおおよそキリスト教の何たるかを理解することができるようになった。

山室が通っていた築地福音教会（現・日本キリスト教団和泉教会）は、米国福音教会に所属する。この教会はメソジスト系で、一九世紀の初めにアルブライト（J. Albright）によって創設されたことに始まる。日本への伝道は一八七六年一一月にクレッカー（F. Krecker）によって開始された。救世軍創設者W・ブースがメソジスト派に所属していたことも、何らかの偶然かもしれない。『福音之使』（一九三八・九・一〇）所収の「日本福音教会史（二十）」によれば、山室は一八八八（明治二一）年九月二三日、フイッシャー宣教師から洗礼を受けている。

昔働いていた活版工場をバックに

教会記録によると、教会には高野丈三（山本五十六《いそろく》の実弟）もここの教会員として名を連ね、彼からもキリスト教について多く教わっている。また山室と同じ日に洗礼を受けた人物として山中孝之助がいる（『山室軍平の研究』一三五頁）。山中は山室の将来を見こして学校で学ぶ費用、月二円程度の補助を申し出た人物である。かくして山室はキリスト教を受容し、その伝道者となっていく。

築地の伝道学校入学

築地福音教会は一八八七年に、独自の神学校（伝道学校）を創設し、山室は受洗の翌日にその神学生として入学し、将来充実したキリスト教の伝道者となるように準備していった。しかし学校では創世記と英語の授業があるくらいで、あまり充実していた学校ではなかった。ただ、既述した山中孝之助の支援のおかげで八八年九月から翌年六月まで約一〇カ月間在学することができた。ちなみに八九年六月一四日に築地福音教会「シオン組」の「勧士」（メソジスト系の特別な伝道職の称号）に選出されている。

山室の福音教会での重要な活動の一つが路傍伝道であった。また同じ活版所で働く約二〇〇人の工員に対しても福音を伝えるべく、その努力をする。しかし終日激しい労働をした上に、誰がわざわざ肩の凝る話など、聞きに行く物好きがいるか、と工員たちに一蹴されてしまう。それもあながち的はずれな言いわけでもない。つまり、当時キリスト教の講壇や説教と一般民衆との間には「大きな溝」があった。それはW・ブースが東ロンドンの下層社会で伝道を試みた時、人々がキリストの福音より明日のパンを要求した体験と類似している。

平民伝道への初発の志

山室は一八八八（明治二一）年春、一六歳の時、「神様、私は弱い、愚な、足りない者であります。しかし乍《なが》ら今身も、霊魂も、凡《すべ》てあなたに差上げますから、どうかうけいれて潔め、若し出来ることなら用ゐて、此等の職工、労働者、其の他一般平民の救の為に働かせ給へ。即ちどんな無学の人でも聞いて解るやうに福音を伝へ、又どんな無智な人でも、読んで解るやうに真理を書きしるす者とならせ給へ」（『青年時代』四六〜四七頁）と祈った。もちろん後年になっての回顧であり、当時の心境はこのように明確に整理されていなかったと考えられるが、少なくともこうした思念は偽らざる伝道のモチベーションとしてあったと思われる。すなわち「神と平民のため」というフレーズの原型がここに登場するのである。当時の同じ仲間、庶民への伝道の原点が、故郷で祈る母の姿、貧しい貧民への共感、そしてこうした福音会での印刷工伝道において形成されていった。

山室は伝道の傍ら社会的な活動をも始めている。これは自分の信じるキリスト教の社会との関係であり、キリスト者の社会的実践という自身の責務である。すなわち当時、サマリタン会といった団体が銀座二丁目にあり、この会は貧困なる病人や怪我人の施療をしていたが、この会が関わる患者に対して信仰の話をするのである。そしてその会の中でたまたま『信仰之生涯』（一八八九）という本と出会う。この著には新島襄の序文があり、ジョージ・ミュラーのことが書かれている。彼は英国でブリストル孤児院を創設し、終生キリスト教信仰を礎にして施設の経営をしている人物で、一八八六（明治一九）年末に来日し、各地で講演し、後日、『信仰之生涯』として刊行されたのである。これによって山室はG・ミュラーに私淑し、「ミュラーを助くる神は、亦私を助くる神だ」と解し、これは後に京都に行く決心の一助ともなった。それを決定づけたのが一八八九年における徳富《とくとみ》蘇峰《そほう》との出会いであった。

4　京都へ

徳富蘇峰との出会い

山室の徳富蘇峰との出会い、蘇峰の講演が、京都に行く重要な契機になったと考えると、彼の人生にとって運命的な出会いであった。それを企画したのは築地福音青年会である。これは教会にあった会員一〇人程度の小規模なものであったが、会の幹事であった山室が青年会の振興策を考え、民友社を直接訪れ講演会（六月一日）に蘇峰を招いたのである。

徳富蘇峰（猪一郎《いいちろう》、一八六三〜一九五七）は熊本出身で熊本洋学校に学び、後に草創期の同志社英学校に移り、新島から受洗している。いわゆる小崎弘道《こざきひろみち》、海老名弾正《えびなだんじょう》、浮田和民《うきたかずたみ》、横井時雄《よこいときお》、金森通《かなもりみち》倫《とも》、宮川経輝《みやがわつねてる》らと共に、近代日本キリスト教史に名を残した錚々たる「熊本バンド」の一員である。蘇峰は新島から信頼され将来を嘱望されていたが中途で退学し、故郷熊本で大江義塾を開く。そして一八八六（明治一九）年に『将来之日本』を著わし言論界にデビューする。翌年には民友社《みんゆうしゃ》を創立し『国民之友』を発刊した。民友社には山路愛山《やまじあいざん》、竹越与三郎《たけこしよさぶろう》、国木田独歩《くにきだどっぽ》、徳富蘆花《とくとみろか》らが入社した。『国民之友』は、日本の近代化を説きつつ、明治政府や国粋主義の流れに対しても組せず、「平民主義」の主張を展開して当時の言論界に大きな影響を与えた。こうした『国民之友』において論陣を張った蘇峰の主張は平民主義をキーワードにして日本の改革、近代国家建設を構想し、時の人ともなり、多くの青年たちの心を捉えていたのである。岡山孤児院の石井十次《いしいじゅうじ》も『国民之友』を愛読し徳富の思想に共鳴していた一人であり、山室は終生、蘇峰と交友をもつことになる。

蘇峰の講演に衝撃を受ける

六月一日の蘇峰の講演会の演題は「品行論」であったが、内容については山室の回顧に頼らざるを得ない。蘇峰の講演は「私が謂ふ所の品行とは、英語でいふキャラクターである。敬虔、忠誠、勤苦、忍耐、親切、慈愛等の諸徳を、身に備へることをいふのである。たゞ今京都に新島襄といふ先生が居られ、私共が其の側に行つて、何でも好いから三十分ほどもお話をして帰ると、あと一週間くらゐ、何となく気がすがすがしたやうに覚える」（『青年時代』五三頁）云々、つまり新島が、「真の品行を有する人物」であるという趣旨であった。当時、この「品行」という言葉の意味には、その人物に対する理想的人物としての意味合いが含まれており、蘇峰から完全な人物として紹介された新島が山室の心をとらえた。

ともあれこの演説を聞き、山室は矢も盾もたまらず、どうしても新島のところへ行き、この品行ある人物の感化を受け同志社で学びたいと決心する。家出した少年が故郷の両親や恩師への愛を思うとき、真の人生を歩みたいという強烈な渇望が猪突猛進的な行動をよびおこし、京都行きが実現した。

新島襄

京都へ——新島襄との出会い

山室は一八八九（明治二二）年六月二二日に東京を引きあげて上洛する。京都行きの目的はさしあたり第一回夏期学校への参加と同志社への入学である。わずかな旅費を工面して京都へ向かった。こうして山室は東京を離れ、一つの講演を契機に自分の人生を新島と同志社に賭ける決断をし、己の人生の道を切り拓いていったが、これは一つの大きな賭けであった。

山室が憧れた新島襄（一八四三〜一八九〇）は安中《あんなか》藩の下級武士の子として生まれ、世界地図をみて外国に興味を抱くようになる。そして一八六四年、函館から国禁を犯しアメリカに渡る。マサチューセッツ州ボストンにてハーディーの援助を受けて、後にアマースト大学を卒業する。さらにアンドーヴァー神学校を出て牧師の資格をとる。また七二年には岩倉使節団と出会う。使節団の木戸孝允は英語が堪能な新島を使節団に随伴させることになる。

その後、新島は帰国の意思を固め、一八七四（明治七）年一〇月、バーモント州ラットランドで開催されたアメリカン・ボード海外伝道部の第六五回年次大会において、日本でのキリスト教主義大学の創設を会衆に訴えて五〇〇〇ドルの寄付を得る。その寄付者の一人、貧しい農夫が自らの帰りの汽車賃を寄附したエピソードは有名である。新島はそれを土産として日本に帰国し、早速キリスト教主義の学校創立に奔走する。かくて七五年一一月二九日、京都の地に「同志社英学校」を創立したのである。翌年にはL・L・ジェーンズの教えを得た優秀な熊本バンドの連中が転入し、同志社は質的にも充実していく。山室と新島をつないだ蘇峰もその一人であったが、その頃、新島は大学設立運動に奔走するあまり健康を害していた。

こころに響く新島の講演

一八八九（明治二二）年六月二九日、同志社にて万国基督教青年会幹事ウイシャードを迎え第一回の全国基督教夏期学校が開催された。これには全国から二〇〇名の熱心な青年が参加したが、新島も講演を行う。「明治維新の改革は、青年の手によって成された。其の如く神の国を建設するの大業も、亦青年の力に待つ所が最も多い。一本の薪《たきぎ》は盛んに燃える力がない。けれ共、数多の薪が集まれば勢猛に炎上する。其の如く諸君も亦協心戮力《りくりょく》、以て同胞の救の為に戦はねばならない」（『青年時代』五九頁）と。新島の言葉はきわめて「単純」であったが、それが「愛神」「愛国」の赤心から迸り出たのであるから、聴衆にきわめて深い感化を及ぼした。この時、新島はかなり健康を害しており、誰の目にも病人として映った。しかしそれにもかかわらず初めて聞く新島の演説の大意は山室の胸に刻まれており、彼の心の琴線に触れるものがあった。そして多くの若き有意なクリスチャンとの交友は彼にとって大きな刺激となり、九月の同志社入学への夢を増幅させていくことになる。

高梁伝道と石井十次との出会い

七月初旬に夏期学校が終わると、山室はこの時知己となった同志社生徒・吉田清太郎、佐々倉代七郎と郷里に近い岡山県高梁に行き、伝道活動をおこなっている。久しぶりに帰郷し、その後約一カ月間、高梁で教会や講義所で説教をし、また毎晩路傍伝道を行った。また吉田清太郎が留岡幸助《とめおかこうすけ》の養父金助を信仰に導くため、葉書を使用しての徹底的な伝道方法をとったことを知り大いに刺激を受けた。さらに高梁から京都に帰る途中に、岡山孤児院に立ち寄り、石井十次を訪問する。これが初めての石井との出会いである。

将来、大きな影響を受ける石井十次（一八六五～一九一四）は宮崎県高鍋《たかなべ》の出身で、医者を志し岡山医学校で学んでいた。医学校在学中から孤児を引き取り、やがて、一八八七（明治二〇）年には孤児教育会を設立し、同年九月には、岡山三友寺《さんゆうじ》において孤児院事業を開始し、我が国のキリスト教社会事業の代表的なものとなっていく。つまり石井が本格的な事業を展開し、その二年後に山室は石井と初めて出会ったことになる。一八八九年九月六日の『石井日誌』には「福音教会の信者山室軍平君来訪、金二十五銭……を寄付し且つ自らの経歴と此れ迄受けし恵みにつひて感話せられ」云々と認められている。石井にとって山室の肩書が福音教会の信者となっていることも面白い。つまりまだ正式に同志社に入学の手続きも終わっていない状況であり、山室のこれまでの歩みを物語っている。ともあれキリスト教慈善事業の先駆者ともなる若い二人の出会いであった。石井二四歳、山室一七歳の時である。

第二章　同志社時代

1　同志社普通学校入学

同志社予備学校——級友の援助

岡山県高梁での伝道活動を終え、京都に帰った山室は一八八九年九月初旬に正式に同志社に入るための手続きをする。当時の同志社は九月入学、六月卒業であった。しかし入学に際し先立つ学費がない。当初、山室は三年で修了する別科神学課程を勧められたが、山室の才能を認めた吉田清太郎は本科に入ることを勧め、山室もそのように希望した。本科を修了するには山室の場合、予備学校一年、普通学校五年、本科三年、合計九年が必要であった。日常生活にも困窮していた山室にとって、それはかなり無謀な決断で現実的ではなかったが、予備学校の入学試験を受け、いずれも満点でパスする。山室には上洛の動機からも窺えるように本格的に神学を学び、新島の謦咳《けいがい》に接し伝道者として十分な知識を体得したいと考えていた。

このように山室は同郷の著名な社会事業家・留岡幸助や八浜徳三郎《はちはまとくさぶろう》、またハワイにわたって移民伝道に貢献した奥村多喜衛《おくむらたきえ》らが学んだ日本語中心で講義をおこなう別科に行かずに、普通学校を選択したが、自他ともに認める典型的な「苦学生」となった。しかし貧乏書生の山室にとって、吉田清太郎や当時の学友が彼の学生生活を支えていくことになる。この時代の同志社には経済的に困っている学生を学友が献身的に援助していくという良い風習があった。

山室の同志社での生活は一八八九（明治二二）年九月に同志社予備学校に入り、翌九〇年九月から普通学校に進学し、九四年に中退するまでである。予備学校では後に安中教会牧師となり、『上毛教界月報《じょうもう》』を通して優れた評論を発表し、非戦主義者としても有名な柏木義円《かしわぎぎえん》から作文を習い終生キリスト者として交わっていく。また大正初期に救世軍に入隊する金森通倫は、予備学校入学当時同志社諸学校の校長であり、山室が寄宿舎で寝るときの布団もない有様を知るや否や、金森は布団を送り、山室の生活をサポートした。

新島の死――遺志を継ぐ

山室は新島の指導を受けることを希望し同志社に入学するも、入学した翌年一月二三日、尊敬する新島が召天する。東京の生活を捨て京都へ期待をもって上洛したが、山室は新島から個人的に面晤する機会がなかった。しかし吉田清太郎が苦学生の山室のことを新島に話した時、「まだ若いからしっかり勉強するように」という言葉をかけられたことを聞き、山室は新島の己への遺言として受け止め、終生心に刻んでいる。

新島が亡くなったとき、山室は「新島先生ヲ弔フノ文」（『同志社文学会雑誌』九〇・三・二五）を書いている。この中で「先生ハ実ニ誠実ナル宗教家ニテモアリ、又タ熱心ナル教育家ニテモアリ、親ニ向ヒテハ孝子、君ニ向ヒテハ忠臣、貧シキ者ニ向ヒテハ仁人、賤《いや》シキ者ニ向ヒテハ良友、其外愛国者慈善家改良家君子賢人義士等苟《いやし》クモ善人ノ有スベキ名称ハ何レモ先生ニ於テ適中シ居ラサル者ハナキ程ニテ」云々と形容するくらい完全無欠の理想的人物ととらえ尊崇していた。そして末尾を「慎ンデ信者ノ模範タル新島先生肉体ノ死ヲ弔ヒ慎ンデ其遺志ヲ継ガンコトヲ其在天ノ霊ニ誓フ」と覚悟し結んでいる。

彼が直接、新島に会える機会はなかったが、新島の精神を受け継ごうと覚悟する。また新島の葬儀において、新島の棺を代わるがわる担いだことを「生涯の光栄」と感じていた。また山室は、石塚正治が新島の「言行」を集めて編集した『新島先生言行録』（一八九一）の刊行に協力したのも、彼の新島への一方ならぬ思い入れがあったことの証左である。

念願の同志社普通学校へ

山室は一八九〇年六月、予備学校を修了し、九月から当初の希望通り同志社普通学校に入学する。その年の夏も学友たちと岡山県高梁に伝道に行き、石井十次も訪問した。その時石井は同年六月二四日の『石井日誌』に山室から一年間の経歴を聞き、「予大ひに自らの愛足らざること、愛徳の高尚にして貴重なる生命の原基なること吉田君の信仰と愛とに激さる」云々と記しているが、山室は吉田清太郎の献身について話したのだろう。既述したように山室は石井と同志社に入学前から交友が始まっており、石井の日記には毎年、山室の名が記されている。

山室の経済的支援をし、高梁伝道にも同行した吉田清太郎（一八六三～一九五〇）は愛媛松山の出身

同志社時代の軍平（後列の左端）

でラーネッドから受洗し、一八九〇年に卒業している。吉田は在学中に「コリント前書」一三章の聖句にある、山を動かすほどの完全な信仰を持っていても、愛がなければ無に等しい、全ての財産を貧しい人々のために使い尽くそうとも、愛がなければ何の益もない、といったような「愛」の実践に信仰の重きを置いていた。山室への援助も彼の実践の一環である。卒業後は松山女学校で働き、また東京千駄ヶ谷教会を牧し、政界人や皇室の人にも伝道するといったユニークなキリスト者であった。さらに吉田は後年、救世軍に入隊し山室の事業に協力している。

「名アル英雄・豪傑」より「無名ノ英雄・豪傑」に

同志社普通学校に進んだ山室は、恩師の吉村隆造に宛てた書簡に同志社時代のことも記している。新島は亡くなったが、同志社が日本国中で精神的教育を施す最良の学校であると信じ、あくまでここにとどまり、勉学に励むことを決心したことを報じ、次のように認めている。

然レドモ不肖既ニ世人ノ名ヲ捨テ又世間ノ利ヲ捨テタリ望ム所ハ皇天ノ与ヘ玉フ名利ニアリ肉体ニ

安ナク又聞ユルナキモ不肖何ゾ意トセン冀《こいねが》フ所ハ天神ノ前ニ心霊ノ安キヲ得ルニアリ彼ノ水車ヲ動カスノ水モ固ト木ノ葉ノ下ニ潜ルナリ、我寧ロ名アル英雄名アル豪傑トナル能ハザルモ隠レテ無名ノ英雄無名ノ豪傑タルヲ勉メン哉汽車ヲ動カスノ石炭ハ身ヲ焼キテ其力トナレドモ観ル人極テ稀ナリ今ノ日本ハ実ニ此人ニ知ラレズシテ働クノ石炭人ニ気付ケラレズシテ尽ス人形遣ヒヲ要スルノ日本ナルヲ信ズ

（「吉村宛書簡」）

このように、山室は世間の利を棄て、神の命ずるままに生き、そして平民伝道者として日本の為に「名アル英雄」「名アル豪傑」より「無名ノ英雄」「無名ノ豪傑」たらんと覚悟して生きていくことを恩師吉村に報告する。無私の精神でもって国や社会に奉仕する骨太な明治人の意気込みが感じられる。もちろんそれは、野心の裏返しともとれる思念、覚悟ととれるが、こうした良い意味の「野心」は一〇代の山室にはあった。家出の動機でもあった立身出世というストレートな野心は、同志社にて「無名ノ英雄」「無名ノ豪傑」に変容した。ちなみに一八九〇年一〇月八日、同志社の演説会で山室は「無名の英雄」という題で演説をおこなっている。この「無名」という言葉は今後の山室の生涯を理解する一つのキーワードである。

2　石井十次と山室——濃尾大震災

山室が後に救世軍に入り、その指導者として挺身していく姿を思いおこす時、同志社時代から始まる石井との関係、とりわけ石井の救世軍との関係を理解しておかなければならない。石井は救世軍来日の四年以上前に、創設者のW・ブースやその事業に共感し、自ら「東洋救世軍」という団体を組織した。山室は石井の救世軍理解に対しても、直接、間接に大きな影響を受けており、石井の救世軍との関わりは看過できない。

石井の東洋救世軍構想

一八九一（明治二四）年の一〇月二八日、その規模において関東大震災と比肩できる濃尾《のうび》大震災が勃発した。石井十次は濃尾大震災が勃発し、東洋救世軍の名をもって名古屋に活動の場を移すことになる。同年一一月一七日の日記に、あたかも英国の監獄改良家ジョン・ハワードのリスボン地震時の活動になぞらえ、濃尾大震災を機に東洋救世軍を本格的に旗揚げして行く覚悟を記している。それは東洋救世軍を社会に宣伝していく絶好の機会としてとらえた。そして九二年一月七日の「所感」には「社会は恰も水の如し下層より熱するにあらざれば変して之れを熱湯に化する事能はず主キリストが大改革者たるの眼識実に驚くべし社会の革命を以て自ら任じるもの深く鑑みざる可けんや」（『石井日誌』）と記していることからも、石井が救世軍同様、下層社会からの根本的な改革を志向していたことも注目される。

一八九二年に入ると石井は「孤児救済軍」という救援組織を創設し、救世軍様式でもって孤児救済の組織を創設した。石井の救世軍様式での活動は、東洋救世軍を江湖《こうこ》に知らしめるべく絶好の機会であった。

山室と濃尾大震災、博愛社

同志社の学生であった山室は、博愛社小橋勝之助《こばしかつのすけ》や石井の義捐金募集事業、そして震災孤児院設立事業を助ける。たとえば、一八九一年一二月二二日の『石井日誌』には「山室岩村君来名」とあり、翌日には「山室君関東遊説として二番汽車にて出発」と、さらに二五日には「東京に働ける山室君を祝し聖旨を成さしめ玉へ」と認められている。この時、山室は石井の事業を助ける為に、東上し寄付金を集めることを石井から依頼される。山室は貧乏ゆえに、寒中にもかかわらず足袋もはかず、素足であった。赤い毛布を頭からかぶりながら、きわめて粗末な服装でもって東京に行き、築地教会の信者から一〇〇円の寄付、和田秀豊（芝教会牧師）から六〇円、一番町教会で話をして、植村正久から二、三〇円の寄付金を集めた。当時の状況を植村は山室が羽織を着ておらず、非常に粗末な姿であったこと、そして和田も初めて会ったにもかかわらず、山室が「羽織もきざる青年」であったことを後日に回顧している。当時の山室の破天荒な寄付金集めの一端である。

ところで山室は同志社時代、石井十次や岡山孤児院だけでなく、一八九〇年一月、既述した小橋勝之助によって播州赤穂《ばんしゅうあこう》に創設された博愛社とも関係をもっている。博愛社は岡山と比較的近い距離にあり、岡山孤児院と一時合併する時期もあり、二つは近い関係にあった。勝之助没後、博愛社は大阪に移る。山室は時たま上阪した時、博愛社に足を運び児童たちに対しても講話をしている。山室はこの博愛社や勝之助の弟実之助《じつのすけ》、林歌子《はやしうたこ》、そして小橋カツエとも終生、親交を持つことになる、とりわけ後述するように、林とは婦人矯風会《きょうふうかい》や廓清会《かくせいかい》を通して廃娼運動の同労者となった。

『最暗黒の英国と其の出路』と山室

W・ブースは一八九〇年一〇月、六一歳の時 *In Darkest England and The Way Out*（『最暗黒の英国と其の出路』）を出版する。これが上梓されるやベストセラーとなったが、ここで大切なのは「最暗黒」（darkest）という言葉である。近代という文明の「光」に照射されない「影」（暗黒）の部分の存在である。ヴィクトリア朝という世界の文明国の中に存在する「暗黒」の指摘であり、その視点の置き方に注目しなければならない。

石井が米国に滞在している青木要吉から『最暗黒の英国と其の出路』を入手したのは一八九二年一月二日のことである。名古屋にて震災孤児院を立ち上げるなど多忙な石井にとって不幸中の幸いなことは、その年の四月末から約一カ月間、痔の手術のため京都の同志社病院に入院し、比較的、自由な時間が持てたことである。ここで石井は同志社学生の山本徳尚より、ブース著の訳を聞くことになり、山室がそれを書き写すという役割であった。それは山室にとって、救世軍を初めて知る幸運な機会であり、それは後に彼の思想になにがしかの影響を与えた。

この入院の件については、『女学雑誌』三二〇号（九二・六・一二）に「同志社病院に於ける石井十次君」という山室の文章が掲載されている。その中に「夫れ基督教は来り聞けよと云はずして、来り観よと云ふべき宗教にあらずや、余は此時切に君が此等の希望の一日も早く我国に成就し、大に来り観よ底の宗教が光りを天下に放つに至らんことを願ひ」云々とある。そして山室が当時吉田松陰の編した「鴻鵠志《こうこくし》」や「清狂詩稿《せいきょうしこう》」を愛読していたことなどが記されている。山室が松陰に対して私淑していたことも興味深いことである。

3　同志社時代の思想――「下等社会の友」として

山室の同志社時代の日記を紐解き、当時の彼の思想を瞥見しておこう。この日記史料は山室家に襲蔵されている厖大な山室軍平史料の一部で現存する最古のものである。ここには約八〇編にわたる短文（小論）が認められ、山室の生涯を理解するためにも、きわめて重要なものである。それらから山室のキリスト教観、社会観、民衆観という視点にしぼってみておきたい。

キリスト教観

彼の小論の中の一つ「労働者ヲ救フノ道」（九三・一・一〇）には「曰学術講演会ヲ開テ労役者ニ切用ナル智識ヲ与フルコトニアリ」、「雑誌ヲ興シテ一方ニハ労役者ノ智徳ヲ進メ一方ニハ労役者ヲ代表シテ上中社会ノ人ニ対スルコトナリ」、「禁酒会ヲ興シ廃娼論ヲ称エテ社会殊ニ下等社会ヲ改良スルコトナリ」等々と認められており、労働者への伝道と社会改良、禁酒や廃娼の課題も登場する。また「同業者ガ捧ル所ノ金品ヲ以テ老人孤児ノ為ニ尽シ貧窮ニシテ有望ナル青年ガ勉学ノ道ヲ開キ其他時ニ応シテ必用ナル事業尚数多アルベシ」というように、慈善的志向も看取できる。キリスト教が生きた現実社会との接点、開かれた社会性を持つという視点、救世軍に近似する論点が当時から存していたことに注目したい。

また「日本魂ニ授洗スベシ」（九三・一・九）という小論では「蓋《けだ》シ所謂日本魂ハ日本正気ノ光華ナリ。之ヲシテ能ク果実ヲ結バシムル者ハ基督教ナリ」とある。「日本魂ハ曰忠君　基督教ハ曰敬神」「日本魂ハ曰高義　基督教ハ曰仁愛」「日本魂ハ曰愛国　基督教ハ曰博愛」とあり、忠君、高義、愛国といった「日本魂」とキリスト教との関係を指摘する。そして「日本魂ノ俠骨ニ授洗シテ所謂《いわゆる》吉田松陰ニ授洗セル底ノ活人物ヲ生ミ、花ヲシテ実ヲ結ブノ因トナルニ至ラシメンコトヲ」と論じる。山室のキリスト教観は社会の底辺民衆への共感とキリスト教の真の日本への土着化、そのためには日本魂というナショナルな思想への接点が必須条件であった。そこにキリスト教伝道の中核を置いていることも注目される。

社会観

次に社会観についてみてみよう。同志社時代から山室は社会問題への関心があった。「境遇ヲ改革スベシ」（九三・一・一六）という小論では、「車夫ノ車夫風アル、書生ノ書生風アル、金持ノ児ノ奢侈ナル、貧窮者ノ子ノ齷齪《あくさく》タル、各其境遇地位ノ之ヲシテ然ラシメタル者ノミ。人ヲ侮ル勿《なか》レ、自ラ高ブル勿レ、汝ヲシテ乞食ノ家ニ長ゼシメバ嘗《かつ》テ今日街頭ニ食ヲ求ムル醜郎ノ群ニ伍セザルヲ知ランヤ」、そして「境遇ヲ改革スベシ、境遇ノ制裁力ヲ上騰スベシ、社会改革ノ第一着歩ハ先ツ此ヨリ始メサルヘカラズ」と記している。

「貧困ノ原因」（九三・一・二六）という小論では、貧困の原因を「自然的原因」と「社会的原因」

とに大別し、「社会的原因」では「（一）法律ノ不完全ナルガ為（二）衛生ノ不行届ナルガ為（三）教育ノ不行届ナルガ為（四）風俗ノ不良ナルガ為（五）自由制度ノ影響（六）経済変動ノ影響」と指摘しており、山室の当時の貧困や社会問題という課題への人並み以上の関心と認識がうかがえる。また同年二月一日の「此滔々タル淫風ヲ如何セン」という論では、社会に氾濫しつつある淫風を改める方法として、「境遇の改革」、「職業の付与」、「高潔な快楽の提供」、「基督教の宣伝」、と矯風問題解決に向けての四策を提起している。このように山室は社会や実際生起している社会的矛盾（社会問題）への関心が強かった。

民衆観――「平凡ノ偉人」「下等社会ノ友」

「雑感」（九三・一・一一）において今後、社会には「平凡ノ偉人」が顕れるべきであると説く。「平凡ノ偉人」とは「攻城野戦ノ活劇ヲナサズ、抜山蓋世ノ技量ヲ揮ハズ、一日又一日循々トシテ職分ノ大歩ヲ呟歩ス。之ヲ一日見ルニ何ノ秀ル所ナシ、之ヲ一月ニ徴スルニ何ノ異ル所ナシ、之ヲ一年ニ察スレバ稍人ニ過ルモノアリ、之ヲ十年ニ観、之ヲ生涯ニ観ズレバ嗚呼吾人ハ其唯天ノ階ニテ昇ルベカラザルガ如キヲ見ルノミ。新島先生ノ如キ是ナリ。富蘭克林《フランクリン》ノ如キ是ナリ」と、「平凡の偉人」という言葉の意味を説明する。日々平凡であっても、各自が「職分」をはたすことによって、年月を経て偉大なる事業が達成されているという民衆の人生観を指す。山室が終生、自らが民衆の中に入り「平民」「民衆」と共に歩んでいくという姿勢がうかがえる。

「自省自言」（九三・一・二六）では、『女学雑誌』の編集者巌本善治《いわもとよしはる》と面悟した時に触れ、山室は

「下等社会ノ友トナルガ為ニ理髪師トナルコト、蓋シ皇天ノ使命ナルベシト雖、其以前ニ余ハ充分英語ノ力ヲ養ヒ、中以上ノ社会ニ立チテ優ニ之ガ宣言者タルノ資格ナクンバ、未ダ以テ思フガ儘《まま》ニ下層ノ人々ノ為ニ力ヲ伸スニ足ラザルベシ。然リ之レ余ガ使命ナリ、今ヨリ奮勉一層英書ヲ読ムノ力ヲ得ザルベカラズ」と認めている。山室は常に「平民」たらんこと、「下等社会の友」たることを覚悟し、「平民」の偉大さを認識していた。そのためにはいかなる努力も惜しまないという覚悟があった。

　このように、山室は二〇歳頃から「平民」を尊敬し、平民伝道のことを真剣に考え、そして将来、彼等に対して魂のある言葉でもって訴えていきたいと考えていた。そのために彼等と同じ目線に立つためにも、労働者として生きる覚悟、そして山室の関心事がキリスト者として、社会問題や貧困、矯風の問題にあること、かつ下層社会への関心、常に底辺民衆に視野を入れていることがうかがえる。この同志社時代に書き記したものに、救世軍入隊への素地がうかがわれ、この時期に生涯の基底となる思想が形成されていた。こうしたキリスト教観や人生観、社会観をもっていた山室の思想は、社会への実践志向を有するキリスト教である。彼の同志社時代の渾名が「社会党」であったこともかかる点からもうなずける。

4　同志社を飛び出す──中退の思想

「完伝道者」

ところで同志社時代、山室は「完伝道者」という論文を一八九二（明治二五）年二月の『同志社文学会雑誌』に掲載している。この論文は同志社時代の山室を知る上で、日記の短文とともに貴重な論文である。山室は現実の伝道者を批判し、理想的な伝道者を理念化する。

嗚呼伝道者ナル哉、伝道者ナル哉、上一天萬乗ノ王者ヨリ下茅屋破窓《ぼうおくはそう》ノ貧農ニ至リ、在野在野ノ有力者ヨリ一町一村ノ有志家ニ至リ、馬車ニ乗リテ横行スル者ヨリ馬ヲ曳テ夜山ヲ越ルノ人ニ至リ、牛ヲ食フテ酒ヲ飽ク者ヨリ牛ヲ駆テ暁ニ野ニ耕スノ人ニ至リ、官吏書生兵士医師記者教師ヨリ工商車夫ノ輩ニ至ル迄之ニ授ルニ生命ノ麵麭ヲ以テシ、之ヲ導テ生命ノ水ヲ飲マシメ、窮スレド盗マズ、貧スレドモ貪ラズ、富ンデ傲ラズ、貴クシテ高ブラズ、義ニ立チ愛ニ歩ミ、命ニ安ンジ天ニ委ネ、俯仰《ふぎょう》愧ルナキノ人トナリ、死生道ニ因ルノ民タラシメ、終ニハ五洲ヲ挙テ一丸トナシ、潔メテ至上者ノ祭壇ニ献納スルノ最大責任ト最大使命トヲ之ガ両肩ニ擔ヘル者ハ其レ真正伝道者ニアラズヤ

ここには「茅屋破窓ノ貧農」への照射という山室の視点が明確にされている。つまりキリスト教の福音をもって下層の人々を救済していこうとする思念が表現されている。先の日記に書かれた将来の

キリスト者としての理念、伝道者として生き方を覚悟したものであった。しかし山室の同志社時代、将来の方向性を持ちながらも一番の基盤となるキリスト教界は新神学の影響を大きく受け、その荒波に山室の心は大きく揺らいだ。

新神学と同志社

明治二〇年代に、ユニテリアンやユニバーサリズムなどのいわゆる新神学という新しいキリスト教の考え方が入り、近代科学の合理的な解釈のもと、聖書に記されたキリストの奇蹟などが否定される。聖書に書かれていたものを絶対化し、オーソドックスな神学を信奉していた多くのキリスト者は信仰の揺らぎを経験し、歴史の浅い日本のキリスト教界にも大きな動揺を来した。山室も例外ではなかった。新神学は同志社にも波及した。たとえば金森通倫は一八九一年に『日本現今之基督教並ニ将来之基督教』を著し、新神学の旗幟を明確にした。また同じ熊本バンドの横井時雄が同年に『我邦の基督教問題』を著した。こうした新神学の波を山室もまともに影響を受けることとなった。同志社時代、山室は皮肉にもこれまで信じてきたキリスト教に動揺を来し、まさにその足元から崩れていくような体験をした。

同志社時代の日記にある「将来ヲ夢想ス」（九三・一・一）という小論では、同志社卒業後は職工、活版屋、洋服匠で修行を積み、独立自活出来れば「一箇ノ大市民」となって、「同業者ヲ励マシ隣人ニ及ボシ時ニ及ン〔デ〕ハ教会ヲモ新設シ雑誌ヲモ発兌シ、我信ズル所ノ宗教主義ヲ主張シ、平民的道徳ヲ拡張シ、日本ヲ挙テ世界ノ大国トナシ日本人民ヲ率テ大国民タラシムルニ至ランコトヲ期ス」と覚悟している。山室はこの時期、自分の生き方を求め何をもって人生に相わたっていけばいいかを真摯に考え、悩みながら生活していた。そして遂に「中退」という決断をするのである。

中退の思想――「いかに生くべきか」

山室は一八九四（明治二七）年六月、ちょうど普通学校の四年目を終えて、所期の目的を達せないままに同志社を飛び出すことになる。しかし、彼が求めていたものは、もう同志社にはなかったと言ってよく、自分の生きる道は自分自身で切り拓いていくしか方法がなかった。彼が同志社を中退するということは、卒業云々という意味にあるのではなく、「中退」という言葉の背景にはそれを積極的に捉える「中退の思想」が意味を持っていた。卒業という形式が優先されるのではなく、一定のものが摑めればそれで一つの区切りとなるのであり、そこに学ぶ主体的な意味がある。学ぶ場でこれ以上ないと思えばそこに止まる意味はないし、飛び出して学んでいた学校以外で追い求めるということも、別にさしたる重大ごとでなかった。人生にとって学問とは、単に卒業という資格に拘泥するといったことでなく、学問の場とはそういう空間と時間に過ぎなかったのである。この時代、学校とは生涯の自己の生き方を学ぶところであった。そこに中退という思想、意味があるのである。

それは一方で、「いかに生くべきか」をあらためて問うことでもある。おのれの人生をより良く生きるために、学んだこと、経験したことをさらに有益に生かし、人生の道を問うていく。二〇歳を少し超えた山室の自立を求めての旅であった。旅は日常から離れ、客観的に自己がみられ、そして自由な発想が可能となる。自身の人生を確かめる旅であった。

第三章　彷徨の旅と救世軍入隊へ

1　岡山高梁から宮崎茶臼原、そして愛媛今治へ

高梁教会

山室が同志社を飛び出したのは、まさに日清戦争の始まる前夜であった。この当時、山室は同志社での学びを終えることもせず、また伝道への覚悟はあるが、キリスト者として具体的に生きる確固たる道が見出せず、信仰の揺らぎも生じた情況に置かれていた。したがって同志社を飛び出すとは、己自身「いかに生くべきか」を模索する、当てもない彷徨にも似た「自分探しの人生の旅」であった。そして前述したように、「中退の思想」とも称すべき山室自身の主体的な決断であった。石井の六月二九日の日記には「山室君孤児を伴ふて来院」とあり、岡山孤児院を訪れ、ただちに高梁に行く。山室が最初に落ちついたのは郷里とも比較的近く、夏期伝道でも訪れた馴染みのある高梁教会であった。

今回の高梁への旅は同志社を飛び出し、自ら望んでのものであった。ここでは高梁教会の福西しげ（志計）子（一八四七～一八九八）や医師赤木蘇平《あかぎそへい》らの世話になり、高梁で六カ月間、牧師の見習のようなことをしたが、ここでも満足ができなかった。山室は日清戦争時の一八九四（明治二七）年秋まで高梁教会にて起居する。山室が信頼した人物、福西しげ子は備中松山藩の藩士の子として生まれた。後に高梁で私立の裁縫所や順正女学校を創設した明治期の教育者である。石井十次は福西を「おばさん」とも呼び尊敬のまなざしを持って交わり、山室も彼女から人間の本当の生き方を教えられた。山室は一一月中旬に石井十次や福西とともに松江のバックストン（B. F. Buxton）を訪問する。山室はここで英国の救世軍機関紙 *War Cry* を初めてみる機会を得ている。

ところで、山室が高梁で逗留している一八九四（明治二七）年八月一日、日清戦争が勃発した。この戦争は翌年三月に終戦を迎えるまで、約七カ月間の戦争状態であったが、山室の同時代における戦争への言及は『私の青年時代』をはじめほとんど見られない。山室にとって自己の生き方そのものが、彼にとっての戦争であった。外的な事件より、彼の内面的な「いかに生くべきか」が山室にとって最大の内なる戦いであった。

宮崎県茶臼原での農業生活

山室は一八九五（明治二八）年一月中旬から夏までの約半年間、宮崎県高鍋の地で過ごしている。一方、石井十次は一八九五年二月三日の日記で、高鍋の隣にある未墾の地茶臼原《ちゃうすばる》を「天が余に『エミール』を実行させせんが為めに与え玉ひしところの人間教育場」と書き、ルソーの唱えるエミール教育の「教育場」とした。山室はこの茶臼原に逗留し、石井の「茶臼原農業部の理想」「エミール教育場の建設」の場にも自己の可能性を懸けた。二月六日付けの山室の福西しげ子宛の書簡には茶臼原の生活が認められている。

処々既に開墾したる畠を除くの外は、一面の茅はえ茂り、其間まばらにも松の生長したるものに御座候。隣家とても五―六町位行けば一軒か二軒位は可有候得共、それとて一寸見渡した処にては目に入り不レ申、茫々漠々たる高原に、弟等六十人の一団のみ孤立して其日々々を送り居る有様に御座候。朝は六時に起きて喫飯仕り、八時頃迄に朝集をすまし、其れより仕事に取懸り申候。小生の従事仕居候仕事は、蒸気船の火夫が石炭をすくふに用ひ候と同様なる「スコップ」を以て、土地を掘返すことに御座候。（中略）

小生生れて馬丁を勤めたることは、実に明治二十八年二月五日を以て初めと致し申候。別に一軒の庫の如き家新築に相成居候。之は寄附者ありて建築するに至りたるものに有之候、之には瓦も壁も出来る筈にて、落成後は其二階の一隅こそ、小弟の住屋と可二相成一奉レ存候。

（三吉明『山室軍平』七七～七九頁）

当時山室は数十人の岡山孤児院の少年たちと六月中旬まで茶臼原開拓の仕事に就いている。石井の六月一四日の日記には「山室君日向より健康に復して帰岡す」とある。山室は日向において開拓事業や初めて「馬丁《ばてい》」を経験したとか、そうした農民生活を試みた。しかしこの事業に生涯己を懸けるという決断までは至っていない。石井の理想に賛同はするが自己の生きる道を懸けてまで茶臼原で農民として生きるということはできなかった。

山室は約半年間の茶臼原での仕事を切りあげ、岡山から今度は四国今治《いまばり》に寄留する。蜂谷徳三郎（一八四二〜一九二一）の家に寄留し、今治教会を中心にして約二カ月、キリスト教伝道を行った。蜂谷は今治教会の創立に貢献し、熱心な伝道活動のほか孤児を救済し、岡山孤児院との関係も深い人物である。山室は蜂谷の離れ屋敷で起居し蜂谷や青野兵太郎《あおのへいたろう》らと親しく交わった。当時、今治教会は牧師が不在の状況であった。

今治教会での奉仕

蜂谷の娘である宇高乙女は山室の今治時代を「来今の動機はキリスト様の教を多くの人々労働者や下層社界の人々に知らしめ、真の道に叶えば貧しく共富める者となり、悩み苦も喜びて感謝に変る福音の伝道熱意からで、労働者の生活を自ら体験する為であつたと思います」（『山室選集』別、三九九頁）と回顧している。この今治では牧師としての役割も果たし、キリスト教伝道にも熱心であった。山室は多くの葬儀の司式をして信徒によき慰めと励ましとを与え、教会はますます発展し、結果、山室に正牧師として長く居てもらうことを教会側から切望された。

今治教会員であった飯義寿《いいよしひさ》も当時、新神学の流行もあり、「最も荒れていた」今治教会を牧した山室につき、「教会は其伝道的熱意と実践によって大いに励まされ、信仰的復興と充実とを来し」『山室選集』別、四〇一頁）と回顧している。そして今治在住中にも織物工場、鶏卵饅頭の製造、大工の仕事と労働者としての体験も積んだ。そして教会員の信仰復興に尽力し、祈禱会の折り、スマイルズの品性論を連続講義して好評を博したことや在任二カ月間に会衆を一〇倍近く増やしたことなどを回顧している。これは救世軍に入り多くの会衆者を集め、回心者を出した後の山室の姿を彷彿とさせる。

「貧福論」をめぐって

山室には「明治二十八年七月乃至同九月末　伊予今治ニ於ケル説教集」（山室家所蔵史料）なるものが残されている。その説教集には十数回説教題目とその内容が記されている。内容からしても、キリスト教論が中心であるが、人間やその生き方、労働、社会観など多岐にわたっており、とりわけ目につくのが人間の生き方を論じたものである。これはまさに山室がこの旅で人生の処し方を希求していたことの証明でもあろう。ここでは貧困を扱った「貧福論」という説教のみをみておき、当時の彼の社会的な視点を確認しておくことにしよう。

「貧福論」は説教記録でかなりの長文である。それは「貧窮ト云フ一事実」「和荘兵衛ノ自由国（カ）」「貧窮ノ真意義」から構成されている。「貧窮ト云フ一事実」の冒頭には「貧乏ハ実ニ人間世界最モツライ者ノ一ナリ」と記す。山室は「世ノ貧民ノ如何ニ憐ム可キカヲ感ズルナリ。日向孤児院ニ到ルニ及ンテ余ハ実ニ貧民ノ実情ノ如何ニ其ノ惨タルカヲ思フテ忍ブ能ハザリキ貧窮ニツラキハ其教育ヲ受ル能ハザルニアリ（中略）嗟呼世若シ愛ノ神アリトセバ彼ハ何故ニ此悲惨ナル貧窮ト云フカ如キノ運命ヲバ人間ニハ付与シ給ヒツルゾ」と記している。

山室はこの中で「最暗黒ノ英国」、「最暗黒ノ東京」、「飢寒窟探検記」と記しており、ブース大将や松原岩五郎《まつばらいわごろう》、桜田文吾《さくらだぶんご》らの当時の下層社会を著した著作類にひとかたならぬ関心を抱いていた。つまり、彼がブース大将の救世軍の初発の動機たるイーストエンドに暮らす人々という課題は、日本の貧困問題認識と連動する課題であった。それは文中の「嗟呼世若シ愛ノ神アリトセバ彼ハ何故ニ此悲惨ナル貧窮ト云フカ如キノ運命ヲバ人間ニハ付与シ給ヒツルゾ」という表現、「神の愛」と「貧困問題」への解決への課題を探究していく、という当時の山室の心情を窺うことができる。

将来の道

一八九五（明治二八）年七月二八日の福西しげ子ら宛の書簡には、七月二九日には二三歳の誕生日を迎え、日々「徒費」していることを、恥ずかしいこととらえ、四つの選択肢があることを認めている。その四つとは、㈠藤井氏の養子になること、㈡同志社に復帰すること、㈢伝道者になること、㈣労働者間に入り込むこと、である。そして最後の労働者になることが今の行くべき道であるとしている。

私ニシテ今何カ一ツノ労働ニ身ヲ委ネ候得共其ノ結果必ズ七八年ノ間ニ於テ一箇模範的ノ労働者ナルヲ得可ク候、一箇ノ模範ハ十箇ノ空言者ニ優ル斯クテ都合好ク行カバ一職工群ノ職長トナリ一会社ノ社員トナリ都合悪クトモ最モ敬虔ニシテ最モ勤倹ナル一職工トナリテ身ヲ以テ同輩ヲ教化シ亦《また》将来起リ来ル可キ職工等ノ困苦疾痛ニ向フテハ、之ガ代言人トナリ代表者トシ之ヲ天下ニ告白シ之ガ救済策ヲ講ゼバ一生ノ能事、庶幾《こいねがわく》ハ以テ足レリト申ス可ク候ハシ、（中略）

然ラバ如何ナル労働者ト相成ル可ク候ヤ田舎ニテ始メンカ東京辺へ進出センカ海辺ニテセンカ山間ニセンカ関東ニテセンカ関西ニテセンカ是ハ差当リ来ル八月一杯ニ於テ私ノ決定ス可キ問題ニ御座候

（『山室選集』別、一一六頁）

かくして山室は一介の労働者となることを決心するが、最終的な場所をどこにするかは、まだ迷いの中にあった。山室は一八九五（明治二八）年九月末まで今治にいて、一〇月初旬に岡山孤児院に寄り石井に会う。そこで石井は自身が上京して救世軍を訪ねたい意志をもち、バックストンから司令官宛の紹介状をもらっていたが、孤児院の事務の仕事から留守することができない状況なので、山室に救世軍を訪ね、救世軍の様子を知らせることを依頼した。山室は石井に代わって救世軍を視察するという名代をもらい、久しぶりに東京に戻った。

東京へ――伊藤為吉と職工軍団

岡山孤児院を後にし、東京にて山室が身を落ち着けたのが伊藤為吉《ためきち》の家であった。山室は一八九五（明治二八）年八月七日と一九日に伊藤に書簡を認め、職工軍団、もしくは職工徒弟学校への参加を伊藤に訴えた。伊藤も同志を得たことを喜び、かくて山室は東京の伊藤宅に寄寓する。そこで伊藤の父弁次郎から大工のいろはを教示されながら、駒込教会にも参加している。この伊藤の呼びかけに、山室は強く心をうたれた。同志社を飛び出して一年数カ月後の解答がこれであった。ちょうどこのとき、英国から救世軍が来日したのである。

伊藤為吉（一八六四〜一九四三）は伊勢松阪の近郊で生まれで、一九歳の時、上京し尾崎行雄の書生となった。攻玉社《こうぎょくしゃ》の塾僕となって住み込む。この時、片山潜《かたやません》と知己となる。一八八四年末に片山と米国行きを志願し、八五年一月に実現する。八七年四月に帰国し、八九年九月に伊藤建築設計事務所を開く。翌年に洗礼を受けて飯島喜美栄《きみえ》と結婚する。濃尾大震災が勃発した時、ただちに被災地の調査をし、その年の一二月に『日本建築構造改良法　完』を上梓した。九二年一一月に「職工軍団」を組織し「職工軍団創立趣意書」（村松貞治郎『やわらかいものへの視点』一二〇～一二一頁）を発表する。伊藤はこの趣旨書の中で、いわゆる「職人固気の美風を発揚せしめて信用を恢復し常に平等に業に就くことを得せしめんと欲す」と述べるように、キリスト教精神を背景に、職人社会を堕落から新しい倫理観、道徳観で救済したいという目的をもっていた。伊藤は九六年一一月に「職工徒弟学校」設立の構想を発表する。ともあれ、山室が一時慕ったこの伊藤という人物は魅力ある人物で、伊藤の息子たちには舞踊家の伊藤道郎《みちお》や伊藤喜朔《きさく》、俳優の千田是也《せんだこれや》らがおり芸術一家である。

山室は救世軍に入隊するころまで、「大工のまねごと」と揶揄しながらも、四〇日間、伊藤のもとで働いた。山室は所詮、不器用なたちで大工には向いていなかった。山室は伊藤の家を離れるが、伊藤との関係は、次章でみるように、山室の結婚式にも伊藤は出席しており、救世軍入隊後も尊敬の念をもって付きあっていくことになる。

2 日清戦後社会と山室

日清戦争と戦後経営

既述したように山室が同志社を飛び出した後の一年余の旅は、ちょうど近代日本における最初の本格的対外事件、日清戦争（一八九四年七月～九五年四月）と重なる時であった。朝鮮をめぐって、一八九四（明治二七）年七月に勃発した日清戦争は、翌年三月の日清休戦条約の調印、四月一七日の日清講和条約の締結（五月八日発効）によって終結をみる。しかし四月二三日にはロシア・フランス・ドイツの三国が遼東半島の清国への返還を要求してきた。言うところの三国干渉であるが、その要求を拒否する力はまだ日本にはなかった。

日清戦争は、明治維新以来、最初の大きな対外戦争であり、戦費、規模とも大規模なものであった。この戦争に勝利したことによって、極東の小国日本が世界の耳目を引くこととなる。すなわち一九世紀中葉、鎖国政策を終焉させ、明治国家が誕生し、西洋文明国家を範として遅ればせながら近代国家へと飛翔していった。その小国が大国清国に勝利したことを、西洋文明諸国に大きく印象づけた。まさに日本の近代化として「西洋」の「文明」を取り入れるという経綸の結果であった。それは福沢諭吉が『文明論之概略』（一八七五）で指摘した文明への憧憬、日本を含めたアジアを「半開《はんかい》」としてとらえた「脱アジア」政策の結果でもある。この戦争の結果、日本は台湾を譲り受け、清国からの賠償金をもとに殖産興業を中心に戦後経営が図られ、資本主義を一層進めていった。明治国家は近代化に向けて「富国強兵」「殖産興業」を旗印に西洋列強に追いつくべく邁進していった。しかしそうした明治国家の変化が山室自身を新たな生活へと導いていった。

下層社会の出現

日清戦後、山室の知己でもあるジャーナリスト横山源之助は名著『日本之下層社会』（一八九九）を出版する。この著は「わが国の産業革命期における、新旧下層各層の生活・労働状態を、客観的かつ綜合的にあきらかにした社会学の古典」（『日本の下層社会』の岩波文庫版、解説）と今も高い評価を受けている。彼が指摘した近代特有の社会問題が顕現化への対策も論じられていく。社会政策学会、社会問題研究会、社会主義研究会、社会学会等々が設立され、労働組合期成会や鉄工組合などの結成による労働運動の勃興、安部磯雄、片山潜、河上清、幸徳秋水らの参加のもと、日本最初の社会主義政党である社会民主党が結成される。また日本の公害問題の原点とも称される足尾鉱毒問題も浮上し、田中正造は「真の文明ハ山を荒さず、川を荒さず、村を破らず、人を殺さざるべし」(『田中正造全集』一三巻、二六〇頁)という言葉を記し、あるいは留岡幸助は米国での二年間の遊学から帰国し、『感化事業之発達』『慈善問題』を著し、日清戦後の上辺だけの軽薄な文明化を批判し、慈善の重要性を指摘した。安部磯雄も『社会問題解釈法』(一九〇一)を著し、近代の労働運動や社会問題解決の方途を提起したように、自然災害と人間の福祉や人権の課題として世論が喚起されていった時代であった。山室はこうして、日清戦後の東京へ戻ってきたのである。

国家政策の貧困と慈善事業

明治政府は一八七四(明治七)年一二月に「恤救規則《じゅっきゅうきそく》」を発布したが、その利用者を厳しく制限したため、救貧法規としては有名無実なものであった。明治二〇年代後半の日本、国家が社会事業に積極的に関わっていかず、社会事業関係法制や政策の貧困を背景にして、宗教家や篤志家を中心に種々の慈善事業が登場した。近代的な公的な救貧制度は時期尚早という状況であった。

このような現実に生起する生活諸問題に対して、儒教の惻隠《そくいん》の情やキリスト教慈善、宗教的倫理や道徳に駆られた人々は、孤児や障害のある人、貧しい病人、貧困、スラム地区、労働者の生活問題などの現実に眼をそらすことができなかった。そして自発的な慈善活動が展開されていった。具体的には留岡幸助の巣鴨家庭学校、野口幽香《ゆか》らの二葉幼稚園、石井亮一による孤女学院(後の滝乃川学園)の創設、あるいはセツルメントの原点である片山潜が館長を務めたキングスレー館の創設などであり、先駆的な慈善事業施設の勃興期であった。こうした時期に英国に本部を持ち、キリスト教伝道と社会事業を併せ持つ救世軍が来日することになる。まさにそれは時宜にかなった来日であった。

3　救世軍の来日と入隊

ウイリアム・ブースと日本への伝道、そして植村正久

英国ロンドンを出発し、インドを経由して救世軍が来日したのは一八九五（明治二八）年九月初旬のことである。山室が彷徨の旅を終え、東京へ行く時と合わせるように、救世軍が来日する。W・ブースは一八九〇年頃より日本への伝道を考えていたようである。しかし、諸般の事情で日本への本格的な伝道は、ライト大佐による一八九五（明治二八）年九月まで待たねばならなかった。つまり、日清戦争の勝利が日本伝道の引き金にもなった。

ところで救世軍本部では日本伝道が具体化するまでに、救世軍を日本に招聘しようとする動きがあった。山室と親しかった石井十次は植村正久の論文などから、早くから救世軍のことを知ることになる。植村は英国にて、その活発な活動を「奇異」と捉えながらも、その熱心さに「感動」「感服」をし、一八九一年、英国に滞留したときに救世軍について調査し、その真相を知った。そこで日本への土産として持ち帰ることを思い立ち、救世軍本部に行き、W・ブースらと会った。そして救世軍は今日の宗教界に大きな期待があって起こったものであり、また社会改良の上においても、こうした運動

が必要であると理解した。東北救世軍を創設した島貫兵太夫も早くから救世軍の来日を要請した事実がある。

来日に向けて

英国本部が日本への伝道資金の調達もでき、またライト大佐を司令官として白羽の矢がたち、一八九五年七月一五日に、日本派遣の送別会が開催された。当地発行の七月一七日の『クリスチャン・ワールド』には「救世軍は日本征伐の準備をなし、去る月曜日夜シチー、テンプルにて、将軍ブースは勇気勃如たる、征討軍の一小隊は軍旗を授与することありたり。将軍は背後に並み居る、赤衣の兵士若干に擁せられつゝ、玲瓏《れいろう》たる白大理石の卓子を控へて立ち、右手に軍旗を打振りつゝ、満腔の熱血を注ぎて演説す」と、そして「将軍の演説によりて涙に打濕《しめ》れる満場の聴衆を見渡しつゝ、日本服を着けたる兵士等が、立ちて軍旗を囲みし有様は、殊に人々の目を注がしめたり。男子は黒色の衣服に黒色の帯及び羽織を着、女は濃き褐色の衣服を着たり、その風采頗るよく似合ひたり」（『植村正久とその時代』二巻、六六七頁）と報じられている。

このように救世軍は大々的な出陣式をブース大将指揮のもとで挙行し、はるか極東の国、日本に向かって出陣した。かくて「往いて其の人民を愛せよ、それが出来ないならば、宜しく本国に呼戻されんことを謂え。世界の眼は諸君に注いて居る。往いて戦ひ、苦しみ、忍び、又あまた度涙を流さねばならぬ。しかも直ちに涙を拭うて、人々の中に出で往かねばならぬ」（『救世軍略史』三頁）と。その一行は、一八九五（明治二八）年七月二〇日にロンドンを出立し、九月四日に横浜に到着した。そして九日に東京に着し、京橋区新富町《しんとみ》に落ち着くことになった。

メディアの反応

日本を意識し日本服（着物）を着用してまで伝道を伝えようとする救世軍が日本に初めて横浜に上陸した時、日本はいかなる受け入れ方をしたのか、主なる新聞の報道をみておくことにしよう。キリスト教系の紙誌は、好意的に報道している。植村正久の『福音新報』（九五・九・一三）は、「救世軍の来着は日本の基督教徒をして惰眠を破らしむべき暁鐘に非すや」と歓迎の意を表した。また『基督教新聞』（九五・九・二七）も丹《に》羽《わ》清《せい》次《じ》郎《ろう》が「救世軍諸氏の熱心燃ゆるが如き信仰、最も近く神と交はるの祈禱は必らずや一般の信徒社会に一大刺激を与へて彼等をして奮躍して超然たる活ける生命を味ふに至らしめん」というような論評を加えている。

ライト大佐一行，横浜に上陸
（1895［明治28］年９月４日）

一方、『日本』（九五・九・二一）では「西洋法華と言ひたるは最も適当の命名と思はる」と批判し、仏教系の『明教新誌』は「救世軍 愈《いよいよ》日本に来らんとす」（三六四四号）において、「嗚呼此狂気染みたる宗教、日本に入る。我国民それ焉そ黙するを得んや、その軍隊組織不礼之に過ぎたるはなし。日本の教家何ぞそれ充分の準備を以て之に対せざる。（中略）国家法をあり其治安を害し安寧秩序を妨ぐるものは、之を刑すべし」（『植村正久と其の時代』二巻、六七三頁）云々と厳しい批評をした。

救世軍は九月二二日、公式に東京基督青年会館で開戦と告げる集会を開いた。ライト大佐が救世軍の歴史やその組織、目的などを語り、それを浦口文治《うらぐちぶんじ》が通訳した。それにつき『福音新報』（九五・九・二七）は「此の人々の方法につきては種々の批評もあるべきなれど、利益名誉のために非ず、ただ主の名に於て救世の志望を抱けるがため、はるばるこの国にきたりて下層社会に身を投じ、日本人と同様衣食せんと決心せる意気任侠感ずるに堪えたり」と伝えている。

山室の救世軍訪問

石井から救世軍を訪問する依頼を受けた山室は一〇月中旬、来日した救世軍の事務所を初めて訪問することになる。しかしその時の山室の救世軍に対する第一印象は、態度がいかにも高慢に感じられて、はなはだ不愉快であったと記しているように、決して良い印象ではなく厳しい評価となっている。山室は期待していた救世軍に当初、失望する。しかしそのとき彼に渡されたものが、ブース大将が著わした『軍令および軍律、兵士の巻』という小冊子であった。

山室はそれを熟読する。この著作はこれまで心の中でわだかまっていた疑問を解いてくれるものであった。つまり、キリストに救われ、唯一、神の栄光と人の救いとのために生きる聖徒は、一体どのような品性を備え、どのような生活を営んでいく必要があるのか。どのようにその職業を勤め、その家庭を整へ行く必要があるのか。そしてどのように神と人とに奉仕し、どのように世の救いの為に戦う必要があるのか、というような大切な問題を、山室はその著作から細微にわたって学んだ。その著作はそれを平易にかつ正確に伝えていた。

入隊

救世軍の性格や伝道方針に納得した山室は、伊藤為吉のもとでの大工見習いを一カ月半くらいで辞し、救世軍に身を投じる決心をする。かくて彼は最初に「下足番」という役を得て救世軍の士官候補生として受け入れられることになる。石井は一一月二二日、山室に救世軍に入隊することを勧告しているが、山室も当初の印象から変化を来し、次第にそれへの興味から入隊への覚悟にまで高まっていき、ついに一八九五（明治二八）年一一月三〇日、正式に救世軍に入隊する。

山室の救世軍入隊については、山室の文章「嗚呼、一年前の今日」（『鬨声』九六・一二・五）に詳しく記載されてある。その冒頭には「十一月三十日　嗚呼一年前の今日是余に取て最も紀念すべき御導きを蒙つた当日である」と記し、決心に至る経緯の一端を石井十次と巌本善治の二人の進言を紹介している。石井については「徒らに皮相の救世軍を見ずして神が今日の時代に処して救世軍を以て何を全世界の表になさんとし給ふかを観察せよ」と、そして巌本については「君は天成の救世軍士であるに何故身を挺で、今速かに其仲間に投ぜぬか」と。そしてこの小論の末尾を山室は「神は慥かに救世軍を以て日本全体殊には下層の社会を救給ふと信じます」と結んでいる。石井十次もこの山室の入隊を知り一八九五年一二月四日、「東京、山室君よりいよいよ決心して『救世軍』に入隊せしことの吉報来る」（『石井日誌』）と喜びを記している。かくして山室は救世軍に入隊し、その組織の一員として活動することになった。石井十次が「合鍵を見つけた」と表現したように、精神的彷徨生活にピリオドを打ち、救世軍に入隊し、活動の場をみつけていくことになる。同志社を中退し、「いかに生くべきか」を模索した旅は一応の完結をみた。

救世軍士官

山室は一八九五年一一月末に士官候補生として日本人最初の救世軍士官となって以降、一九四〇年三月の召天まで、四四年間この救世軍に属し、日本救世軍の発展のために粉骨砕身していった。山室が入隊したこともあり、来日した救世軍は確実に前進していく。

一八九七（明治三〇）年一月、山室は東京第三軍隊の応援に行き、野戦を試みていた時、警官から嫌疑がかけられ、山室は矢吹とともに一二日間の拘留を余儀なくされたこともあった。そして六月一日をもって山室は士官養成所の主任から、『ときのこゑ』の編集主任に任命される。山室は救世軍に日本人としていち早く入隊し、一応、形だけは救世軍士として活動できるようになったが、彼には精神的にも完全なる救世軍士としての自覚が必要であった。そのためには聖書や救世軍の軍規の理解のみならず、救世軍人の中核とも称せる精神的よりどころ「聖潔」の体験が必要であった。それを精神深く体験することによって救世軍人としての自覚がもてる。その体験を会得したいと苦しみ、懇望することとなる。そしてピヤソール・スミスの『幸福の生涯』や『救世軍の教理』によって「聖潔」について熱心に学んだ。

「聖潔」の体験——救世軍士としての自覚

かくて山室は一八九六（明治二九）年八月二〇日、神奈川県三浦半島富浦《とみうら》海岸でこの体験をすることになる。

私は東の空に面して座つて居つたと見え、不図《ふと》眼を開けば、紅い太陽が今恰《あたか》も、海の中から姿を現さうとする所であつた。見て居るうちに海を離れて高く、高く、昇つてゆくと思ふと、早や山も、水も、野も、原も、草も、木も、一面に其の光を被《かぶ》らざるはないのであつた。而して私の霊魂の状態が亦、丁度それと同じく、私の胸の中には今「義の太陽」なる基督が、其の輝く御姿を以て臨み、又其の御光を以て、隅々隅々《すみずみくまぐま》迄も、遍く照し給ふことゝなつたのである。「我は世の光なり、我に従ふ者は暗き中を歩まず、生命の光を得べし。」又「神は光にして少しの暗き所なし、若し神の光の中に在す如く、光の中を歩まば、我等互に交際《まじわり》を得、又其の子耶蘇の血、凡ての罪より我等を潔む」などいふ、神の約束は私の上に応験せられたのである。ハレルヤ。私は其の朝から、全く潔められた生活に入つたのである。

（『青年時代』一五八頁）

救世軍において聖潔体験はきわめて重要なものであったが、山室はこうして身も心も潔められ、救世軍人として自覚し、その覚悟を確かなものとしていった。「わたしは聖霊のバステスマを受けることによって、真の救世軍人になり得たことを、神に感謝するのである」、これが自伝『私の青年時代』の末尾の言葉でもある。この体験はスピリチュアルな腹の底から納得し得たものとなり、救世軍の一員として献身的な生涯をおくる一歩を確実に踏み出していった。まさに人生の生きる道を見出し、石井が「人生の合い鍵を見つけた」という山室の「人生の旅行」はかくしてひとまず落ちつき、救世軍士として新たな旅立ちをしていくこととなる。

第四章　救世軍初期の活動と結婚

1　神田での生活と結婚

神田小隊の運営

「聖潔」の体験をした山室は明治三〇年代に入ると、救世軍活動において水を得た魚のように献身的な活動を展開していった。一八九七（明治三〇）年一月には明治天皇の嫡母、英照皇太后が亡くなり、救世軍はその恩赦によって社会に出た一万数千人におよぶ刑余者支援という活動、具体的には「出獄人救済所」を設け、更生保護事業に着手する。また同時期に横浜水夫館も創設された。これは横浜にいる二、三千人の水兵のため、キリスト教の集会と、「止宿、湯沐、読書、喫飯」を利用する施設として創られた。山室も救世軍の一兵卒として救世軍の初期活動に献身していく。

山室は一八九八（明治三一）年九月より、救世軍初期の同志山田弥十郎《やじゅうろう》と神田三崎町の角倉賀道《すみのくらまさみち》

（角倉了以《りょうい》の子孫）の持家である割長屋の一部を借りて、後の神田小隊の前身となる一小隊を運営していく。山田は島根県松江で英国メソジストの宣教師バックストンから学び、九八年八月に救世軍に入隊し、後に軍の有力な活動家になっていく人物である。しかしここでの山田との生活は一枚の布団を引っ張り合って寝るというような極貧生活であり、かかる下からのたたき上げという経験が、人間的にも山室を大きく成長させていくことになる。

神田三崎町界隈——片山潜と横山源之助との交友

神田界隈の三崎町といえば、一八九七年に日本のセツルメントの代表的なものとなったキングスレー館が創設され、片山潜がその館長に就任していた。片山は長い米国生活を終えて、英国でトインビー館や救世軍を視察し、九六年に帰国し、日本の労働問題に関心をよせる。キングスレー館はキリスト教主義によって運営され、慈善や医療、教育事業でもって地域住民の福祉の向上を目指した。館の運営には片山潜のほか、委員長に植村正久、会計丹羽清次郎、委員には横井時雄や伊藤為吉らが就任している

また貧民研究会が片山潜と横山源之助の発起によって立ち上げられ、一八九八年四月に発足した。メンバーとして片山のほか松原岩五郎、布川静淵《ぬのかわせいえん》、松村介石《まつむらかいせき》、高野房太郎《たかのふさたろう》らと共に山室の名がある。第一回の会合は四月二七日にキングスレー館にて開催された。この会については、片山の主宰する『労働世界』の記事により会の三回まで確認できるが、長続きはしなかった。山室が当時、横山や片山、松原らと交友も持っていたことは興味深い。ちなみに一九〇〇年九月、井上友一らの内務省官僚、留岡幸助や原胤昭《はらたねあき》らから構成される同名の会があるが、それとは別であり、山室はその会とは無縁で

ある。

次に山室と横山源之助との交友に触れておこう。一八九八年九月に山室が墨筆にて書き記した「神田小隊開戦記　明治三十一年記」という史料がある。そこには山室が横山を「貧民ノ友人」と記し、横山が救世軍の野戦を聞いて救世軍を訪れ、彼はキリスト教徒ではなかったが、大いに同情して帰ったという。「主若シ聖旨ニ合ハヽ彼ガ如キノ人ヲ救ヒ主ノ名ノ為ニ殊ニ下層ニ働カシメ給へ」と横山に期待していた事実も記されている。横山の『日本之下層社会』と山室の『平民之福音』は同時期に出版され、民衆への福音を説く山室とジャーナリスト横山の二人が下層社会への関心、「貧民の友」としての生き方で通底したものがあったことを記しているのは興味深い。

山室はこの三崎町の狭い長屋生活が生活場所であり、種々の活動拠点であった。一九世紀末、三崎町界隈は梁山泊よろしく、底辺民衆と関わる人たちとの交わりの場であった。

佐藤機恵子

来日まもない救世軍に入隊し、日本人兵士の中で精力的に活動していた時、山室の前に佐藤機恵子《きえこ》という女性が現れる。山室は彼女に好意を抱き、一八九九（明治三二）年六月、結婚に至る。山室の生涯を論じていく時、この機恵子の存在はきわめて大きい。機恵子は、一八七四（明治七）年一二月五日、岩手県花巻町字川口町で佐藤庄五郎、安子夫妻の長女として生まれた。花巻といえば、宮沢賢治（一八九六～一九三三）の出身地で、佐藤家と宮沢家とは近所で両家は親交があった（安原みどり『山室機恵子の生涯』参照）。機恵子には兄が一人、弟が四人おり、唯一の女子として生まれた。

佐藤家は南部藩に仕え、相当の資産家であったが、天明や天保の飢饉の時、餓死する者が路上に横たわるのを見て貧窮民の救済に尽力した。山室は自著『山室機恵子』（以下『機恵子』）の中で一身の安危を顧みないで「公益の為に尽すこと」が、佐藤の家風であったと記している。機恵子は八歳で小学校を終えた後、花巻では珍しく高等小学校でも学び、花巻の教育家、名須川他山のもとで漢学を修めた才媛で短期間、小学校教師も勤めた。

一八八一年、明治天皇の東北巡幸の際、父庄五郎が蚕種桑などを献上し、天皇から下賜金を受けとる。父はそのお金を子供の教育資金にして、国家に有用な人物育成にあてようと考えた。兄の皐蔵《こうぞう》を一五歳の時、海軍で働く人物を養成していた攻玉社で学ばせ、機恵子を一八歳の時、明治女学校に入学させる。もちろん都会に出て、さらなる勉学に励みたいという彼女の強い意志があった。そして佐藤家は九四年に北海道空知に移住し、開墾事業に尽力することとなる。

東京へ——明治女学校

機恵子は一八九一（明治二四）年に上京し明治女学校で学ぶ。明治女学校は八五年、島田三郎、田口卯吉、植村正久、巖本善治らキリスト者が中心となり、その発起人となり、牧師の木村熊二と妻澄子によって近代的な女性教育を目指して開校された学校である。八七年に『女学雑誌』を主宰していた巖本が教頭に就き、九二年に校長となる。巖本は男女平等思想やキリスト教などを中心に教えた。仏教の家庭に育ち、漢学にも通じていた機恵子は巖本や植村らの影響もあり、日曜日ごとに植村正久の一番町教会（現・富士見町教会）の集会に出席し、九一年に受洗する。

明治女学校卒業後に彼女が神に祈り、思いついたのが海陸軍人慰藉の事業であった。当時彼女は大日本女子教育会の設立になる女紅学校の教師であり、また『女学雑誌』の事務をとって自活していた。日清戦争期において軍人となった兄の皐蔵からの影響もあり国家への奉仕の思いを強くする。さらに機恵子は婦人矯風会の書記として働いた。この会は一八八六年に矢島楫子《やじまかじこ》が中心になって廃娼や禁酒、女性の権利要求を掲げ東京婦人矯風会として創設されたものであり、九三年には日本婦人矯風会と改め全国的な組織となっている。機恵子は九六年一月、矢島の紹介によって入会し、九七年一二月の大会で機恵子は書記に選出され、その後は矯風会の軍人慰問関係の部署で働いていた。矯風会と救世軍とは共に、禁酒運動や廃娼運動などにおいて目的の共通とするところが多々あった。そして尊敬していた植村は英国救世軍のことをいち早く日本に紹介した人物であった。

山室と機恵子との出会い

一八九五年九月に来日した救世軍はキリスト教界でも大きな話題となっており、婦人矯風会の活動をしていた機恵子も興味をもち、救世軍の会館を視察する。そこでは外国士官たちが、言語、人情、風俗の違いを苦にせず、必死に日本国民に同化し、日本人救済のために尽力している姿に畏敬の念を抱いた。機恵子は救世軍に接近し、松本荻江と同居し矯風会の軍人慰藉事業と救世軍の事業を手伝うことになる。山室も救世軍の中で機恵子と顔を合わす機会ができ、かくて二人は互いに意識していくことになった。九八年三月末、山室は北海道にいた機恵子に対して自分の思いを吐露した書簡を認めている。

（前略）只今は母君の御病気もあること故、暫時北海道へ御滞在なさるゝ必要あり候。乍併《しかしながら》僕は君が斯《かく》して、長く其の地に御留り成さるべき筈《はず》のものとは思はず、もとより家を継ぎ給ふ身にもあらねば、出で、社会に一と働き成さるべきことは申す迄もなき儀に候。仮令《たとい》目下未だ何れの道から事業に取りか、るべきかを、十分会得せられざるにもせよ、到底此の方針に向うて歩を進めねばならぬ丈は、明白なる道に候はずや。女紅学校の生徒は君を慕ふこと母の如く、姉の如く、而して学校其のものは漸く好都合に成長し初めたる時、一二小人の讒誣《ざんぶ》の為に軽々しく身を退く如きは、果して目下の場合に当を得たる策に可有之候や。(以下略)

(『機恵子』三二頁)

山室は機恵子の才能とその活躍を直裁に表した。もちろんそこには東京での生活を期待した意図もあったと思われる。その後、山室は機恵子にプロポーズの書簡を出した。それに対して、機恵子は「君ならでたれにか見せん梅の花、色をも香をもしる人ぞしる」(同書、三四頁)という古歌で返し、五月初旬に話はまとまり、機恵子と軍平とは結婚への道を進んでいった。

日本最初の救世軍結婚式

山室と機恵子との結婚式は一八九九(明治三二)年六月六日、九段のメソジスト教会堂で日本の救世軍における最初の結婚式として挙行された。これにつき、『ときのこゑ』(九九・六・一五)は救世軍の「最初の結婚式」という表題で次のように報じている。

此日集る者救世軍の士官、兵士、友人、親戚の人々など、合せて二百五六十人、勇ましい軍歌の声の中に新郎は松本萩江氏に導かれて右の入り口より、新婦は巌本善治氏に導かれて左の入り口より入来りて正面の席に大佐の右と左に着席仕り候。祈祷あり唱歌ありて後、矢吹大尉は日本人士官を代表し、ニューカム少校は外国人士官を、坂入巌氏は山室少校が受持てる東京第四軍隊を代表して其祝辞を述べ、高等学校の石川済治氏、婦人矯風会の潮田ちせ子氏の説話あり、聖書及び「婚姻の約束書」の朗読あり、大佐より新郎新婦に対する問答ありて後、大佐は神の名に由て此二人を今より以後、夫婦と看做すべき旨を宣言致され候、台湾の盲少年郭主恩氏が台湾語と日本語にての唱歌あり、山室少校は最後に起て、第一自らの救はれて居ること、第二救世軍中にあること、第三同志の婦人を与へて其戦争の同伴者《とも》たらしめられたることに付て、神に感謝する由を告白し、併せて諸

佐藤機恵子との結婚

友が尚一層此突飛的進撃的の運動に同情を寄せんことを求めて坐する時伊藤為吉氏の挨拶ありて目出度此聖婚の式を終り申候。

その後、原胤昭宅で新夫婦の知己友人たちと懇親の会がもたれた。会では留岡幸助、松本萩江らの話、また片山潜、角倉賀道、宮崎八百吉《やおきち》、救世軍の士官兵士、友人らの奨励、忠告などがあり、「最も愉快なる集会」を営んだと報じている。救世軍では夫婦揃っての活動が要求されており、機恵子も救世軍士となり活動する。

新婚生活と機恵子

山室夫妻の新婚生活の場は神田三崎町の棟割長屋で、日々の薪を買えないために木屑を拾い集め、それを七輪で煮炊きをするという生活であった。山室は神田小隊の運営のほか『ときのこゑ』の編集作業も任されていた。給料は約七円であり、まさに二人は清貧生活そのものであった。二人はこのような貧しい生活を何とか耐えられ、信仰によって生きる覚悟はできていた。しかし機恵子が一番悩んだのが、心から本当の救世軍人となることであった。苦悩のうちに「神よ若し然うすることが、あなたの御旨ならば、それさへ決して厭ひませぬ。唯私を潔めて、全くあなたの有《もの》となし給へ」（『機恵子』四八頁）と熱心に祈り、ついに山室と同様に「聖潔」を体験し救世軍士として自覚を得ることができた。

しかし機恵子にはもう一つ解決すべき課題があった。というのは母が機恵子の二人の弟のために近くに引っ越していた。つまり山室の小隊の近くでもあり、機恵子がタンバリンを叩き、軍歌を歌いながら行進する姿を母や弟たちに見せたくないという、恥ずかしさというより、家族、とりわけ母を思うがゆえの悩みであった。しかしこの件についても神に祈り、神の御旨に従い決断するに至る。一九〇〇年正月早々から、機恵子は救世軍の野戦に参加し、タンバリンを叩き、軍歌を歌いながら神の恵みをあかすようになった。山室も「彼女は斯して救と聖潔とに関する、箇人的の確信を得た。それ故に今は大胆に福音を宣伝へ、又霊魂を救に導くことが出来るやうになつた」（『機恵子』五一頁）と回顧している。こうして機恵子も救世軍の重要な教理、「救いと聖潔」を受け入れ積極的に野戦（野外伝道）に参加し、夫と共に献身的に救世軍人として働いていった。山室夫妻には、一九〇〇年に長女民子が、〇二年には長男武甫が誕生し、その後襄次（次男）、友子（次女）、周平（三男）、光子（三女）、善子（四女）、使徒（四男）の子宝に恵まれる（ただし、襄次は生後七カ月、使徒は一年余で召天）。機恵子は救世軍の業務に加え、子育てとの両立を負うこととなる。

2　『平民之福音』の刊行

二週間の休暇での執筆

山室夫妻は救世軍から結婚祝いとして、二週間の休暇をもらう。山室はこの機会を利用し、横浜根岸に小さな部屋を借り受け、『平民之福音』を執筆する。そして一八九九年（明治三二）一〇月二〇日、二人の結婚記念として『平民之福音』を刊行したのである。これは山室のこれまで温めてきた一般の庶民にもわかるようなキリスト教の入門書である。文章は多くの挿

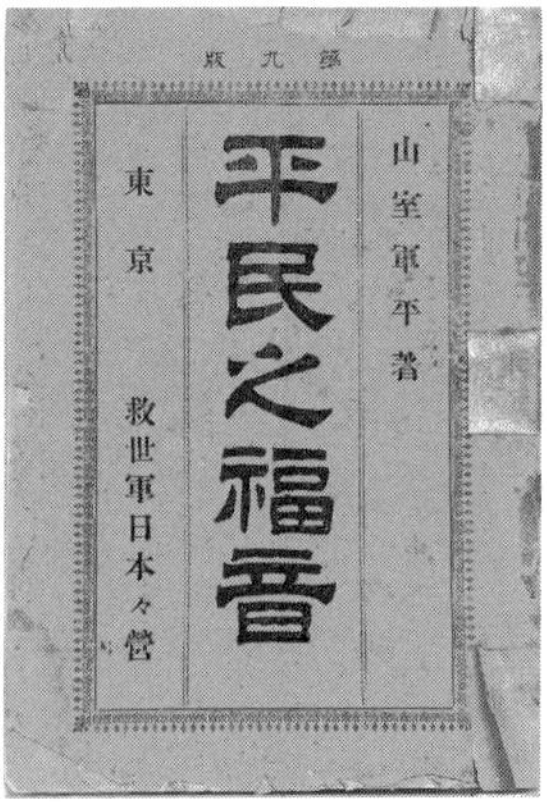

『平民之福音』の表紙
（第9版）

話を入れながら平易な日本語で書かれ、戦前、戦後において版を重ね、キリスト教界からも非常に優れたものとして評価されてきた。ただ自分の思いを多くの民衆に訴えたいという素朴な動機で執筆したのであろう。

山室夫妻にとっても貴重な二週間の休暇を執筆の時間に当てるというところに、二人の生き様が浮かび上がってくる。この二週間は山室にとって何物にも代えがたい貴重な時間であり、機恵子も山室の傍で協力した。著書の「自序」は「私は一個の労働者であります」という言葉から始められており、入信以来、彼の胸中にある唯一の願いとは「如何にもして此の大なる神様の御慈愛を、殊に我が敬愛する平民諸君に、お知らせ申したいといふことでござりました」と記している。

構成と内容

『平民之福音』は第一章「天の父上」、第二章「人間の罪悪」、第三章「基督の救」、第四章「信仰の生涯」、第五章「職分の道」となっている。神、罪、救い、信仰とキリスト教の基本的基軸を踏まえ、最後に「職分」を説く、この構成にも山室色が出ている。文章はわかりやすく、言文一致体で書かれ、漢字にはルビが付されている。人々の心の深いところに存在する信仰を呼び起こすために、「祈りながら書いた」と回顧するように、その文脈には彼の真摯な態度が読みとれる。日本キリスト教史に残る名著とさせたのは、単なる平易な民衆の書というだけでなく、そこには民衆の琴線に触れる言葉が散りばめられていたからにほかならない。それは山室が民衆のために多くの喩え話、心学やわかりやすく日常の道徳を説いた柴田《しばた》鳩翁《きゅうおう》の「道話」などの教養が背景にあった。とりわけ最後の労働者の職業を問う中で、己の職分を尽くすことが本分であると諭す。「職分」は山室にとって重要な言葉である。「神様は態《わざ》と知恵、力量、才能の、度合いの異ふた人間を、此の世に造り、各箇に相応したる職分、職業というものを授けて、此を尽さす様に、仕向けてお出でなさる。貧しき者と、富める者と偕に世に居る、凡て之を造りし者は真神《エホバ》なりとは、このことであります」（一五一頁）と。そして人間の価値は職業で決まるものでなく、「職分を尽くす」という生き方の重要性をとく。山室の労働、職分へのこだわりは後述の廃娼運動や生き方の哲学にも繋がっていく。

ここには貧困や階級の問題、社会科学的な視点はない。貧富の課題はあくまで己の自助的努力、気持ちの持ち方によるとする。それはこの著が救世軍の一員として、山室が平民にむけ、彼等にキリスト教へ導く本として世に出すことが目的であったからである。植村正久が、この著作を「基督教の鳩翁道話」と評したことも、山室の民衆への基本的姿勢と著作への的確な表現であった。

その後の『平民之福音』

刊行されたこの本は優れたキリスト教の伝道書として多くの民衆に読まれることになった。時には慰問籠の中に入れられスラムの極貧家庭の人々に、紅灯下の娼婦たち、病に苦しむ人たち、そして獄中にいる囚人たち、あるいは戦時における軍人たちや出征軍人の家庭において、一九四〇年六月に発禁処分となっても読まれ続けていった。

巌本善治の『女学雑誌』五〇〇号（九九・一一・二五）はこの著につき「火の如く焔の如き君が舌鋒

に曾て一度び霊感を刺されたるものは、夙《つと》に君が説教壇上に稀有の成功を遂ぐべしとは知りつらんが、其筆鋒の等しく亦た斯あらんとは予期せざりしもの多かりしならん。今や君、文壇に於ても亦優に一方の将たることを示せり。此書一と度び出でて読者感歎す。到る所、嘖々の声あるが故に、余は復《ま》た長辞を用し」云々と記し、また植村正久も『福音新報』に、本の広告を掲載したように多くの協力もあった。また印税はすべて救世軍財団に寄付している。以降、この本により多くの人々が信仰と新しい生活に導かれていった。こうした事例は『ときのこゑ』に『平民之福音』による「奇蹟の事例」として掲載されていくことになる。

3 『ときのこゑ』の編集

機関紙の編集

英国の救世軍は、一八七九年に機関紙 *War Cry* を発刊した。機関紙は救世軍にとって不可欠の伝道手段となり、その活動を支えていた。来日した救世軍も活動を展開していく時、こうした機関紙の刊行は必要不可欠であり、それはあくまで「平民のための新聞」であった。そのためには平易な文体で民衆の心に響かせ、かつ倦ませないような内容と文体が要求される。また音楽（ブラスバンド）を駆使しての街頭活動は日本でその頃珍しく、救世軍の新聞と音楽は伝道活動において格好の手段であった。つまり目と耳の五感から人々の身体に入って行ったのである。

日本の救世軍が機関紙『鬨聲《ときのこゑ》』（後に『ときのこゑ』）を発刊するのは、一八九五（明治二八）年一一月のことであり、原則として月二回の刊行である。一九四〇年、救世軍が救世団と改称され、機関紙名も『日本救世新聞』となるまで、戦前においても一〇六五号まで続くことになる。この間、『ときのこゑ』の大半は山室により編輯されたか、あるいは指導の下に刊行された。山室は長坂毅《つよし》の後任として一五号（九六・六・六）から編集の業務に就くが、紙面の内容は英国本部と同様、民衆のためという基本的方針がある。これには少年時代に学んだ漢学の素養や善書、心学、「鳩翁道話」のたぐい、東京時代の印刷会社での仕事などが役にたった。

「明治の鳩翁」――同時代の山室評

一九〇三（明治三六）年二月の『基督教世界』一〇一七号に掲載された紅炉庵主人の、山室と『ときのこゑ』についての評価をみておこう。山室が「下界の情を捜り、人情の機微に接触し、縄暖簾の裡濁醪《どぶろく》の傾けらるゝ所に、櫓傾き土居《つちい》おちくぼり病みほうける老婦苦吟の宿に、将た黒鴨に身をかためし勇しき帳場の車夫に、人生の秘奥を探りて一喝人の骨髄を刳《え》ぐらむとの希望は決して一朝一夕の事にはあらず」と常に名も無き民衆への関心を抱き、「活きたる社会の観察と共に、又故紙堆中にも遺珠をあさりぬ、吾人の有せし西鶴集は氏が所有の三馬集と交換せられし事ありき、惟ふに氏の心掛けは世人の予想の外にあらむか」と日常関心を指摘する。ここでこの著者は山室が平民的文学者として在ることと、そのための彼の一方ならぬ努力に敬意を払い、「明治の鳩翁」として山田美妙と比較し、山室が「高邁の想を遣るに此の卑近の手段を用ゐるも、然も卑に失せず、俗に失せず、語らむとて其の語る所を尽くす」と、言文一致体文学への彼の功績を高く評価している。その代表に『平民之福音』と『ときのこゑ』をあげる。

同様に後年、小室篤次も山室を「明治の鳩翁」と呼び、『ときのこゑ』は、当時の時文を導き、日本をして言文一致国に導いた功績ある印刷物の一つである」（『選集』別、四五一頁）と評価している。

編集発行人・山室

『鬨聲』創刊号の「発刊の辞」には「苟《いやしく》も吾れらの為さんとする所は、唯々《ただただ》神の光栄を期し、罪人の救済を求むるにあることを、而して吾れらは、実に眼前この目的を持して、説教するが如くに、又採筆せんとす、他国に於ける吾れらの新紙事業に伴ふ神の祝福は、吾れらを激励して、此処にも亦、御手の加はる可きことを信ぜしむもの也」と記される。

既述したように一五号から山室は長坂に代わって編輯発行人として登場する。後年、山室は救世軍の草分け時代における編輯模様と販売につき「私の如きも『ときのこゑ』の編輯の他に、士官養成所も受持てば、本営の事務も執る、各地の小隊を応援して廻る等、必要に迫られては、一人で八人芸を演じたやうなこともあり。或時上州辺に伝道に行き、帰つて来ると『ときのこゑ』の〆切日が来て居つた。そこで机に向うて、大急ぎで筆を執り始めたのが、その日の午後の三時であつた。それから原稿を書いて、書いて、書きぬいて、不眠不休で努力し、全く書き上げたのが、翌日の午後の三時であつた」（『ときのこゑ』三七・一二・一）と多忙な日々での編集の苦労を述懐している。

このように『ときのこゑ』の編韓と執筆には、当初より山室が大きな貢献をしていく。そしてほとんど無署名の記事も山室が書いていた（拙稿『ときのこゑ』復刻版「解説」参照）。したがって『ときのこゑ』が「山室軍平先生の箇人雑誌」（『朝のひかり』（四二・九・一五））と言われたことも、あながち的はずれではない。加えて『鬨聲』は第一号より「社会事業」という言葉を使用する。社会事業とい

(一)

(明治二十八年十月廿六日內務省許可)

WILLIAM BOOTH. GENERAL.　　EDWARD WRIGHT. COLONEL.

將軍ブース(英國)

閧《とき》の聲《こゑ》

大佐ラ井ト(日本)

THE WAR CRY.

日本東京救世軍本營

明治廿八年十一月二日發行　第壹號

閧聲　第一號

發刊の辭

吾が救世軍は到る處、その運動の進行したる國に於て、新紙を發行するの慣習あり、今や吾れらは日本に於て、その運動を始めぬ、されば茲に吾れらの事業を記錄し、吾れらの目的を解說し、且又吾れらの運動法を辨明せんがために、新紙發行の必要從て起るを見ん、吾れらは確かに信ず、苟も吾れらの爲さんとする所は、唯々神の光榮を期し、罪人の救濟を求むるにあるとを、而して吾れらは、實に眼前この目的を持して、說敎するが如くに、又操筆せんとす、他國に於ける吾れらの新紙事業に伴ふ神の祝福は、吾れらを激勵して、此處にも亦、御手の加はる可きとを信ぜしむるもの也、ブース將軍の長子にして、救世軍の參謀總長たる、ブラムウェル、ブース氏が、吾れらの文字事業に就て、記したる言葉に。

善と惡とに對する、世界に於ける勢力の一機關として、印刷物の必要の意外なるとは、人能くその感化力の際涯を計るを得ざるを以て知る可し。

一千八百九十四年中、吾が救世軍が發兌しかる新聞紙、雜誌、定期刊行物、及び書籍、冊子、其他の印刷物は、實に五千一百萬の多數に上りぬ、而して惣て此等のもの丶記載する所は、實に種々の躰裁を以て、單純なる且は率直なる記述法に由りて、罪の惡なるとと、吾れらの主エス、キリストに於ける、神の恩寵とに關する件に外ならず、又彼れらは多く不信なるもの、年若きもの、且は傷めるものの爲めに、適切なる敎訓と、基督に事ふるものに對する實際上の勸言とを含めり、而してその多數の物は說明繪を插入せられたるものなりとす、彼れらは實に二十四ヶ國の原語にて印刷せられ、今や世界各國、殆んど到る處として、多少の流布あらざる所は無きに至りぬ。

凡そ物にして容易く得らるるものは、又容易く估價せらる丶ものなり、故に我軍の文學は、殆んど總ての讀者に購買せられて、今やその定價として、總牙營に收めらるる所、實に一ヶ年に大約二十萬磅の多きに至れり。

我が軍の文學は嚴然非宗派的にして、又非政派的なり、由て基督敎徒、及び彼等の事業に對して、或は攻擊し或は批評し、或は罵詈するが如きとは、斷じて吾れらの爲さゞる所なり、而して又その文學は普通人に向て、極單純なる言語を以て書かれ、個人的宗敎に關する、幾多の證明を以て滿されたるものなりとす。

大佐ラ井ト小傳

還般基督敎傳道の爲め頃日渡來せる救世軍司令官大佐ラ井ト氏の肖像を揭げ大佐が十三年間の久しき傳道事業に從事せられたる經歷の概畧を世人に紹介せんとす大佐は當初倫敦府の東端部に於て而も窮民の中にありて大に傳道の實を擧げ後他の士官と共にニュージーランドに赴き救世軍を擴張し此地に於て同行軍者なる女士官と結婚し後二年を經てオーストラリヤ國に轉任し次で本軍傳道の爲に開路兵に任ぜられクウヰンスランド殖民中にありて傳道五年にして該國全部を開發し其任命を全ふするや幾くもなく英國本營に召還せられ種々重要の任務にのみ鞅掌せられしが就中本軍大將ブース氏の所有地支配人たりし時の如きは大佐が社交上と共に專ら力を傳道に盡しブース氏所有地に移住するものを結合して事業の端緒を開き創業の基を固くして終に好景を得後又英國東部傳道の爲めに宗務上の任を帶び諸部地方開路兵の一隊を率ひて赴任せられ爾來二ヶ年間ケンブリーヂに駐在せられたり蓋し大佐は年齒若しと雖ども卓識にして頗る經驗に富めり以て日本に於ける救世軍傳道を振起せしむるは確信して毫も疑を容れざるに足る。

他の人は何處

或る商船《せうせん》の、大洋を沖はるかに航し居ける折柄、其船長は遙かかなたの水平線上に、難破船《なんぱせん》らしきものゝあるを認《みと》めける故、近づきて、誰人《たれびと》も其の中には居らずやと、呼《よ》びかけゝるに、別に應答の

"WHERE IS THE-OTHER MAN"

Steaming in mid-ocean, the captain of a trading vessel discovered on the horizon what appeared to be a deserted ship. On coming up with her and finding no edivence of life in reply to his summons, he despatched a boarding party, which, after a search, came upon the prostrate body of a solitary seaman in a state of complete exhaustion and insensibility. The poor fellow was taken back to the trader, quickly wrapped in flannels, and put to bed. After a time he opened his eyes, and taking in the situation with the rapid glance of returning consciousness, laid a feeble hand on the arm of his attendant and drawing down his ear to the parched lips whispered in accents of terrible apprehension—"WHERE IS THE OTHER MAN?" They returned to the derelict and found and saved him also.

In God's strength, the Officers and Soldiers of the Salvation Army—themselves rescued from among the moral wreckage of a wicked generation—are trying to save "the other man." WILL YOU HELP THEM?

「閧聲」創刊号（1985年）

う言葉が明治末期から大正期に入って一般に使用されていくことを考慮すれば、社会事業史上からも注目すべきことである。おそらくソーシャルサービスの訳語からではないかと思われ、英国の影響を強く受けているからであろう。

その後の『ときのこゑ』

救世軍では既述のように、「紙の弾丸」「白羽の使者」として機関紙の発行と文書伝道を重視するが、その販売（伝道）をおこなうのは軍隊（小隊）及び兵士の役割である。『ときのこゑ』の紙面、体裁、内容面などに大きな変化がみられるのは一九〇五年四月一日の二二三号からである。それについては次章で述べるように、山室は救世軍万国大会に出席し、戦場書記官になっており、山室の日本での指導的立場も高くなり、改変には山室の影響があったと考えられる。この号より『ときのこゑ』の紙面サイズも頁数も変わる。その内容面についても前号において、「これ迄より一層多く感ずべき信仰上の事実談、悔改の物語、平易《ひらた》い聖書の講義、霊魂の養ひとなるべき説教、論文、又罪人への警告等を、載《の》する積《つも》り」と予告を出している。そして子供のために「絵入り教訓物語」を、仮名しか読めない人に対し「平仮名欄」を設け、教会も救世軍もない地方の人々の為に「通信伝道」の道を開き、一層挿絵を利用した「絵入基督教新聞」の特長を発揮している

その挿絵は吉岡弘毅の息子、吉岡徹の筆になるもので、彼の「追憶」（『山室選集』別、三二八頁）によれば、一九〇六（明治三六）年頃、山室は吉岡に日本の宗教新聞は全て堅ぐるしく平民的でなく、高尚な説教は到底労働者に理解されない。「挿絵を沢山入れて、チヨット見て合点できるような新聞を作りたいと思う」と語ったという。吉岡は当時、明治学院に学んでいたが、銀座二丁目の本営に行

っては、山室と話して、挿絵の意匠を決めた。ここにも、平民伝道を心がけた山室の思想や、一種の『絵入基督教新聞』を目指した『ときのこゑ』の方針がうかがわれる。ちなみにこの一九〇五年四月から救世軍機関誌として月刊の『戦場士官』が発刊され、〇七年三月から『少年兵』も後日発刊され、これらの雑誌にも山室は多くの論説を執筆している。

『ときのこゑ』における発行人、編輯人、印刷人、印刷所の推移については次頁の表の通りである。

『ときのこゑ』

山室は『ときのこゑ』の読者が「大酒を止めたる者あり、放蕩を改めたる者あり、酒屋、煙草屋、料理屋を閉店したる者あり、芸娼妓を廃業したる者あり、妾を断りたる者あり、罪を悔改めて基督の救を受たる者あり、身を献げて伝道者又は救世軍の士官となりたる者あり」（『ときのこゑ』〇四・四・一五）云々と、この新聞によって多くの人々が救われたことを述懐する。こうした些細な道徳や生活改善の効果こそ、救世軍にとっては神の御業として認識されていくものであった。大きな社会変革というよりも、キリスト教伝道を通して、個々人の生活態度を変えるという一見小さな変革のようでもあるが、それは個人の生き方を変えるという重要な目的をもっていた。

『ときのこゑ』の編輯人等の推移

号数	発行兼編輯者	印刷者	印刷所
1～14	長坂毅	高田乙三	秀英舎
15～64	山室軍平	高田乙三	秀英舎
65～70	山川俊三	高田乙三	秀英舎
71～108	山室軍平	高田乙三	秀英舎

号数	発行人	編輯人	印刷者	印刷所
109～115	ヘンリー・ブラード	山室軍平	高田乙三	秀英舎
116～117	ヘンリー・ブラード	山室軍平	大野金太郎	秀英舎

号数	発行兼印刷人	編集人	印刷所
118～280	ヘンリー・ブラード	山室軍平	秀英舎
281～310	トマス・エスチル	山室軍平	秀英舎
311～459	ヘンリー・ホツダー	山室軍平	秀英舎
460～506	ヘンリー・マップ	山室軍平	福音印刷合資会社東京支社(475～503)
507～510	山室軍平	指田和郎	福音印刷株式会社
511～532	デ・グルート	山室軍平	福音印刷株式会社
533～648	山室軍平	指田和郎	福音印刷株式会社
649～665	山室軍平	指田和郎	不明
666～728	山室軍平	指田静子	不明
729～1009	山室軍平	秋元巳太郎	日東印刷株式会社
1010～1065	植村益蔵	秋元巳太郎	日東印刷株式会社

4　明治三〇年代の活動――愛隣隊

救世軍愛隣隊の創設

山室は一九〇二（明治三五）年、労働者の為の「救世軍ハッピー組」という「人力車夫」伝道の組織を考案した。これは「法被《はっぴ》」と「happy」とかけた言葉である。翌年は「印半纏会《しるしばんてん》」といった活動を展開する。これは労働者が自己の属する様々な「印半纏」を着しキリストと同様に毎日の日々の労働を通して働きをすることにある。山室は「毎日世の中を善くし、人を救ふ為に力を尽すものとお成なされ、神様が諸君を祝み給はんことを祈ります」（『ときのこゑ』〇三・二・一）と激励をしている。

一九〇二年末からは山室指導のもとで愛隣隊という救世軍らしいユニークな活動を展開する（『ときのこえ』〇二・一二・一五）。これは女士官や女兵士などが隊員となり、毎週三時間以上にわたって主に労働者の家庭を訪問し、精神的かつ肉体的な問題の相談相手になり、慰め救ける運動である。救世軍の女兵士による貧困家庭訪問であり、その対象は主に身よりなき困窮者・病人・老人・婦人（娼婦）・孤児らであった。

山室はその目的として一六項目を列挙する。最初の一から六には「労働者の家庭にある婦人にて児《こそ》育《だて》内職其他の為に外出の機会少きものを其家に訪問すること」、「右の如き家庭にある病人を訪ひ慰め出来得べくば其看護をも手伝ふこと」、「手当の行届かざる病人の為め出来得る丈医薬を得るの途を立

愛隣隊（救世軍の女性たちによる慈善活動グループ）

つること」、「病院の入院患者を訪問すること」「不幸災難に遭る人々に慰藉と忠告を与ふること」、「殊に非常の困窮に陥れる人々には出来得る丈の助を与ふること」と、きめ細かな生活支援の指針を列挙している。そして一一から一五には「恥べき生涯に陥らんとする婦人を発見したる時は之を未然に救済すること」、「正業に復せんことを願ふ娼妓の父兄ある時は之に助力すること」、「廃業したる娼妓が其後清き生涯を送り堅気に世を渡るに必要なる忠告と助を与ふること」と売られる前に未然に防ぐことや廃業を決断した女性たちのサポートが規定されている。そして最後の一六番目には養護児童にふれ、「頼辺《よるべ》なき孤児の落着先を周旋し又凡ての児童が少年軍集会に列《つらな》り其他霊魂上に好感化を受る様取《とり》わけ教ふく躾なき児童の為に尽力すること」とされている。

　この愛隣隊の事業は、現代のような福祉制度、とりわけ地域福祉やボランティア精神の未熟な時代において、先駆的で非常に丁寧な対応をしており、評価できるものである。そしてこれが「女士官及女兵士」というように女性たちが主になって活動していくという点も、日本社会において斬新的であり、また自由廃業し正業に就いた女性たちも参加していたことも重要である。

愛隣隊の活動

『ときのこゑ』（〇三・四・一）に「愛隣隊の運動」という二月の活動報告記事がある。それによれば、「訪問其他愛隣隊の為に用いたる時間　一一三一時間半」「訪問したる家数　三一九戸」「共に祈禱したる家数　一一八戸」「改心者を得し数　四人」「相談相手になりし数　五六件」「助を与えし数　一一一件」「旧着物を集て施し数　四一件」「印刷物を売りし数　八一部」となっている。一カ月という限られた期間の実績ではあるが、この事業が家庭訪問として種々の功績を上げていたことがうかがえる。

この運動は日露戦争開始後に、その性格も変化する。つまり「後顧に憂いなく」として戦場に若者たちが出征していくが、残された老いた父母、病気の妻などがいる家族の問題が浮上する。もちろん地域での対策はなされていくが、それとて十全に機能していない。出征軍人の後顧の憂いをなくすためにも、こうした家族の調査やできる範囲のサポートを救世軍は考え、愛隣隊の活動を組み込んでいく。愛隣隊の運動はソーシャルワークの原点ともなった英国での「隣友運動」を想起させ、救世軍によって日露戦争前からおこなわれていたことは注目される。一九〇三年には、『戦争的基督教』という著書を出版している。この著も多くの書評が為されたが、その評で共通しているのは、『平民之福音』と併せて読む価値、下層社会への照射、貧民への関わりへの評価、そして多くの人に読まれていくことへの推奨である。

第五章　明治中期の山室と救世軍

1　救世軍の廃娼運動——自由廃業運動の展開

救世軍を有名にした一つに明治中期の廃娼《はいしょう》運動がある。これは当時、救世軍が娼妓を救済しようと勇敢に遊廓に入ったが、暴力でもって排斥され、それが新聞に取り上げられ大きな話題を呼んだ。その行動が救世軍の社会運動の代名詞ともなり、その後救世軍や山室は廃娼運動の歴史を理解する一つのキーワードとなった。さしあたり近代日本の廃娼運動史を簡単にみておこう。

マリア・ルーズ号事件

山室が生まれた一八七二（明治五）年は、偶然にも日本の廃娼運動史を語るに象徴的なマリア・ルーズ号事件が勃発した年であった。この事件のきっかけはペルー国船「マリア・ルーズ号」が清国の「苦力」（クーリー）二百三十余名を乗せて、ペルーの鉱山に向かっていたが、横浜に寄港した時、その一人が脱走して船内での虐待の状況を告発し、明るみにでた。その時、外務卿副島種臣《そえじまたねおみ》が県令大江《おおえ》卓《たく》に命じて横浜にて特別法廷を開き、人権上、清国人苦力を解放する判決をくだした。それをめぐって船長側弁護人のディッキンズが日本においても「公娼制度」という女性（娼妓《しょうぎ》）の奴隷制に似合うものが存在すると反論した。こうした経緯の中で大江は勝訴するために政府に建白書を提出し、娼妓の解放を強く迫らざるを得なかった。そして政府はこの年の一〇月に太政官布告第二九五号、いわゆる「娼妓解放令」を定めた。その中で「娼妓芸妓等年期奉公人一切解放可致右ニ付テノ貸借訴訟総テ不取上候事」と規定されている。しかし翌年には「貸座敷渡世規則」と「娼妓渡世規則」が公布され、公娼制度は実質的に復活し、さらに狡猾になって継続していくことになる。

一方、群馬県のキリスト者、湯浅次郎らの努力で一八八二年に廃娼県となった例もある。しかしその群馬県も貸座敷業者の公娼制度の復活要求に屈し、九七年に復活し、再びその停止と動揺がみられ、日本社会全体からみれば公娼制度は続いていくことになる。

東京婦人矯風会やマーフィ（モルフィ）の活動

世界的な廃娼の流れとしては、一八七七年九月、スイスにおいて万国廃娼同盟会の世界大会が開催され、国際的にも公娼制度は認められない風潮ができる。日本では八六（明治一九）年一二月、メリー・レビット夫人の来日を機として、矢島楫子によって東京婦人矯風会が発足する。九〇年に「全国廃娼同盟会」が設立され、また九二年には万国婦人矯風会のＭ・Ａ・ウエストが来日し、九三年、日本婦人矯風会の総会が開催され、全国的な矯風会組織になっていった。既述したように山室の妻機恵子もこの矯風会の活動に参加している。

しかしキリスト者や人権論者、婦人矯風会などの活動があり、この制度は日本の軍隊、そして狡猾な廓の業者や存娼論との関係を背景に、廃娼に向けての運動も展開されたが、公娼制度は続いていった。こうした時、廃娼に向けて明治三〇年代初期にメソジストの宣教師U・G・マーフィ（U. G. Murphy 通称モルフィ）や救世軍、婦人矯風会などが関わっていった。

当初、救世軍の廃娼に向けての活動は、「遊廓伝道」として為され、あくまで伝道の一環としてあったが、具体的な廃娼運動にまでは至っていない。しかし次にみる廃娼運動はマーフィの運動の結果もあり、自由廃業が可能になり、「娼妓取締規則」の公布によって一変する。このように明治三〇年代初期のマーフィらの自由廃業運動（以下「自廃運動」）への取り組みが廃娼運動に大きな変化をもたらすこととなる。

宣教師マーフィ

日本の廃娼運動史に大きな貢献をしたマーフィは南北戦争後の一八六九年、米国メリーランド州で、アイルランドからの移民の家系の子として生まれた。ウェストミンスター神学院を卒業し、九三年にメソジストの宣教師として来日した。彼は名古屋での教師時代、日本の公娼制度に対する疑問をもつ。というのは彼が教えていた学生が一八、九歳くらいになると、「不勉強」になってしまう。その原因に彼らの「廓通《くるわ》い」があった。ここで彼は民法九〇条に着目する。そこには「公の秩序又は善良の風俗に反する事項を目的とする法律行為は無効とす」とあり、娼妓の行為はこの条項に反するものと理解し、前借金の返済や未返済に関係なく、廃業することが自由となることを確信していく。このようにして彼はこの制度に対して風穴を空ける運動を展開していった。その運動を大きく後押しをしたのが、一九〇〇（明治三三）年二月二三日の大審院における「娼妓が其の楼主に対し一定の年限間一定の場所に於いて娼妓を営むべき旨の契約を締結するは無効なりとす」（『娼妓解放哀話』の文庫版、三八頁）とする函館の坂井フタの判決であった。

これに励まされ、マーフィは一九〇〇三月二六日に「『娼妓廃業届に連署捺印請求の訴訟』を名古屋地方裁判所に提起した。原告は名古屋市若松町金水楼の娼妓愛之助こと藤原さとという」（前掲書、五九頁）娼妓で訴訟の代理人は岩崎義憲（弁護人）であった。五月七日、ここでもこの訴えは認められ、晴れて藤原は自由の身となった。函館に続き二例の自由廃業が認められたのである。さらに四月二四日、マーフィは高額の借金を抱えた大橋ひさという娼妓の廃業を岩崎弁護士に委任し訴訟を起こした。そしてこの訴訟も勝訴する。こうして同年一〇月の「娼妓取締規則」の公布に繋がっていった。

娼妓取締規則

内務省は一九〇〇（明治三三）年一〇月に「娼妓取締規則」を定めたが、そこには国内の地道な運動に加えて、その背景には世界的な廃娼の流れと「内地雑居」状況という政治的な要因もあった。その規則の第五条には「娼妓名簿削除の申請は書面又は口頭を以てすべし　前項の申請を自ら警察官署に出頭して之を為すに非ざれば受理せざるものとす但し申請書を郵送し又は他人に託して之を差出す場合に於て警察官署が申請者自ら出頭すること能はざる事由ありと認むる時は此限に在らず警察官署に於て娼妓名簿削除申請を受理したる時は直に名簿を削除するものとす」とあり、続いて第六条には「娼妓名簿削除申請に関しては何人と雖妨害を為すことを得ず」と自由廃業が明文化されたのである。これは廃娼運動において大きな前進であったことは言うまでもない。束縛された身分から娼妓の自由意志が尊重されることとなった。もちろん自由廃業という側面のみであり、根本的な公娼制度廃止への運動ではない。

救世軍はこうした流れを追い風にして、三代目司令官ヘンリー・ブラードの積極的な協力もあり、この運動に大きなウエイトをおき、果敢に遊廓に向かい娼妓たちに廃業をすすめ、妨害する側との戦いをしていった。当初、この運動は大きな成果をあげ、一万人以上の自由廃業者がでた。しかし廃業後の「前借金」の弁済義務に関する課題が浮上し、それに関する法廷闘争の結果、一九〇二年二月の大審院は廃業後もその返済義務の必要があるという判決を言い渡した。これによって借金問題が残ったままとなり、その返済のために元の娼妓の職に戻らなければならないケースも多くなっていく。このように娼妓を捨てて新しい生き方を希求していくという行為は全てうまくいったわけではない。加えて、それを実際に実行するには相当の勇気がいる行動であった。もちろん救世軍は、可能な限り勇敢に廃業した娼妓たちが正業に就けるように生活再建の方途を用意していた。それが次節の婦人救済所の設置であった。

2 「婦人救済所」の設立と禁酒運動

醜業婦救済所(婦人救済所)の設置

山室らが自廃運動を遂行するにあたり、娼妓を辞める決心をした彼女たちをいかに保護し、新しく正業に就くよう社会に送り出していくかが大きな課題であった。山室はマーフィを訪れ、この件につき相談し、救世軍が廃業を決意した彼女たちの救済施設を創設し、そこで生活慣習や職業訓練、広い意味での教育を与えていくという方策を取ることを決定した。もちろん、ここには司令官ブラードの決断、そして英国本営の理解があったことは想像に難くない。まさに自廃運動と正業を目指していく施設運営事業との両輪でもって廃娼への道を拓いていった。それが一九〇〇年八月の「醜業婦救済所」(「婦人救済所」)の設置である。いうまでもなく、自廃運動を後押しする事業である。確かに自廃運動は売られた女性たちが、自分で新しい正業を選ぶ、という選択のもとで為されるという廃娼の一方法であった。そこには山室の人間の労働や職分思想に依拠した視点も重要である。

婦人救済所の主任には妻の山室機恵子が就いた。ここで機恵子は彼女たちの社会復帰のために献身し大きな役割を果たしていくことになる。もちろん全体の娼婦の数からみればまだ小規模に過ぎなかったが、救世軍にとって一人でも多くの娼妓を廃業させ正業に就かせることへの願い以外なにものでもなかった。

「醜業婦救済」の特集

救世軍は一九〇〇（明治三三）年八月一日発行の『ときのこゑ』は「醜業婦救済」の特集を組んでいる。ブラード大佐は、このための施設につき「苦しい勤に身も心も疲れ果て、然りとて借銭の高は益々加はり、何時自由が得られるといふ見込みがなくて、世にも憐れなる毎日を送って居る婦人達を救ふ為に設けたる所」であると説明している。そしてこうした婦人の代弁者として出るべき場所へ出て、「自由の身と為れる為に義の戦ひを致し、又其廃業したる後を引受て、之を正業に復らする為に働き升《ます》」とあり、そしてこれらの事業が神様の助けによって外国と同様、日本においても成功して、「憫《びん》然なる同胞兄弟を救ふ上に、少なからぬ利益を与へ得べきことを信ずる」ものであると結んでいる。ブラードには「外国と同様」とあるように、モデルが既にあったのだろう。

「婦人救済所」で裁縫を学ぶ婦人たち

また次号には「芳原の珍事」として、神田と本郷との連合軍は、矢吹大尉の指揮の下、果敢に吉原の遊廓に入り、醜業婦救済所設立の趣意と『ときのこゑ』を刊行につき声高に訴えると、すぐに「数十人の暴漢が現はれ出で、大尉等の一隊十二人に打てかゝり、太鼓を破り、旗を奪ひ、而して数人の士官兵士の頭に傷をつけましたが、何分場所が場所とて其事が一事に東京市中の評判になり、現に各新聞に出ました報知の切抜の、私しの手下にあるもの許りでも七十余枚に達して居る程である」と同年八月五日の件を報じている。

他の報道

さらにこうした事件に共感した一人が『東京毎日新聞』の島田三郎である。彼は数名の記者を送ってその顚末を詳細に調査、聞き取りをし、「溢る丶同情を以て其顚末を報道し、又慰藉《なぐさめ》と励奨《はげまし》の辞を、数多与へられたることであります」（『ときのこゑ』〇〇・八・二〇）と記し、かなりのスペースを取って状況を報じている。その中で警官が被害を受けた救世軍士に何故暴徒を捕へなかったか、そして起訴するかどうかを問われ「私し共は何も妓夫や何かに対して少しも恩や怨がない、唯憐れむべき同胞の艱苦を救ひたい許で此挙になつたのだから、妓夫等の方より見れば之に反抗するのは無理のない事と考へます、就ては私共の相手は断じて彼等でありませんから如何に暴行を加へられても少しも怨と思はぬ従つて起訴しないと答へました」と報じている。救世軍の機関紙という限られた報道だけでなく、いくつかの一般メディアを通しての報道は大きな反響を呼び起こしていった。

救世軍がこうした毅然とした態度をとったことも人々の同情を呼び、その行動への共感が国内に広がっていく。それは「芳原の騒ぎで怪我をした諸君には、誠にお気の毒千万であれど、之が為に我醜業婦救済事業が世間の大評判となり、隅々迄《すみずみまで》も其広告の行渡つたことは全く大能の御摂理に由ることと深く感謝する所でござる」（同前）という表現にも窺える。さらに「其と同時に天下の義人の心は之が為に動き、新聞雑誌の上にも、手紙の上にも数多慰藉と奨励の辞を与へられ、或ひは品物を携つて見舞に来らる丶者あり、金を寄付して働きを助けらる丶者あり、優《ゆた》かなる同情を私し共に注がれたことは、一同忝けなく思ふ所であります」（同前）と報じた。救世軍への義侠心が日本人特有の弱いものへの共感として、良い方向に働いた。

吉原襲撃で負傷した人たち

運動への迫害

自由廃業を勧める救世軍兵士たちと遊廓を守るために雇われた男達との暴力事件も機関紙『ときのこゑ』は頻繁に報じられ、既述したように一般読者がいる『東京毎日新聞』や『二六新報』『報知新聞』等でも取り上げられ、ますますこのことが評判を呼んでいった。これは救世軍の廃娼運動を世に知らしめる絶好の宣伝ともなった。しかし山室もこの運動の先頭にたっている以上、襲撃の対象となった。それは一九〇〇年九月五日のことである。

醜業婦救済の為め、デユース少佐は山室中校と共に度々《たびたび》警察署を訪ね、吉原の遊廓内にさへも、巡査の保護を受けつ丶娼妓を訪ね、楼主と遭ひ、取締と談判などして居られましたが、去五日の午後須崎の遊廓に可憐なる一娼妓を訪ねて遇《あわ》ず、帰る途《みち》何となく不穏に見受られた故、警察の注意に任せ、六人の警官に護られて木場町迄来た時、忽ち数十人の暴徒に襲はれ、二人共負傷致し近所の家でそれぞれ手当を受け、今度は四十人許の警官に護られて警察署へ引取り終に私宅に帰りましたが傷は軽くて数日の間に直る見込であり升《ます》。

(『ときのこゑ』〇〇・九・一五)

この報告の最後に「神よ此等の乱暴人を救ひ給へ」と結んでいるのは、いかにも救世軍らしい表現である。受けた傷は報告とは違い、かなり重傷であった。こうしたケースはかなり頻繁に起きている。しかし負傷者デュース少佐は英国人であったため、時まさに日英同盟の締結に向けて重要な時期であり、政府は国際問題に発展する危惧をもったが、救世軍は訴えなかった。この事件も一〇月の娼妓取締規則の公布につながる一因となった。

「天下の娼妓に告ぐ」と「娼妓に与うる文」

救世軍は、翌一九〇一年の一二八号(〇一・四・一五)から「天下の娼妓に告ぐ」を掲載し、自廃への勧めと施設ケアと自立を目的に婦人保護事業への息の長い活動を展開していくことになる。その文には「情を売て世渡をすると云ことは、つらい恥かしい勤である許か、天の神様の前に大な罪でござります。其故にあなた方は、一日も早く左様な商売をやめ堅気な人間になるべき筈であります(略)あなた方さへ廃業する心になれば何時でもさつさと警察署に行て、其名前を帳面から消て貰ひ、素人になれる規則になつたのであります。(略)最早誰に遠慮もないこと故、速やかに廃業して素人におなりなさるが宜しい」とあり、東京新橋救世軍本営内、婦人救済所に相談すれば、引き取り食事、衣類、仕事を教えるなどの世話をすることを述べ「早うお出なされ」と激を飛ばしている。この自由廃業の波は、たとえば熊本の有名な「東雲のストライキ」として世間に知れわたり、娼妓たちの自主的運動として全国の遊廓に広がっていった。救世軍は東京などの大都市のみならず、各地方の小隊でもこの事業に積極的に対応していく方針をとった。

一方、マーフィもこの運動へのパンフレット『娼妓に与うる文（ユー・ジー・モルフィ述）』を出版する。その中の「自由廃業の勧め及び其手続きの事」（『娼妓解放哀話』二五四頁）には娼妓取締規則が発令され、「其御規則によると、日本国中の娼妓はいつでも、所轄の警察署にまかり出て、口でなり書面でなり、私は今から娼妓を廃業しますから何卒帳面から名前を消して下さいませ、と御願いさえすれば、直ぐにも素人になれる事に定まったのでございます（以下略）」と娼妓にわかりやすく平易に書かれている。「素人」になるという言葉は、罪多いという仕事を辞め、普通の「正当な」仕事、正業に就くという救世軍の自廃運動方針の実践であった。

ところでこの頃、救世軍が使う「醜業婦」という言葉自体は現在からみれば不適切であり、人権感覚への疑問は残る。ただ救世軍は遊廓で余儀なく囲われた女性たちが、普通の社会に出て「醜業」から脱皮し「正業」に就き己の「職分」を果たし、新しい生き方へと変革していくよう、何とか救済したいという必死の運動であった。もちろん娼妓たちに責任はなく、彼女たちが被害者であることはいうまでもない。

「娼妓に正業を勧むる文」

『ときのこゑ』（〇一・八・一）の「娼妓に正業を勧むる文」、これは漢字の読めない娼妓に対して自由廃業の意味と手段を理解して、勇気を持って実行してもらうためのものである。直接彼女らが読めるように平がなが多く使われている。この文章は「せけんには娼妓のじゆうはいぎよを、わるいことのよをにおもふ人がありますけれども、じゆうはいぎよはちつともわるいことでなくてたいそをよいことです」という娼妓たちを安心させる所から始めている。救世軍の娼妓への向かい方を理解するためにもその原文に一部をみておこう。

（前略）とりわけ娼妓といふかぎよは、まえにもいふたとをり、いかにもつみふかいしよをばいゆゑ、しやくせんなどのことは一さいあとまわしにし、おもひたつ日をきちにちとさだめて、さつそくけいさつしよへかけてゆき、わたくしはいまからはいぎよをいたしますから、どをかちよをめんをけしてくださいとねがいでねばなりませぬ。これはないむしよからのごきそくで、ゆるしてあることですから、日本ごくちうどこでもこのとをりすれば、すぐにはいぎよできるのであります。もつともあなたがたがじゆうはいぎよをするについては、たゞつとめがつらいからといふのでなく、これはにんげんのすまじきけがれた、わるいしよばいだから、はいぎよをするといふきになつてもらいたいものです。（以下略）

以下、救世軍の一年間の実績を掲げ、引き取った女性に対して生活指導や簡単な教育を授け、正業に就かせたり、結婚の世話をしたりしている事例を挙げ安心させて、救世軍に頼ってきなさいと訴えている。このようにして『ときのこゑ』をもって救世軍は果敢に廓の中に入り、直接娼妓たちに訴えていくが、もちろん万事がうまく運んだわけではない。警察との連携もあり、また廃業をする女性たちは相当の勇気が必要でもあった。また救世軍への迫害も頻繁に起こった。

禁酒運動——酒の害

救世軍は社会事業や廃娼運動と共に、来日以来、禁酒運動にも熱心であった。一九〇三（明治三六）年五月、『ときのこゑ』は「禁酒号」を刊行し、禁酒運動を本格的に展開することになる。禁酒の問題は救世軍の発祥の地英国において、大きな課題としてあったことは言うまでもない。また米国においても一九世紀初頭以来、ピューリタンの倫理と関係し展開されてきた。そもそも欧米において、従来から職人の間で月曜日を日曜日とみなし飲酒し、月曜日も仕事を休むか遅刻するという「聖月曜日」と呼ばれた慣習があり、飲酒の害という実情があった。救世軍は来日当初から『ときのこゑ』を通して「禁酒」について訴えてきた。たとえば九七年一一月の「酒の害」においても、禁酒の大切さを教えている。

日本においてはキリスト教受容の歴史とも関連性をもっている。既述した一八八〇年の米国禁酒運動家レビットの来日によって禁酒運動に対して新たに火が付けられ、日本各地に禁酒会が創られていった。また八六年には矢島楫子によって東京婦人矯風会が創設され、また安藤太郎も一八九〇年代から禁酒運動を展開していった。安藤は九七年に「日本禁酒同盟会」を組織し、健康や生活破綻を来す「酒の害」への警鐘を訴えた。

救世軍は大正期に入ると、禁酒号が二月一一日（紀元節）に定期的に刊行されていく。この一九〇三年の『ときのこゑ』のものは横の欄外に「禁酒号」であると記しているに過ぎないが、禁酒という方針は重要なキーワードである。救世軍来日以来、『ときのこゑ』において、酒の害はしばしば指摘され、救世軍人はもちろん、普通の人々も禁酒を遵守していく必要性を機関紙を通して訴えていった。

山室の禁酒論

『ときのこゑ』（〇三・五・一）の巻頭論文は「飲酒十害論」である。ここで酒が人間社会に及ぼす害毒に関して一〇点から指摘している。酒は第一に「人間の寿命を縮める者である」、第二に「人間の知恵の鏡をくもらす者である」、第三に「人間を破廉恥、不道徳に堕《おと》す者である」、第四に「非常の無駄費である」、第五に「職業を荒《すさ》まする者である」、第六に「酒を飲む家庭は必らず不和合である不潔などが行はれる、殺風景なる場所となる者である」、第七に「其子孫を禍ひに堕す者である」、第八に「酒を飲む人は又其親戚縁者、同輩等に色々の迷惑をかけ、果は其人々を迄自分同様に罪悪に堕落さすることが多い者である」、第九に「世の中一般の風俗を害し、国を弱くし、人民を落ちぶらす所の根原《みなもと》である」、第一〇に「人をして天の神様の聖旨に逆ひ罪の世渡をして、末は地獄に陥らしむる者である」と、酒の害を指摘する。

この号で山室は「酒屋の主人及び奉公人に転業を勧る書」という小論を掲載している。もちろん「飲酒十害論」の骨子に添う内容で、ここではその職業について論じている。酒という飲み物によって営まれる職業は他の職業（たとえば醬油屋）と比較しても、社会に及ぼす影響から考えても罪科の重い生業であると指摘する。わざわざそのような「罪の深い」職業をせずとも、売り手と買い手が共に喜ぶような正業に就くように進言する。山室の禁酒への勧めは、以降、こうした論調で展開されていく。

3　第三回救世軍万国大会への参加

山室初の海外出張

山室がロンドンの万国本営への旅をしたのは、日露戦争中のことである。これが山室にとって初めての海外出張であった。一九〇四（明治三七）年二月、日本とロシアとの戦争が勃発する。戦時中であったが、英国ロンドンで救世軍の第三回万国大会が開催され、同年六月一六日、山室は同大会にブラード大佐、矢吹・高橋両中校らと参加する。これへの参加には山室が当初より抱懐していた日本における救世軍の自立の問題という課題があった。

以前発表した「志を言ふ」（『ときのこゑ』九八・七・一五）という小論において、山室は救世軍に入ってからはますます救世軍の主義や精神、組織を信じ、それをもって日本を救うことを確信するようになった。そしてそのとき必要なのは「救世軍の主義、精神に日本服を着せることである。其進撃的運動を日本流に同化することである。日本人に由て支へられ、日本人を救ふに適するを産み出すこと」が目下の急務であると論じている。この「日本流儀の救世軍」という視点は以降もずっと持ち続けており、山室の悲願であった。万国大会の参加という重要な任務のほか、幾つかの胸に秘めたものをブース大将にぶつけたいという強い意志があった。

ロンドンの救世軍万国大会に参列した日本の代表
（後列左端が山室）

この渡英に同行する日本司令官のブラードは一九〇〇年に来日した。彼は確かに揺籃期の救世軍を指導するにおいて、かなりの業績を上げたが、前任の司令官はインドでの様式を取り入れたので、日本の救世軍人にとってかなり不満がたまっていた。言葉や風習などの日本の実情を踏まえ、日本人にあった様式で運営しなければ、円滑に運んでいかないことを山室のみならず日本人救世軍士は共通して認識していた。

渡英の覚悟

山室は渡英に先立ち、一九〇四年五月の『ときのこゑ』に「別に臨んで諸友に告ぐ」で渡英への思いを述べる。その目的は参加とともに「観察」「弁明」「決断」の三つがあるという。「観察」は英国の救世軍と他国の救世軍の様子をみておくこと、「弁明」は日本の救世軍の実践を報告し、意見を求めることであり、「決断」はこうした胸に秘めていたことに対して救世軍に自己の去就を含めて卒直に意見を交わしたいという覚悟である。渡英にあたり内村鑑三に胸の内を述べて相談したことからも、彼の万国大会への参加はひとかたならぬ覚悟の上であった。

さて万国大会はブース大将の指揮の下で六月二四日、ロイヤルアルバートホールにて開催された。日露戦争中における極東日本からの参加は、各国の耳目の集まるところとなり、この一カ月に及ぶ大会には世界四九カ国、六〇〇〇人の参加があった。この大会中にブース大将と話す機会を持った。山室は日本と言ふ国は人を送る程、そして金を送る程いかん、日本人自身に苦労させるのが一番よいと主張した。するとブース大将は「暫らく隣りの部屋で、令息のブラムウェルと相談されたが、やがて、私に、今度は黙って帰れ、その内に日本の司令官を代えると言はれた」（『植村正久とその時代』二巻、六九四頁）と。山室にとって予想だにしないブース大将の対応であった。山室が年来抱懐していた思念をブース大将に直訴することはかなりの覚悟の上でのことである。それを全面的に理解されたことは山室にとって予想外の成果であった。その背景として日英同盟という政治的背景とともに何よりも山室という人物への信頼があったと考えられる。

ヨーロッパでの歓待

『ときのこゑ』（〇四・八・一五）には「山室大校倫敦《ロンドン》通信」として長文の山室書簡が掲載されている。そこにはマルセイユ（六月一四日）からパリでの出来事、一六日、パリを出立し、英国ホークストン、そしてロンドンへの紀行が綴られている。英国ではどこにおいても想像以上の歓迎があった。たとえばロンドンでの歓迎ぶりについては英国人の日本に対する同情は非常のものであった。「到る所日本万歳を唱ふるものあり。労働者など泥だらけの手を伸べて、街の辻にて握手を求むる者あり。何卒此子に握手をしてやつて呉れとて、児供を連れて参らるる親達もあり候」、「『クロニカル』と『デイリー、ニュース』とには、小生との会話を、最も贔屓分に長々と載せ候」、「英国の関聲には変テコな画を入れて、持てはやし候。『社会広報《ソーシャルガゼット》』にも『全世界《オールザワールド》』にも、『戦場士官《フィールドオフィサル》』にも何か小生のことが出る由に候」というように、英国救世軍機関紙にも報道された。そして「是れ畢竟《ひっきょう》、英国と同盟せる日本、戦勝国たる日本の威光に由るものに候。何だか虎の威を借る狐の様な気が致し候」と報じている。さらに『ときのこゑ』（三七・九・一）には「万国大会彙報」として、次号にも「英国だより」として紙面一枚を使って報告され、本営との親和関係が読みとれる。

「汚い下着は自宅で洗ふべきもの」

万国大会を終えて、山室は北欧を旅しながら帰路に就く。八月二一日のノルウェーでは聴衆四五〇〇人の前で英語で講演した。ここでも当地の新聞に山室のことが報道された。スウェーデンでは、ストックホルムから八月三一日付けの書簡が寄せられている。この国の救世軍の大きな勢力に山室は驚嘆した。人口五〇〇万の小国に、九五〇人の救世軍士官がおり、二五〇の小隊と、七〇幾個の社会事業部がある状況、当国の充実した救世軍活動に感嘆の書簡を認めている。かくして、救世軍の万国大会の出席という大役のみならず、多くの国を旅し、多くの人と会い、見聞を広げながら充実した旅を終えて帰国したのである。

山室は「帰朝報告」（『ときのこゑ』〇四・一二・一）において、「私は又言はんが為に彼地に参りました」と述べ、腹蔵なく思うところを述べることができたことに満足していることを伝えている。そして、このヨーロッパ滞在中におおよそ一日一回、証言や勧め、または演説を実行したこと、滞在中はできるだけ日本国や日本人の良いところ、未来に希望があることを紹介し、決して弱音を吐かないように心得ていたこと、そして「『汚い下着は自宅で洗ふべきもの』と、信仰して居る者であり升《ます》」と報告した。この表現はいつまでも英国本営の指導に頼るのではなく、日本人が主体的にやっていくという気概の表現である。裏返せば、日本に派遣された司令官の指導方針をめぐる鬱積した不満の表現であった。ともあれ、W・ブース大将と忌憚なく会談でき意義ある渡英であった。

山室と日露戦争——傷病兵の慰問活動

山室は一九〇五（明治三八）年三月一日付で戦場書記官を拝命する。戦場書記官とは新しい作戦計画を実行するための役職である。英国でのブース大将との直談判も効を奏してか、この時期より山室の独創的な運動方法も実現し、山室色が出てきている。一例を挙げておこう。日露戦争中に「傷病兵の慰問」（『ときのこゑ』〇五・七・一）という記事がある。「数月来救世軍に於ては傷病兵の入院して居る病院を訪ね之を慰問する為め熱心に運動して居ます。東京に於ける五ケ所の病院は固よりのこと我小隊の所在地にて此病院のある所では何処でもそれぞれ働いて居る」とあり、日露戦争で負傷した兵士の慰問活動を展開している。この慰問で『ときのこゑ』の配付、救世軍の小雑誌を寄付し、精神的な慰問活動もおこなった。

また矢吹中校の「傷病兵慰問の記」（『ときのこゑ』〇六・一・一）という文章によると、入院患者は本院が三〇〇余名、渋谷分院千二、三〇〇名、戸山分院が二千三、四〇〇名である。救世叢書や『ときのこゑ』、『平民之福音』等の書物を読む人たちもいて、彼等が心の渇きを癒やしている様子を報告している。また実際の入院患者からの礼状も掲載される。たとえば戦争にて身体障害者となった入院患者の「扨過般は毎回御発行の『ときのこえ』御送附被成下難有拝読致候其内感ずる所あり何の御用にも相立不申候へ共別紙五厘郵券二十枚御受取の上貴兄より救世軍本営に御届け被下度先は御依頼まで、降て私も幸に主に依て健在なり御安神を乞ふ」(同前)云々という文面の類いである。このように社会主義者や内村鑑三や柏木義円のようなキリスト者のように非戦を説くのではなく、現実に戦争の犠牲になった人々に対し傷病者への慰問活動を展開した。これは救世軍や山室の戦争での変わらぬスタンスであった。

第六章　明治末期の都市社会事業と「満州」での事業

1　日露戦後社会とブース大将の来日

日露戦後社会と都市社会事業

一九〇四（明治三七）年二月に勃発した日露戦争は、翌年九月に終結した。日露戦争における戦費は戦後一七億という負債をもたらし、そのツケは国民の増税として課され、人々の生活は苦しくなっていった。これは明治国家の危機であり、政府は国家財政による緊縮政策を断行し、感化救済事業、地方改良運動、報徳運動などを通して社会改良を実行し、この危機を乗りきっていこうとする。それは一方で、小国日本が世界の文明国と比肩されるに足る大きな目標でもあった。それには文明への指標として社会事業の充実が求められる。

社会事業界に目を転じてみると、一九〇八（明治四一）年九月には渋沢栄一を会長に中央慈善協会が発足し、感化救済事業講習会も行われ、社会事業従事者の養成が曲がりなりにも始まる。同年五月には内務省から「済貧恤窮ハ隣保相扶ノ情誼ニ依リ互ニ協救セシメ国費救助ノ濫給矯正方ノ件」という通牒が、一〇月には「戊申詔書」が発せられ、皇室の慈恵が強調されていった。こうした慈恵策に対して救世軍は、「私共は此際謹で勤倹惇厚《じゅんこう》の風を養ひ、自彊《じきょう》発展の誠意を奉載して、せめては罪と禍の中に難渋せる同胞を救わん為め、財を擲《なげう》ち身を挺《ぬき》んでて尽くさねばならぬ」（『ときのこゑ』〇九・五・一）と受けとめている。また大逆事件の死刑執行後の「紀元節」に「済生勅語」や「施薬救療の大詔」が出され、桂太郎内閣は内帑《ないど》金一五〇万円を基金として、皇室慈恵策の象徴である恩賜財団済生会を発足させた。また明治国家は神道、仏教、キリスト教の三教会同を企図し、人心の統一を図ろうとした。明治末期はこうした政治的な背景があった。

一九〇六（明治三九）年の救世軍の標語は「前進」であり、翌〇七年は、救世軍の創設者W・ブース大将が初来日し、日本の救世軍史にとって、きわめて画期的な年であった。彼の来日を契機に救世軍は市民権を得て山室の指導力も発揮され救世軍の中心人物として人々に知られていった。この期の救世軍は山室指導の下、「都市社会事業が活発に展開された時期」（成田龍一『史観』八二号）であった。

ブースフィーバー

W・ブースは一九〇七年二月二三日、英国サウザンプトンを米国に向け出港し、三月末にシアトルから日本に向け出発、四月一五日に横浜に到着した。レイルトン少将（万国本営）、ブラード大佐、山室、そして横浜の関係者らが出迎えた。〇二年の日英同盟の締結以来、日本と英国との関係は良好であり、そうした政治的背景もあり、各地で大歓迎がなされた。これについて山室は半年後の同年の一二月に『日本に於るブース大将』を出版し、日本での事績を克

東京市主催の歓迎会に出席した名士たち
（前列左２人目より島田三郎，森村市左衛門，阪谷芳郎，大隈重信，ブース大将，大山巌，尾崎行雄，渋沢栄一。２列目２人目より江原素六，山室軍平）

明に記述している。ちなみに山室は前年に『ブース大将伝』を出版し、W・ブースの生涯と人となりを紹介している。多忙な山室だが両著作とも五〇〇頁を超す大著である。

四月一八日には東京市主催による歓迎会が市会議事堂にて営まれた。これには大隈重信、渋沢栄一、清浦奎吾《きようらけいご》、千家尊福《せんげたかとみ》知事、尾崎行雄市長、江原素六《えばらそろく》、島田三郎、中野《なかの》武営《たけなか》、豊川良平、大山巌、阪谷芳郎蔵相、また徳富蘇峰、三宅雄次郎、根本正ら総勢二〇〇人の錚々たる名士の出席があった。この時、ブースの演説を通訳したのが山室であった。夜には神田三崎町の東京座で二五〇〇〇人の大歓迎会が開かれた。

この時の演題の方に目をやった聴衆の一人は、ブース大将が山室を招いて「己が側に引寄せられた。二人の身は全く寄添ふ。頭と頭とを頬のすれ合ふ程密接させて、共に神の聖前に跪《ひざま》づいて居られる。余は大将の山室少佐を取扱ふこと、お爺さんが孫を愛する如き状態を見て、いかにも懐しく感じた」（『福音新報』〇七・四・二五）云々とあり、ブース大将と山室への微笑ましい光景を記している。

W・ブースは二〇日には皇居に行き、明治天皇に救世軍の制服のまま謁見した。天皇との面会時は恒例として燕尾《えんび》服を着用することになっていたが、特別の計らいで救世軍の制服が許された。歓迎会にしろ日英同盟という政治的な背景のもと、英国における皇室と救世軍本営との親和的な関係の中での演出があったのだろう。ブースはその午後に東京養育院を訪問し、渋沢栄一邸での歓迎会に臨んだ。二四日は早稲田大学を訪問し一万人の大歓迎をうけ、その夜は早稲田大学教授安部磯雄の発案で提灯行列が挙行されるという歓迎ぶりであった。

各地へ――大阪、京都、神戸、岡山

五月に入るとW・ブースは関西に場を移した。四日には大阪に入り商業会議所の楼上での歓迎会、翌五日には中之島公会堂での救霊会、翌日も公会堂で集会がもたれ、八日には京都に着す。京都では大森知事、西郷市長、六角警務長をはじめ、約一万人の歓迎があった。「市長の歓迎の辞あり大将の真実熱心なる答辞あり宇野陸軍中佐の発声にて万歳を連呼す。其聲海嘯の如く起る」（『ときのこゑ』〇七・六・一）と報じられている。そして、一一日午後には同志社を訪問する。その様子は「大将は京都停車場に向ふ途次、迂廻して同志社を訪ひ、礼拝堂の壇上、其創立者新島襄氏の生《いき》るが如き肖像の下に起ち、嘗《かつ》て同氏が熱涙以て宣伝へられると同じ基督

大阪で観衆の前に立つブース（1907年５月）

の福音を燃るが如き熱誠もて満堂八九百の青年学生に説れました。之に由て新しき決心と献身の精神に入たる者も少くなかつたさうである」と報じられている。ブース大将一行が予定行路を迂回してまで同志社を訪れたのは、ブースの通訳をし救世軍の発展に大きな貢献をしている山室への感謝の表れであったろうか。

さらに神戸へ移動し、一六日には岡山に到着する。その朝、石井十次率いる岡山孤児院を訪問し、孤児一〇〇〇人余に対して、「神に従い、善良・有用の人となれ」と諭した。その後、東京に戻る。東京では救世軍士官会で話をし、山室を中佐に命じ、近々書記長官に任命されることを告げた。五月二三日には三崎町の東京座で送別の会をもち、四〇日間にわたるブースの日本での精力的な講演や会合は終わる。各地での大歓迎はブースや山室を通して救世軍の事業や特徴が人々に伝えられていった。ブースフィーバーの現出は格好の救世軍の宣伝となり、救世軍は確実に市民権を得て、そして山室も名通訳者としてだけでなく、説教者として日本の救世軍の指導者的位置を築いていくことになる。それとともに、欧米の模範とするものだけでなく独創的な社会事業も山室の指導の下で展開されていくことになる。

2　都市社会事業の展開

東北大凶作の支援と女中寄宿舎

一九〇五（明治三八）年から〇六年にかけて、東北地方は未曾有の大凶作であった。とりわけ岩手、宮城、福島の三県の被害は深刻であった。貧孤児の救済については、岡山孤児院が現地にいち早く赴き、八〇〇名を超す貧孤児を岡山まで連れ帰った。また上毛孤児院や大阪の博愛社などの全国の児童養護施設も東北の児童を受けいれている。

一九〇六年二月一五日の『ときのこゑ』には「東北の飢饉――不幸なる婦人を奉公に出す計画　救世軍の凶作地に対する新運動」として、当該問題への取り組みを報じている。「妙齢の子女をして、艱苦を他郷に嘗めしむるは、素より慈親の耐ふる非ざらむも、一家の窮乏を救はんには、子女の労をも籍《か》らざるべからず」、あるいは「凶作地の婦女を誘拐して奴隷同様の事情の下に工女となし又は醜業婦となす者の多くある義に付ては吾人共に切歯《せっし》して憤つて居たる所である」（『ときのこゑ』〇六・三・一五）と。かくして凶作地の子女一五〇人が救済され、男子も十数人引きとり、彼らを労働紹介所に住まわせ就職口を斡旋した。

こうした子女の救護問題は東京の職業紹介事業と連動しながら行われていった。その一つは築地二丁目の「女中寄宿舎」の設置である。凶作地より救世軍の女中寄宿舎に収容した数は四月六日迄に女子五一人、男子一八人、計六九人、別に救世軍の手を経て孤児院等に引渡したるもの一六人、合計八十五人であり、「狡猾なる人買の手にかゝり一生を誤らふとする危ない所から救護せられたる者も少なからぬ」『ときのこゑ』（〇六・四・一五）と報じられている。ちなみにこの事業は機恵子が世話にあたった。

こうした日露戦後における都市を中心にした事業の多くは、戦場書記官を拝命した山室の発案と指導があってのことである。いわば山室指導の「都市事業」として考えていいと思われる。以下それをみていくことにしよう。

労働紹介所と木賃宿箱舟屋

資本主義の発展とともに失業の問題も顕在化し、加えて日露戦後の一〇〇万にも達する帰還兵の就職問題が深刻な課題を背景にして、労働紹介所が設置される。この設置は営利目的とする雇人口入所の弊害をいかに無くしていくかを目的としていた。さしあたり、その事務所を芝口の本営内に設け、専従の士官を置き、雇主と雇人の間に立って親切に世話をしていくというものである。日本の職業紹介の歴史からみると公的な紹介所が設置されるのは数年後であり、救世軍の職業紹介事業は日本においても先駆的なものと言える。

この労働紹介所とタイアップして一九〇六（明治三九）年一月、本所区花町に設けられたのが泊まる宿のない人のための木賃宿《きちんやど》箱船屋である。これは「ノアと其一家族が大洪水の中を箱船にて助かつた如く、浮世の波間にうきつ、沈みつする世の人々を止宿させ、之を有ゆる禍ひより救ひ出さん為の、設備である」（『ときのこゑ』〇六・一・一五）。当初の収容人数は五〇人程度であった。翌年一月二〇日、満一年の記念会が行われ、一年間の統計によれば宿泊者の数は七九〇〇人で、無料での宿泊数は四八〇人、職業に就いた数は一四五人、集会を営んだ数は九七回、改心者は六六人を数えている。これは生活困窮者のみならず家出人、無宿者、非行少年たちを待ち受け、宿泊させるだけでなくこれに必要なる忠告と助力とを与えて職に就かせ、親元に帰らせ、あるいは改心して堅気の人とならしめることをその目的としていた。ちなみに四年半の実績は二万七四〇〇人である。後に一九一五年七月からは無料宿泊所となった。そして救世軍の一膳飯屋が四月二〇日より箱船屋の向かいに開かれた。

慰問籠事業

救世軍の新しい活動として、年末にスラムに居住する貧困家庭に慰問籠を配付していく「慰問籠事業」も、一九〇六年の年末から開始された。山室はこの事業（運動）につき、まだ小さい企画に過ぎないが、「やがては米国辺の数十万人の貧民を賑はす、大運動の本となると信ずる」（『戦場士官』〇六・一二・一）と述べ、将来まで長く続くことを期待してのスタートであった。

同年一二月一五日の『ときのこゑ』には今年のクリスマスに際し、「貧しき家庭の慰めとなるべき品物を色々入れたる蜜柑籠の如き者を数多製造し、之を『慰問籠』と名づけて東京市中の極貧民の間に配る計画であります」と報じている。この慰問籠には蜜柑、林檎、パン菓子、風船玉、絵紙、玩具、羽子、手帳、手拭、絵葉書、餅、紙、筆など、おおよそ一五から二〇銭相当の生活用品、そして別に

『ときのこゑ』や『救世叢書』、福音書などの信仰の手引書の類を添え、年末に貧困家庭一軒一軒配布していくという戦略である。当時、東京市の貧民の数は三万を優に超していた。もちろんその数は一定ではないが、衣食住に欠ける多数の貧民がスラム地区を中心に居住していた。翌年からはこの事業の宣伝及び金品の寄付集めなどを島田三郎の東京毎日新聞社も協力していった。さらにこの慰問籠事業は、山室の期待した通り東京だけでなく京都や大阪、神戸などの都市を中心に全国に広がっていった。翌一九〇七年末の報告によれば、東京においては下谷万年町《したやまんねんちょう》、芝新網町、四谷鮫河橋のスラム居住の家庭に一〇〇〇戸に配付し、三年後の一九一〇年暮れの慰問籠は二七〇〇戸、一万八〇〇〇人に分配している。

銀座にあった本営前から出発する慰問隊
（1908年11月）

慈善鍋（社会鍋）の設置

一九〇九年末、この慰問籠事業と連動してなされたのが、序章でもふれた、救世軍の象徴的存在とも言える慈善鍋（社会鍋）の設置である。慈善鍋は当初、「三脚鍋」とも呼ばれ、この鍋が市内の要所に設置され、これが慰問籠の重要な資金となる。このようにして人々の心を動かし、毎日金二五から三〇円、時には四〇円を慰問籠事業のために得ていた。

昭和初期の社会鍋

慈善鍋で集めた寄付金や一般的な寄付金と基金にして、慰問籠に入れる品物を購買し、それを救世軍の士官だけでなく、ボランティアの人を通して貧困家庭に配付していった。この時期において小規模ではあるが、貧困家庭をサポートするシステムが模索され、実行されていた。その配付体験が『ときのこゑ』に掲載されている。ここで地区を訪問していく過程で、都市の片隅に貧しく暮らす人々の実態とニーズがわかるということもあった。

救世軍は「一身の温袍《おんぽう》は天に愧《は》ず」をモットーに、また三宅雄次郎はこの事業を「適当なる人の適当なる事業」と評し、そして慰問籠事業とともに、慈善鍋の設置は年末を彩る行事となっていった。大正後期になって慈善鍋は社会鍋と改称された。このスタイルは多くの国でも行われており、山室もそれらを参考にしての事業であったと思われる。

大学殖民館の創設とその事業

一九〇八（明治四一）年九月一九日、神田三崎町に学生寄宿舎たる大学殖民館の開館式を挙行した。山室はその特色をここに寄宿する人々が、有効的に時間と精力をもって世の中の貧民弱者を顧みることであるとし、その趣旨を「教育ある階級と教育の便宜なき平民、労働者との間に握手せしむること」（『ときのこゑ』〇八・一〇・一）が大学殖民館の特色であると述べている。この事業は学生の寄宿舎を設置し、一般学生に実行的の宗教を奨励し、実用夜学校を起こし、また通俗講談会をはじめ、慈善旅行やクリスマス会などを貧民の子弟の為に計画し、労働者の為に各種の会合をしていくというユニバーシティー・セツルメントの事業である。

当時、救世軍に関心を寄せていた友愛会（後の労働総同盟）の設立者鈴木文治も、「大学殖民事業の如きは、我が国に於て蓋し最初の施設たり、真個其目的の完成を見んには前途の困難あるを予期せざるべからず。然も一善は万善の母なれば、一の大学殖民事業あるは、十の此事業ある所以、十の大学殖民事業あるは、百の此事業ある所以、出獄人保護事業又然り、吾人は此意義に於て救世軍の此挙に満腔の同情を禁ずる能わず」（『新人』〇八・一〇・一）と期待している。

殖民館ではすぐに「貧民法律顧問部」（法律顧問部）も設置され、法科大学の学生が法律上の問題につき相談相手となり、鵜澤聡明《うざわふさあき》、平沢均治《ひらさわきんじ》らが顧問となった。そして一九〇九年一月には「無料代筆部」が設けられ、「夜学校」や「通俗講談会」の計画も構想された。ちなみに第一回の学術講演会が開催されたのは一〇年二月二六日のことで、〇九年一一月には大学殖民館医療部が設けられ、貧民に対する救療事業が展開されていく。

労作館や月島労働寄宿舎、救世軍病院の創設

一九〇八年一〇月三日には「出獄人救済所」労作館の会館式が挙行された。救世軍の更生保護事業への取り組みは二〇年以上の歴史があり、牛込《うしごめ》区赤城下町に新しい建物を建築した。一〇年七月、横須賀の「軍人ホーム」の開館式が行われた。翌年一

一月二五日には石黒・渋沢両男爵、床次《とこなみ》内務次官、原田東京市助役を迎え月島労働寄宿舎の開所式を挙行した。

一九一二（明治四五）年六月三〇日、台東区仲御徒町《なかおかちまち》に救世軍病院が開院する。この病院の設立の端緒は五年前のブース大将の来日時であり、資金の問題などで遅れていたが漸く開設に至った。そしてこの病院の設立について重要な役割を果たしたのは東京帝大出身の松田三弥《さんや》という救世軍医者である（拙著『キリスト教社会福祉思想史の研究』二章参照）。

山室は病院の設立の趣意と由来として、「耶蘇が遍《あま》ねく経めぐりて善を行ひ、霊魂を罪より救ふと同時に肉体の病を癒し給ふたる其足跡を辿らん為である」（『ときのこゑ』一二・七・一五）と述べている。設立の経緯は、五年前のブース大将来日の際、日本に貧民救療事業の需要が急務であり、一病院を設立すべき計画を発表したことに依拠している。院長に松田三弥、副院長に脇屋正人が就き、東京のスラムを戸別訪問し、医者にかかれない窮民の世話をする巡回救護の制度も取り入れた。

山室の二回目の渡英

山室は一九〇九（明治四二）年三月、ブース大将八〇歳の祝賀会に参会するために、二回目の渡英をする。山室は渡英の目的を誕生祝賀会参加より、先進国の救世軍事業の視察と日本の救世軍について色々と万国本営と協議する目的もあった。英国での万国本営首脳陣との会談を通して、「要するに日本の救は全く我等日本人民の奮発努力に由て為さるべきことであれば、私共は益々奮ひ、神の御助とお互の同心一致に由り、勇猛に戦ふて、現在、在る所の事業を堅くしつゝ、進んで各方面に対する倍旧の進歩発展を勉めねばならぬ。之は私共が救を俟望める幾千万の同胞に対する責任である」（『ときのこゑ』〇九・九・一）と述べている。

七月一五日、山室はW・ブースから四頁にわたる書簡（伝言）を受け取った（『ときのこゑ』〇九・九・一）。ブースは山室が帰国するに際し、自己の想いを告げなければならないと吐露し、山室と日本で活躍する軍人たちへの信頼と希望、そして「愛する山室よ、余は卿《おんみ》の忠実と、忠義とに依頼す。余を卿の親愛なる大将なりと信ぜよ」と認められていた。W・ブースの山室に対する絶大の信頼を証左するものである。一九〇九年八月一三日、山室は英国から五カ月振りに帰国し、一六日、青年会館にて山室の帰朝歓迎会が開催された。

3　満州における婦人救済事業と満州小隊

最初の海外の施設と小隊

救世軍は日本国内のみならず、明治国家の大陸への展開に合わすように、明治末期から朝鮮や中国大陸、とりわけ「満洲」（現・中国東北部。以下満州）においても活動を展開する。ここでは満州に焦点を当ててみておきたい。救世軍が明治末期から満州の大連の地で婦人保護の仕事も展開していくが、そこには小隊も設置され、内地で展開されている廃娼への戦いは、準殖民地たる満州においても為された。日露戦後、日本政府はロシアから満州の租借権を得て、大連をはじめ新しく都市建設を展開する。それに伴い都市に遊廓が設置され、多くの女性が大陸を渡る、その中には強制的に売られた年若い女性も多くいた。

そもそも満州の大連や旅順の地は日清戦争後の一八九八年にロシアが清国から租借したことに始まる。しかし日露戦争中、日本はこの地を軍事物資輸送の需要地としてとらえ、陸軍は遼東半島に侵攻し一九〇五年に旅順が陥落し、多くの日本人が内地から流れこみ人口も大幅に増加していく。日露戦後はポーツマス条約によって、その租借権が日本に譲渡され、〇六年二月、この地は「大連」と改称された。小さな町は日本人の手によって都市計画に基づいた町へと大きく変容していった。

都市が形成されれば、ここに生活の為の色々な施設や建物が建設され、それを待っていたかのように多種多様な人々が集まる。かくて日露戦争後には大連から奥地にかけて日本人娼婦の数も増加していく。キリスト教団体もこの地に行き、社会的な問題にも対処していく。その一つが遊廓やそこで働く日本人娼婦問題への取り組みである。これには当初、基督教青年会の軍隊慰労部が率先して彼女たちの救済施設を創設し、この事業にあたった。

満州婦人救済会

基督教青年会の中心人物として活躍したのが益富政助《ますとみまさすけ》であり、当初、売られてきた女子を救済し東京の救世軍や基督教婦人矯風会の婦人保護施設に送り返していたが、むしろこの地において彼女たちを救済し、生活や教育の場としての施設を設置した方が良策であると考えるようになった。益富は彼女たちを救済する対策を企図し、一九〇六（明治三九）年四月、大連浪速町に「満州婦人救済会」を創設する。

満州婦人救済会設立の「趣意書」（『婦人新報』〇六・五・二五）には、当時、大連の「醜業婦」の数は優に三千を超える有様であり、その三分の一は未成年者の少女であるとしている。そして救済会は単に殖民政策の欠陥を救うだけでなく、彼女たちのために身を挺して救済できなければ「同朋としての胸中の悲痛を医する能はざるものあれば也」とあり、大連に婦人救済所を新設し、そこに主任者を配置し感化遷善の任に就かせることが記されている。そしてこの計画は婦人矯風会、女子青年会など関係ある青年部本部、及び各地婦人会の賛助を仰ぎ、「この目的を達する迄は、本会に引取たる者を内外の寄付金によりて、救世軍婦人救済所、及び東京慈愛館に送りて、之を教育すること」といった方針を掲げている。かくて益富がこの事業に尽力していくこととなる。

大連における救世軍事業への構想

満州には多数の娼婦が入り込み、大連だけでも芸娼妓や酌婦を入れれば三〇〇〇人にも上るという状況に救世軍も重要課題として向きあっていく。そして益富の青年会事業は、救世軍へ引きついでほしいという交渉は以前からあったが、これへの目処がたち、青年会の天幕事業に参加していた西内天行《にしうちてんこう》が上京し、満州問題についての演説会が企図された。

一九〇六（明治三九）年六月一日、神田青年会館において「満州婦人救済演説会」がもたれ、益富の事業は以降救世軍に移管されていく筋道が公にされる。演説会においては西内天行、矢島楫子、島田三郎、安部磯雄に続き、山室も娼婦への感化につき語り、併せて救世軍が新たに満州で行う婦人救済運動を引き受けるべきことを述べ、会衆の同情を求めると、立ちどころに一三七円の寄付が集まった。この会において八月中に救世軍が益富の青年会事業を引きつぎ、それまでは益富が従来通りこれを経営していくこととなった。

満州育児婦人ホーム

こうした満州の状況につき、『ときのこゑ』（〇六・九・一五）は「満州に於ける日本婦人問題（下）」を掲載している。この号のサブタイトルは「彼等は醜業婦に非ず罹災者なり博愛義侠の子女よ彼等を救へ！」である。彼女らが一般に「醜業婦」と呼ばれ、蔑まれているが、今日あるに至る事情を調べてみると「彼等は憎むべきものではなくて、却つて最も憐むべき者であるのを発見するのである」という益富の冊子を紹介している。ちなみに益富はこの「醜業婦」という言葉に対しても強く疑問をもっていた。その元凶は「醜業」を営ませている「鬼に等しき楼主」であると説いている。そして救世軍は東北の凶作対策や翌年にはブース大将の来日、都市社会事業の展開など多忙な年であった。

大連での婦人救済所における活動

大連での芸娼妓酌婦といった女性たちの悲劇については、『遼東新報』などの当地の新聞にしばしば報告された。

『ときのこゑ』（〇七・四・一）にも「大連だより」として、赴任した山田弥十郎が欺かれて大連にまで連れてこられた四名の婦女を救済したことが報告され、大連にて山田は婦人救済のために、粉骨砕身していくことになる。

さらに山室は『社会廓清論』（一九一四）において、この大連婦人ホームでの山田の活動やその実体、対策事業につき、「爾来八九年間救世軍の手にて経営し、今日迄に七百人余りの不幸なる婦人達を救護して来たのであるが、救済を受けたる婦人達の身の上については、言ふに言はれぬ程悲惨なるものも少なからず。もしそういう細かい話を始めたものなら、ただそれだけでも一冊の大きな書物」（三六九頁）になるくらいであるとして、いくつかの例を紹介している。たとえば一九歳と一七歳の姉妹のケースでは、悪漢の手によって誘拐されて大連に来て、奉公の道ではなく料理屋にて客を取ることを強要させられた。ある夜そこを抜けだして悲嘆した姉妹は危うく自殺の寸前に救世軍の婦人ホームに保護されたと紹介されている。

救世軍婦人救済所の落成式　救世軍は満州において一九〇六（明治三九）年の夏から青年会の救済会を引き受け、救世軍の婦人救済所として活動してきたが、翌年末に木造二階建て西洋式の広大な新築の救済所が完成する。その落成式の機を探っていたが、〇八年六月、山室がこの地に来る機会があり、六月一日に落成式が挙行された。この式には大連民政署長力石雄一郎《ちからいしゆういちろう》夫妻、満鉄理事大久保《おおくぼ》政周《まさちか》夫妻、警務課長佐々木警視、軍人講演会の高柳少佐、英国領事バーレット夫人、大連華商公儀会総理劉兆伊、その他宗教関係者新聞社らが参加した。この会で山田は今日まで二八〇名の女性たちを世話したことを報告した。それによれば内訳で一番多いのは帰国した者で一二二名に達し、当地方で女中奉公した者が三八名、親戚知人に引き渡した者が二八名と続いている。

山室は山田弥十郎と関東都督陸軍大将大島義昌《おおしまよしまさ》を訪問し、大連への救世軍の事業に対しての報告と婦人救済所設立の経緯を述べ、満州の人々に伝道するために小隊を設置する計画を告げた。大島はそれへの賛意を表明し、その計画に期待した。山室はW・ブース大将について聞かれたこともあり、自著『日本に於けるブース大将』を献呈した。このように大連への救世軍の進出は、山室の大島大将訪問にもあるように、軍部や警察との関係を通して小隊や救済所が設置されていった経緯がある。

大連小隊の設置

大連に救世軍の小隊が設置されたのは、一九〇九（明治四二）年七月一〇日である。『ときのこゑ』（〇九・八・一）には大連会館開営式の様子が報告されている。司令官ホッダーと矢吹大校、酒井大尉が東京から派遣され、式典が挙行された。式には力石雄一郎（大連民政署長）や国沢新兵衛《くにさわしんべえ》（南満州鉄道副総裁）、成川正金銀行支店長らの出席と祝辞があった。力石は先にこの地に婦人救済事業を創設し、それ以後、この事業に携わり、多くの子女を救済してきた実績を評価し、「今ヤ更ニ本館ヲ創設シ大連小隊ヲ置キ大ニ力ヲ救霊伝道ノ方面ニ致サントス、直ニ救世博愛ノ趣旨ニ適ヘリト謂フベシ、希クハ益々奮闘、社会事業ノ方面ト相俟チ以テ済世救民ノ実ヲ挙ケンコトヲ」云々と述べた。また国沢も多くの社会問題に対応して「本救世軍ノ熱誠ナル活動ニ俟ツヘキモノ少シトセス果シテ然ラハ其前途ヤ遼遠ニシテ其事業ヤ多望ナリト謂フヘシ」と期待を込めた祝辞を述べている。こうして「宣戦布告式」も持たれ、大連の救世軍の拠点が創られた。また救世軍の事業は小隊開戦においても、民政府や満鉄、経済界の支援もあった。

かくして大連に赴任した山田夫妻は婦人救済事業に精力的に取り組んでいった。大連にあって山田夫妻の身近にいた柴田博陽《しばたはくよう》は「彼は弱者の侶であった。救世軍に在る時代も多くは社会事業方面を担任し、危険を犯して迄も廃娼運動に携はり、醜業者の手より売笑婦を救ひ出し、之を善導した。啻《ただ》に斯る人々のみならず、同労者の為にも、温かい同情者であった」（『山田弥十郎記念誌』六七頁）と回顧している。その後、山田は内地に帰り大学殖民館主任として働く。再び救世軍の遼東部長として尽力するが満州赴任三年後に救世軍をやめる。

4　明治時代の終焉

キリスト教は社会改良以上の宗教

一九〇九年一〇月、開教五十年記念会が開催され、山室は「基督教と社会改良」（『開教五十年記念講演集』三〇一～三二四頁）という題で講演した。ここで山室は、キリスト教は「社会改良以上の宗教である」とし、「社会改良など云ふより遥かな遠大なる目的を理想を有する宗教」であると講じている。そしてキリスト教は「神を世の中に紹介する事」、「正義を紹介する事」、「愛を実行する事」、「純潔の徳を唱道する事」、「弱者を顧みる事」、「基督を紹介する事」、そして「救の力を紹介する事」によって社会を改良するものであると述べた。

基督教は此世の有様にあきたらぬ宗教である。さりとて此世を厭ひ棄て遁る丶如き卑怯未練なる宗教ではなくて、却つて此世の中にふり止まりて之を改革せずしては満足する能はざるものであります。又基督教は未来に重きを置く宗教であれど其未来永遠の世界は此世にある間其悪風陋習と戦ふて之れに打ち勝ちたる人々の凱歌をあげて帰り行く可き先である故、基督信者は此世を改めずして居られぬものであります。基督教は又神の聖旨の津々浦々までも行はる丶世を来らせんとして尽力する宗教である故、か丶る宗教の流布する所には自ら社会改良の実が挙らずしては居られぬ筈であります。これが即ち私が基督教は社会改良以上の目的理想を以て働く宗教故《ゆえ》「大は小を兼ねる」習、自然に最も有力なる社会改良を実行する宗教であると申したわけであります。

山室にとってキリスト者として生きている以上、現実社会、社会の矛盾、社会問題に関わらざるを得ないものであり、その結果が社会改良として具現化されるものであるとする。キリスト教という「大なるもの」に社会改良が必然的に生み出されていくものである。もちろんこれは救世軍の思想から影響を受けていることは言うまでもないが、福音と伝道、信仰と社会実践、そして社会変革の関係を説いている。

細民調査と貧困の実態

明治末期、内務省は東京のスラムを調査、いわゆる細民調査をおこない、鈴木文治も『東京朝日新聞』に「東京浮浪人生活」として貧しい人々の実態を報告している。一方、山室は一九一三年に『基督教講話』という著作を刊行し、明治末期の東京本所の実情を次のように伝えている。これは前述の講演「基督教と社会改良」から一部修正して転載された一部である。

昨年の暮から今年の正月にかけ、極貧の人々に、せめて雑煮餅の一片なりとも喰べさせたいものと思ひ、例年の如く紅白の餅なり、手拭なり、その他の贈り物を入れた慰問籠といふものを配ることとなつた。私は都合のつく限り、一緒に其の荷車の後から随いて往つてみたのであるが、本所の或町に参つた時には、諸君には到底想像することが出来ないであらう。唯三畳の間に実に二家族十一人を入れて居るのがあつた。如何にして三畳の間に十一人の体を入れることが出来るかと疑わるゝであろう。併《しか》し乍《なが》らただそれだけではない。此ういふ人々は其の住ふ場所の憐れな如く、又その衣服、食物に於ても同様であることを知らねばならぬ。中には毎日唯二度づつ、それさへ嘗《かつ》て腹一ぱいに物を食べたことのない人がある。又度々断食をなし、蒲団がないから旧い米櫃の中に入つて寝るなどといふのも少くない。

（三五九～三六〇頁）

山室の貧しい人々やその家庭、あるいは病気や障害でもって苦しんでいる人々への共感（シンパシー）はもちろん聖書から教えられたものも多い。たとえば隣人愛や「よきサマリア人への喩え」、「いと小さき者への愛」などにあるようなキリスト者としての愛の実践である。しかしそれ以前において、民衆への愛、すなわち人間は幸福な生涯を送ることが当たり前の人生であるという考え方であった。生まれてきたからには、等しくその人が人生で価値ある生き方をしていく、それができない場合はそれを支える人が必要なのである。その先頭に立つのがキリスト者だという変わらぬ人生観である。

5　廃娼運動の新たな展開──廓清会

吉原大火と被災

一九一一（明治四四）年四月九日、吉原遊廓の貸し座席業の一つから火事が発生し、遊廓全部を焼き、その火は付近一帯を消失するという大火災となった。類焼によって数千戸の家が焼失したが、これによって遊廓や公娼制度の課題、廃娼運動の機運を盛り上げていく契機となっていった。それに加え、救世軍はまず周辺のスラム地域の被災状況への調査と慰問を重要課題として取り組む必要があった。『ときのこゑ』（一一・五・一）には「稀有の大火」として「絵入り」（「避難所の門前に群る罹災者」）で山室ら数名の士官が避難所に当てられている小学校を慰問したことが報じられている。さらに「焼原を歩くの記」には、とりわけ貧民が多数住む地域に住民を個別にまわり、その状況を報告している。そうした火災の実態把握と慰問がこの大火への第一の課題で、第二の課題として吉原遊廓の存続問題であった。基督教婦人矯風会の矢島楫子らと協力し、吉原遊廓廃止運動へと結びついていった。

矢島は火災後いち早く、吉原遊廓廃止の陳情書を平田東助《ひらたとうすけ》内務大臣と尾崎行雄東京市長に提出する。そして五月二四日に廃娼運動の全国組織のための準備会が持たれ、そこでは江原素六を発起人代表として、山室は島田三郎、安部磯雄、鈴木文治、益富政助、山田弥十郎らと名を連ねる。そして七月八日、午後六時より、神田美土代《みとしろ》町の青年会館において全国組織の結成大会が開かれることとなった。この大会で山室は「不朽の事業」という演説をし、席上で田中正造も「祝詞」を述べている。この会は廓清会《かくせいかい》の発会式でもあった。

廓清会の発会

基督教婦人矯風会や救世軍らの運動に加え、明治末期に廓清会が発足したことは廃娼運動に新しい風を吹き込んでいった。一九一一年七月、会の機関誌として『廓清』を創刊した。その第一号に会の趣意書が掲載されているが、会の大きな目的は公娼制度廃止への闘いである。したがって「公娼廃止は制度上の改善なり、為政者の決心能く之を断行するを得べく、之によりて良好の影響を社会に与へ、又推して人心の改心を裨《たす》くべし。是れ目前事実の問題にして、空想の談理にあらず」と制度そのものを問題にすることが社会改革になるとしている。そして婦女自らが「堕落」したのではなく、家族の犠牲が原因と把握し、「身を売りて尊属の親を救はんと企て、是れを以て犠牲の行事となす」と述べている。したがって「此の如き古来の謬想に胚胎し、強者が弱者の人権を蹂躙し、婦女を物視して之を売買するの蛮習」にほかならないと制度を指弾する。そして趣意書の末尾は「公娼廃止は風紀廓清の外科的一方法のみ。更に進みて男女貞潔の徳操を奨《すす》めんとするは本会の目的にして、是れ宗教教育法律政治等各般の勢力の援を求め、又学術的調査を要する所以なり。其終極の目的は各個多年の努力によりて之を達するを期せんとす」と結んでいる。

廓清会の方針はきわめて切実な人権蹂躪への告発であり、当然山室もこの会に賛同の意を表した。会長に島田三郎が、副会長に矢島楫子と安部磯雄が、顧問として大隈重信が就く。山室は妻機恵子と共に評議員に名を連ね、『廓清』に多くの論文を執筆している。山室は廓清会と関わることによって、会からも少なからず影響を受けた。それは人権問題として捉えていく視点や、学術的かつ社会の課題として捉えていく思想においてである。

明治天皇の逝去――「先帝陛下を哀悼す」

漱石は『こころ』の中で明治天皇が亡くなった日を「そのとき私は明治の精神が天皇に始まって天皇に終ったような気がしました」と描いている。ここにはいわゆる寂しい「明治の精神」が感知されており、乃木将軍が殉死したことも有名であるが、それほど明治という時代は近代日本にとっても特別な意味を持っていた。それは山室にとっても同様である。一九一二年八月一五日の『ときのこゑ』は巻頭に「哀辞」が掲載され、明治天皇の追悼号とも称せる内容構成となっている。ここで山室は「先帝陛下を哀悼す（上）」を執筆している。この中で山室は明治天皇が鎖国体制であった日本を、教育、軍事、経済、政治、学問等の上で著しい進歩を遂げさせ、近代国家の建設に絶大の功績を残したことを高く評価する。またキリスト者の立場からは憲法の中の「信教の自由」の認可において天皇の英断があったことを高く評価し感謝を述べる。さらに救《きゅう》恤《じゅう》への貢献を語る。

将又《はたまた》四海は兄弟であるといふ信念の上に立つ私共としては、殊に世の貧民弱者に向ふて同情せずには居られないのであるが、此等に就て　陛下には又始終世の不幸なる人民に御心をとめさせられ、何んぞの災難でもあつた場合には逸早く彼等を救恤なさせ給ひ、最近には又御内帑の中より金百五

(一)GENERAL BOOTH.(LONDON.ENGLAND)　第四百號　ときのこゑ　救世軍日本公報　COMMISSIONER HODDER.(TOKYO,JAPAN)

（明治三十年十月十九日）第三種郵便物認可（大正元年八月十五日發行（毎月二回一日十五日）

WAR CRY

ときのこゑ

天地諒闇

哀辭

嗚呼痛哉、大行天皇陛下六千萬同胞が君とし、親とし、力とし、誇りとして仰ぎ奉り、頼り奉りたる　先帝陛下には、我等が熱誠の祈禱も其驗しなくてや、今は人事悉く盡し了へて天命の如何ともす可らず、去明治四十五年七月三十日午前零時四十三分、溘焉として崩御在し給へり。嗚呼哀哉。

前には維新の宏業を親率して三百年桃源の迷夢を破り、後には立憲の大政を創始して國家萬世の大本を定め給ひし　陛下、躬行精勵以て遍く臣庶の範を垂れ給ひたる　陛下、古今不世出の聖天子は今や億兆の赤子を遺して登遐し給へる也、嗚呼痛哉。

微臣等悲痛窮て言ふ所を知らず、慟天哭地すると雖、龍馭永へに去て復及ぶ莫し。唯熱涙を灑て僅に哀衷を披攊し奉る。

皇恩無量

御製に顯れたる　先帝陛下の御乾德

大行天皇陛下

御謁見記

老大將の見奉りたる

先帝陛下

⦿東洋平和の盟主にて在し給へる、先帝陛下が、羣界獨步の偉人なる老大將に謁を賜ひたるとは、永く千載に傳ふべき平和史上の一大事件といはねばならぬ。

⦿左に掲げたるは御謁見の顛末を、老大將が自ら手記して孫に送りたるもの丶一節である。

「式部官は蹈り來れり。余等を導いて再び他の長き廊下を過ぎ、莊嚴なる一室に入らしむ。而して看よ、室の一方に威儀を正して起立し給へるは、盛德四海を掩へる　日本天皇陛下にて在すに非ずや。

三人の高官は其傍に侍し、譯官は又其右に起てり。陛下は胸間に大小數個の勳章を帶びさせ給へり。而も敢て華麗を裝はせ給へるには非ず。

恭しく　天顏を拜し奉りて、余が先づ得たる感想は　陛下の果斷、剛毅、而して又慈仁に富ませ給ふ御方なりといふとにてありき。

代理大使は進て譯官を介し、余に就て數言を奏上したり。然る後余は恐れ畏みつ丶玉座に近づき來りし

余は　陛下に咫尺し奉りて、衷心より余が最上の恭敬を表し奉るを禁ずる能はざりき。此の如きは此大なる國民の眞實なる主權者たる　陛下に對して、當然爲すべきとなりと信じたれば

烈日の下嗚咽の聲

二重橋外より

「御池の垣根に沿つた濠の中には、赤筋の帽をつけた救世軍の士官一人、膝を折り、兩手を下げて、十分餘も熱心に祈禱を献げる。果は感極まつたものと見え、半巾を取出して、涙を拭きながら、又「アーメン」が高くなる。之を又寫眞師がおよび腰て、背後から、側面から、忍び足でピシャツと取る。」（東京朝日）

明治天皇の逝去を伝える「ときのこゑ」

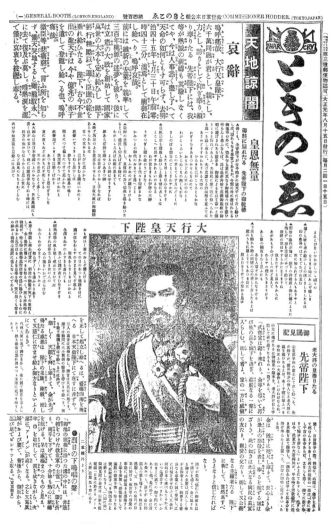

十万円を投じて貧病者の施薬救療の為に尽させ給ふたる如き、誠に重ねがさね有難い思召である古への聖天子が寒夜御衣を脱し給ふたなどいふのも、恐らく　大行天皇陛下の御仁徳には及ばせられなかつた事かと恐察し奉る次第である。

さらに救世軍人の立場からいえば、救世軍は「一種斬新奇抜なる運動」であり、まして日本に入ってもその成果は十分であるとはいえないが、ブース大将の来日時に、ブースが陛下に会う機会がもたれたことを、「格別の思召を以て救世軍大将の軍服の儘にて之を御引見なされ、色々有難い御言葉を賜りたるなど、真に忝《かたじけな》いことである」と感謝の辞を述べている。山室は終生、明治天皇や皇室に関しては畏敬の念を抱き、その姿勢は生涯一貫している。

こうした皇室の社会事業への貢献に山室はひとしお感謝の念を披瀝するが、ちなみに家庭学校を創設した留岡幸助も明治天皇への尊敬と感謝を表し、一九一二年九月に「明治聖代の慈善事業」（『人道』八八号）を書き、皇室の慈恵を評価している。皇室と救世軍の福祉事業との関係、かつ山室の皇室への親和性が存在する。

ブース大将の死

一九一二（明治四五）年、明治天皇の死からまもない八月二〇日に今度は救世軍の創始者W・ブースが天に召される。山室が青春時代、キリスト者としていかに生くべきかという精神的彷徨のあとに辿り着いたのが、救世軍という一団体であった。山室にとってW・ブースは人生の指針の一つであった。そのブース大将が救世軍創立五〇年を間近に控えて亡くなった。山室は『ときのこゑ』（一一・九・一）に「前大将を哭《こく》す」という小論を書く。「基督が『この至微者《いとちいさきもの》の一人』の亡ぶるもの見るに見兼ね、周く巡りて彼等を霊魂上、肉体上、両方面より済度し給ふ御生涯を、重ねて事実の上に、私共に示した者は彼である」と述べる。そしていち早く日本国民を認めて、その可能性ある国民であると期待したのも彼である。「あらゆる信任と期待とを以て私共を待たれたことである」と日本や日本人への信頼を感謝する。山室は折りに触れて、W・ブース大将のことに触れ、亡くなったあとも『ときのこゑ』や他の雑誌、講演で彼の人となりや思想について語っていく。山室にとって明治天皇とブース大将の死は、一つの時代の区切りでもあり、彼自身の区切りでもあった。

明治という時代の終焉にあたって、ここで山室の明治末期の論考「救世軍の特色」（『ときのこゑ』一二・五・一五）から、山室の救世軍士としての基底となる思想を確認しておくことにしよう。山室は救世軍の特色を「平民の為に尽すにある事。救世軍の其次の特色は世の賤しまるゝ者、弱者に往く事である。大将は「真一文字に霊魂に往け、極悪人に往け」といふて居られる。霊魂の救を目がけると一緒に大切なるは極悪人に往くことである」としている。そして「救世軍は他の基督教団体の手の届かぬ所に往かねばならぬ。これは社会の大なる要求である、而して私共救世軍人に適当の仕事である。而して私どもは彼の茅屋に住む大多数の人民の為に尽さねばならぬ。裏棚や、貧民窟に住む同胞を特に救世軍に関係ある人民として、彼等の為に有ゆる手段方法を採つて働かねばならぬ」と語る。救世軍人として、「世の賤しまるゝ者、弱者に往く事」、「無学なる賤しき民の郡児《（ママ）》である」、他のキリスト教団体の手の届かぬ所へ行き、「茅屋に住む大多数の人民」への奉仕という一貫とした山室の立場が表明されている。これは山室の思想の根幹をなすものである。かかる思想を背景に大正・昭和へと橋渡しがなされていく。

第七章　大正初期の山室

1　大正初期

民衆・社会の時代

一九一四（大正三）年六月、第一次世界大戦が勃発し、日本は日英同盟のもと、八月、ドイツ帝国に宣戦布告をした。しかし戦場が欧州中心であり、アジアの利権を守りながら、日本は「漁夫の利」を得て経済の好況期をむかえる。しかしその恩恵に浴されない多くの民衆、とりわけ都市や農村の底辺民衆は生活に苦しむ状況であった。一方、英国の大戦参加のため、本営からの日本の救世軍への援助は減少し、財政的な困難を強いられた。山室も彼のネットワークを利用して、キリスト者を中心に寄付金や援助を依頼している状況であった。たとえば島根県横田に住む岡崎喜一郎に「大兄ガ暫時小生ヲ御養ヒ被下候事ハ出来ヌモノニカト」（拙著『キリスト教社会福祉思想史の研究』三九九頁）云々と資金援助を申し込んでいる。また、三井や岩崎両家からそれぞれ二五〇〇円、渋沢栄一や森村市左衛門から一〇〇〇円の寄付があった。
ところで明治末期から大正初めにかけて、救世軍に関心を持ち、労働運動や社会事業に尽瘁していく人物が現れる。その一人が鈴木文治で、彼は社会主義運動や労働運動の「冬の時代」に、友愛会を発足させ、ついには労働総同盟にまで発展させる。鈴木は、明治末期『東京朝日新聞』に「東京浮浪人生活」を連載し、救世軍とは密接な関係をもち、都市下層社会に生きる人々の生活を調査し、下層社会の実態を白日のもとに暴露した。そして山室とも親交をもつこととなる。明治末期から大正初期においてこうした都市下層社会の実態報告がしばしば報告されている。鈴木は救世軍とその後も関係をもつ。
一方、経済学者河上肇《かわかみはじめ》は一九一六年九月一日から『大阪毎日新聞』に「貧乏物語」を連載し、翌年一月に単行本として出版し、「貧乏」という言葉を人々に強く印象づけた。また平塚らいてうが主張した「元始、女性は太陽であった」という有名なフレーズも、「女性の時代」の到来を予想させるものであった。大正期は吉野作造の「民本主義」にも象徴されるように、明治期の「国家の時代」から「民衆・社会の時代」への推移していく時期である。山室も明治末期から都市社会事業の展開を通して、下層社会の実態を知ることになる。たとえば救世軍病院の開設は一方で貧困の実相を映し出す鏡のような役割も果たした。以降の章で大正時代の山室の動向をみていくことにしよう。

大火――「罪を天下に謝す」

一九一三（大正二）年二月二〇日、神田三崎町界隈から出火し、折からの強風にあおられて大火災となった。神田三崎町には救世軍の大学殖民館があり、この建物が出火元であるかのようになっていた。火災原因の真実はすぐには明らかにならなかったが、山室は翌日の二一日付けで「罪を天下に謝す」という文章を東京市内の各新聞に発表した。

発火の場所が大学殖民館の内部か外部かということの精査・調査は後日のことになるが、大学殖民館が燃え、近隣に広がっていった事実は否定すべくもなく、山室はすぐに国民に対し低頭に謝罪する。救世済民を掲げ、その志でもって世に貢献する団体がこのように多数の人々に迷惑をかけたことについては申し開きができず、自分の立場を失ったような心境であるとわびた。そして山室はこの世に一刻でも生きている限りは、「全く唯自分の此世の罪を償ひ、何か身に応ずる善事を行ふ為の外は、何の望もない者として生き存《なが》らへることを許して戴きたい」（『ときのこゑ』一三・三・二）と地域の人々、特に被災者に対して謝罪した。山室には青天白日のごとき心のいさぎよさがあり、人々は山室の正直な心をくみとり、救世軍への非難とはならず、むしろ彼への同情がよせられる結果となった。

東北凶作

東北地方は大正初期、再び凶作におそわれた。山室は司令官ヘンリー・ホッダー少将との共同署名で「東北凶作地の為に訴ふ」（『ときのこゑ』一四・一・一五）を論じた。それによれば、凶作の惨状は言語に絶するものであり、「中には生活困難の際、姦譎《かんけつ》なる人買等の乗ずる所となり、可憐なる年少子女を僅かの金銭に換へて人手に渡し其一生涯を誤らしめ候如きものも少からざる有様」という状況で、救世軍が救済に乗り出すことを表明する。

この救済策の骨子は、以下のようである。ベテランの士官を凶作地に派遣し、悪質な人買いに欺かれないよう未然に防ぎ、どうしても他出の必要がある場合は旅費を給付して、相当の保護者の付き添いにて上京させる。受け入れるに際し、東京の婦人ホームを拡張し、ここに収容し指導をおこない、しかる後に彼女らを信用ある奉公先に紹介していく。さらに言葉たくみにだまされて上京する子女の救済のため、上野駅に出張し、保護にあたるという方策であった。

ちなみに次号にも「凶作地の窮状惨憺　松の皮と藁の粉の餅」といった山田大校の報告がある。その実態は「目もあてられぬといふより他に形容の辞がない」というような悲惨な表現に集約されている。なかでも小作人、日傭い労働者の生活は惨憺たるものであった。救済特務の山田は四カ月の任務を終えて帰京し、上京就職せしめたる数は五〇余人、副業としての「麻継ぎ奨励」が三九〇〇余戸と報じている。

石井十次の死

一九一四（大正三）年一月三〇日、山室の十代の頃から親交があった畏友、石井十次が茶臼原にて四八歳で天に召された。山室は一月三一日に石井の死を知らせる電報を受けとり、急遽、原胤昭と江原素六とともに大阪から船で宮崎県細島《ほそしま》へ、そして茶臼原へと向かった。葬儀には全国から三〇〇〇人もの人々がかけつけ、山室は代表して弔辞を読んだ。かくて石井は二月四日に故郷茶臼原に葬られた。

山室は石井を想い、「石井十次君」（『ときのこゑ』一四・二・一五）という追悼文を書く。その中で自分との「三重の関係」でもって彼の死を惜しんでいる。すなわち彼が山室にとって個人的な恩人であったこと、石井が日本救世軍の最も古く、最も真実なる友人であったこと、そして彼が日本キリスト教慈善事業の開祖であると悼んでいる。続けて石井の慈善事業が全く信仰の事業であり、いったん思い込めば貫徹するという断乎とした勇猛心があったことを評価する。さらに伝道心の強かったことや大いなる愛の実行、犠牲献身の聖徒として彼の右に出るものはいないと石井を評価し、「基督の活ける模範に倣ひ、又使徒パウロの如く我日本の同胞の救の為めには、自ら永遠の地獄に堕つるも厭はぬ覚悟にて、其終生の奉事を為した」人物であると、彼の五〇歳に届かない死を惜しんだ。まさにキリスト教社会事業家としての一つの巨星が墜《お》ちたのである。

2　山室の皇室観——大正天皇御大典記念事業

救世軍と皇室との関係はきわめて親密な関係であった。とりわけ明治末期のブース大将の来日以降、山室の皇室への畏敬の表現が目立ってくる。前章で明治天皇の逝去に際しての山室の言説をみたが、ここでは大正初期の山室の皇室への言及や関係を中心にみておこう。

皇太后陛下（昭憲皇太后）の逝去

明治天皇が亡くなって二年も経たない内に、今度は昭憲皇太后が亡くなる。『ときのこゑ』（一四・四・一五）には皇太后の死去を伝え、次号には「皇太后陛下の崩御を悼み奉る」という巻頭論文があり、皇太后の和歌と写真入りで追悼している。追悼文は明治天皇の死が男性への警告であるとするなら、皇太后は婦人への警告であるという。明治時代とは「乾徳巍々《けんとくぎぎ》」たる明治天皇と「淑徳円満《しゅくとくえんまん》」なる皇太后陛下との理想的結婚の産物であったと説く。我が六〇〇〇万の同胞の救いは婦人の協力なくして成就できないものとして、「起てよ日本の婦人！」という文章で終わっている。ジェンダー的視点を織り込みながら女性の力の期待とその奨励を促しているところに、大正が「女性の時代」であると感じさせられるものである。とりわけ昭憲皇太后は赤十字社との関係も深く、福祉にも関心の強い皇后であり、また救世軍も女性の力を信じた団体であった、そのため山室の思いもひとしおであった。

御大典記念特別号

大正天皇は一九一五（大正四）年一一月、京都御所にて恒例の即位式をあげた。『ときのこゑ』は一〇月一五日の四七六号から四七八号まで御大典記念の特別号を刊行した。山室は「救世軍の御大典紀念事業」（『ときのこゑ』一五・一一・一）という論文を書く。この中で、御大典の件に触れ、前代未聞の盛典を目の前に控え、一一月一〇日の即位の大典の挙行につき、「私共は待受けて心から此御盛事を祝ふと共に、亦其の御祝ひの心を事実の上に示し、種々紀念の事業を営みたいと望んで居る」と記している。

さらにこの機会に乗じて特別の大救霊運動を開始する必要を訴える。というのは救世軍の使命は「善人」をつくることが一番重要で、日本国の将来は信頼すべき「品性ある人民」の輩出にかかっているという危機感である。それはパウロの幻影に現れたマケドニア人のごとく「来りて我等を助けよ」と呼ぶものである。つまり、今の日本の実情を思うと人々は「不品行、不道徳、虚偽、虚飾、放埒を制すべき力」が欠乏し、悶え苦しんでいる状況である。これはキリストの救いを渇望している「しるし」であり、今ほど日本国民が真実に救いを必要としている時期はなく、この「御大典」こそ

日本帝國褒賞之記
岡山縣阿哲郡本郷村　山室軍平
大正四年十一月九日
賞勲局總裁従二位勲一等伯爵正親町實正
此證ヲ勘査シ第七百四十六號ヲ以テ褒章簿冊ニ登記ス
賞勲局書記官正五位勲四等　藤井善言

日本帝國褒賞之記

が絶好の機会であり、救霊、そして人を作るという事業が最も適した紀念事業ではないかと強調する。この皇室の事業まで伝道に利用していく山室のしたたかさも感じられる。

藍綬褒章の受章

山室は一九一五年一一月九日付で、大正天皇の御大典記念の「褒章」を受けた。「日本帝国褒賞之記　岡山県阿哲郡本郷村　山室軍平」と記され、以下の文が記載されている。

夙ニ慈善ノ志厚ク曾テ救世軍ノ本邦ニ布教所ヲ設クルニ方リ之レニ加入シ爾来同軍事業ノ普及ニ力ヲ尽シ労作館ヲ設立シテ免囚ヲ保護シ東京婦人ホームヲ設立シテ婦女ノ救済ニ力メ或ハ各所ニ労働寄宿舎ヲ設ケテ失職者ヲ救ヒ救世軍病院ヲ開設シテ施療ニ力ヲ竭シ其他愛隣館ヲ興シテ賑恤ニ励ミ又大阪ニ希望館関

東州大連ニ育児及婦人ホームヲ設置シタルガ如キ皆其企劃経営ニ因ラザルナク今ヤ救世軍日本々営ノ経営スル救済事業十種ヲ以テ数フルノ盛況ヲ見ルニ至ラシム身ヲ同軍ニ投ジテヨリ已ニ二十年常ニ至誠ヲ以テ終止シ熱烈至情ノ迸ル所遂ニ無頼ノ徒ヲシテ悔悟セシメ窮乏ノ輩ヲ救護シタルコト其数ヲ知ラズ洵ニ公衆ノ利益ヲ興シ成績著明ナリトス依テ明治十四年十二月七日　欽定ノ藍綬褒章《らんじゅほうしょう》ヲ賜ヒ其善行ヲ表彰セラル

（『ときのこゑ』一五・一二・一五）

山室は皇室から藍綬褒章を受けたが、己が仕事が認められ率直に名誉なことと思ったに違いない。「従軍二十年」（『ときのこゑ』一五・一二・一）においてもこの受賞に関し「どういふ勿体ないことであるか」と素直に喜びを吐露し、さらに六千万同胞に尽くす覚悟を述べ、この喜びが「皇室の上に豊かならんことを祈り奉る」としている。このように大正期において救世軍と皇室との関係についてはきわめて親和性を保持していた。山室の皇室への思いも鮮明であった。

御大典記念事業
――愛隣館と希望館

救世軍は大正天皇の即位式を祝して大々的に新しい事業にも着手している。ここにも山室のリーダーシップがあった。その一つが「貧民窟事業」と称された「スラム・ワーク」である。これは西洋では、女士官や夫婦の士官で営んできたものである。いわば「スラムセツルメント」（「貧民窟屯所」）と称しえるものである。具体的には昨年の皇室からの下賜金三〇〇〇円を基本金にして救世軍士官がスラムの中に入り、その地域に居住する人々のために尽くしていくものである。そして下谷区万年町と本所区永岡町に愛隣館が設けられた。その名称は聖書の

「己れの如く汝の隣を愛すべし」に依拠している。具体的な仕事は、病人の看護、瀕死の人の介抱、貧民を慰問、空腹の人への食事提供、凍える人への着衣、老衰者の世話、貧児を保護、木賃宿や慈善病院、養育院、監獄への訪問などである。ここにもスラムという地域改善、セツルメント事業も「皇室」との関係に依拠し開始していくという山室、救世軍の戦略がうかがえる。

大阪においても記念事業として救世軍希望館と命名された更生保護施設（西区市岡町）の開設があり、開館式は一九一五年一〇月三〇日に催された。式は山室の司会にて開始され、京都教会の牧野虎《まきのとら》次《じ》の祈禱、大阪の青木庄蔵《あおきしょうぞう》は事務上の報告をした。この事業には森下博、高倉藤平、広岡恵三らから、それぞれ一〇〇〇円の寄付があった。そして山室は希望館設立の趣意説明をし、さらに府知事大久保利武の祝辞（代読）と池上市長が出席し祝文を読んだ。小河滋次郎《おがわしげじろう》や原田助、広岡浅子、林歌子ら多くの名士が出席し、盛大な式典となった。

御大典と救世軍、そして山室

御大典の事業は日本国家の重大な式典であったが、山室と関係が深い英国ロンドンの救世軍本営からも一一月八日付けで、大正天皇の即位を祝する電文が二代目のブラムエル・ブース大将の名前で宮内大臣宛に送られてきている。原文からは英国救世軍本営と皇室との親密な関係が読み取れる。初代W・ブース大将が来日したとき、制服のまま明治天皇に拝謁したが、そのとき以来、日英同盟という政治的な背景もあり、きわめて友好的な関係にあった。日本の救世軍もこのような英国に似せた皇室との関係を求めていたと考えられる。

一九一六年一一月一日の『ときのこゑ』は立太子式記念号となっている。ここには一一月三日に立太子式がおこなわれるのを機会に、救世軍もその日に合わせて、神田の和強楽堂にて特別連合兵士会を催しているが、皇室の行事に反応する救世軍の姿勢がここにもうかがえる。後日、救世軍の報告の中で立太子式を連合兵士会と祝したことにつき、信仰の念と愛国の情とがみなぎっていた、そして「神に誠を尽すこと丶、君国に忠義を励むこと丶は、別物ではない。全く同じ事である」（『ときのこゑ』一六・一一・一五）と言い切っている。ここにも山室や救世軍の皇室との基本的スタンスを垣間みることができる。

3　結核療養所の設立と機恵子の死

救世軍結核療養所の設立

近代日本における結核は、戦前「国民病」とも呼ばれた。それは貧困やスラムといった都市下層社会の環境、あるいは石原修のまとめた『女工と結核』（一九一三）で暴露されたように産業社会とも密接に関係する。政府は一九〇四（明治三七）年に「肺結核予防に関する件」を公布したが、これは一名「痰壺《たんつぼ》令」とも揶揄されたように、決して効果ある対策とほど遠く、むしろ同病のまん延を免れなかった。救世軍も都市下層社会の調査や支援対策、救世軍病院での医療活動を通してその実態を把握していた。たとえば救世軍病院内に結核患者保護所を設置し、その予防や治療の実施、時には講演や結核患者収容所設置の要求など、対策への具体的な活動をみせていた。とりわけ結核は貧困の課題とも関係し、危急を要する課題であった。

こうした中で、救世軍が具体的に動き出す契機となったのが、創設者W・ブースの死去に伴い、これを記念する事業として結核療養所の設置計画が浮上し、英国から三万円の寄付を得たことにある。しかし計画は一〇万円が必要であり、残りの七万円を寄付金でもって補塡し実現していくこととなった。そして一三年一一月三日、「救世軍療養所設立に賛助を仰ぐ状」が公表された。これに立ち上がったのが大隈重信、渋沢栄一、石黒忠悳、阪谷芳郎、中野武営、森村市左衛門、江原素六、島田三郎の八人である。

『ときのこゑ』も特集号を組み、その売り上げも寄付に回された。たとえば一九一六年二月一一日号は特集「博愛号」で、山室は巻頭論文として「博愛衆に及ぼすべし」を書き、結核は他の文明国が減少傾向にあるのに比し、日本は年々増加している状況である。「最早一刻も黙つて視て居るわけには参らぬ」と危機感ゆえの事業であるとする。とりわけこの災厄を最もこうむっているのは貧病者であると指摘している。山室は貧困と病気（結核）の関係性を重視する。それに対しては文明国としての当然の対策を立てていくことの使命を訴える。

機恵子の死と『山室機恵子』の刊行

救世軍の結核療養所の設立については山室機恵子の尽力が絶大なものであったが、機恵子の心血を注いだ献身が、不幸にも一九一六（大正五）年七月一二日、彼女の命を奪うことになった。二日後の一四日に神田美土代町青年会館において彼女の葬儀が執行され、全国から一二〇〇人の参列者があった。そこにはあらゆる階層の人が列席し、「一婦人の葬式にして此の如きは空前である」（『山室機恵子』一二二頁）と評せられた。『ときのこゑ』も「山室大佐夫

ウィリアム・ブース記念救世軍結核療養所

人記念号」（一六・八・一）を特集号として刊行する。

さらに山室は機恵子を追慕して同年九月に、『山室機恵子』を刊行した。その「序」の中で山室は機恵子が平生から縁の下の力持ちをすることをもって、自分の天職としていたこと、「つとめて隠れた所に真実を尽し、其の犠牲献身の生涯を一貫したものである」、つまるところ彼女が「人道上の奉仕に於ける多少の成功も、神を除きては、殊に此等恩人知己の後援によるもの」であること、そして彼女が日本救世軍における最初の一女士官としての事を記録して、後輩の多数の女士官、女兵士の参考に供したいことを上梓理由として記した。

また彼女の功績に対して友人の津田梅子の発議により基金が集められ、翌年一二月一八日、療養所の敷地内に機恵子の業績をしのぶための記念会堂が新築され、その捧堂式があった。一九一七年九月一五日より病院設立以来の懸案であった看護婦養成が開始されている。その養成課程は六カ月間で履修が可能としており、救世軍の医療事業も軌道にのっていく。山室にとって機恵子は良き戦友、同志である以上に良き妻であった。そして山室には長女民子を筆頭に六人の子供が残された。

水野悦子との再婚

機恵子が四二歳で天に召された四カ月後、悲願の救世軍結核療養所の開所式が遂行される。山室は機恵子と二人三脚で日本の救世軍の発展に献身してきたが、妻亡き後も山室の救世軍での仕事は多忙をきわめていた。安部磯雄や吉田清太郎らは彼の健康や家庭の育児のことも考え、救世軍人の水野悦子との再婚の話を浮上させる。

水野悦子は一八八四（明治一七）年六月二日、愛知県海部《あま》郡甚目寺《じもくじ》村に生まれた。名古屋市立第一高等女学校に学び、卒業後は郷里の甚目寺小学校の教員として一二年間勤めたが、一九一二年秋に救世軍名古屋小隊の兵士となった。山室の著した『山室悦子』（一九三七）によると、悦子は青年時代に眼病を患い、名古屋市の眼科医に通う途次において救世軍の野戦と出会い、これを契機に悔い改めてキリスト教徒となった。さらに土地の名士、代議士であった村松愛藏《むらまつあいぞう》夫妻が救世軍に投じたということも、彼女が救世軍に入隊する大きな動機となった。入隊にあたっては自己の「島田髪の黄金の丈長」を不要として売り払って小隊に献金したという覚悟のエピソードも記されている。このような覚悟をもって悦子は残りの人生を救世軍に預けた。一三年九月に救世軍士官学校に入学し、士官候補生として教育を受けた後に一四年六月から中尉に任ぜられ、麻布小隊長として配属された。一七年には少校になり、その年の一一月に山室と結婚することとなった。

機恵子召天後，山室軍平の妻となった悦子

しかしこの再婚をめぐって順調に話が進んでいったわけではない。当初、二人の再婚に対して反対論が出された。それは救世軍の指導者としての当時の山室の絶大な立場を逆に証明するものとなっているのは皮肉なことである。

『志を言ふ（余が再婚を敢てする所以）』

山室は機恵子との死別からそれほど時も経ってない時期の再婚にさいして、津田梅子、与謝野晶子、山川菊栄、野口幽香ら女性たちから反対意見が表明された。山室も大いなる迷いと決断の中での再婚であった。その理由を主に救世軍士たち宛の文書として発行している。それが『志を言ふ（余が再婚を敢てする所以）』（一九一七）という二〇頁の小著である。安部磯雄は再婚を勧めた理由は救世軍としての仕事の重さへの自覚、家庭のことが妨げにならないようにすること、ゆえに「社会の損失」を防ぐという現実的な点に求めた。山室は「私が既に特別の使命を日本の救世軍に負ふ限り、私は今の処、どうしても年中、好い加減にそこらうちを飛びまはつて居らねばならぬ。唯飛《ただ》まはる丈ではない。私には何時も身に余る程の軍務が、肩の上に懸つて居り、外でそれ丈に荷を負ふ身が、家に帰つては又家庭の全責任を担ふといふことは、私には到底堪え切れぬ所である」と職務へ最大限の奉仕をしなければならない現状を語る。仕事と家庭という現実的な課題への言及は、ともすれば人々に妻への配慮という面でいかに映ったのか。

当事者山室は己の再婚の意味を聖書の言葉、キリスト者、救世軍人として熟慮の末、再婚がひいては一番に「神の旨にかなふ」行為であると結論づけ、忌憚なく心の内を明かした。ともあれ一九一七年一一月一日、水野悦子との再婚の式が挙行されたのである。悦子は多くの子どもたちの世話をしながら救世軍に奉仕していくことになる。ちなみに悦子との間には二人の子供（徳子と潔）に恵まれている。

4　大正初期の廃娼運動と『社会廓清論』

難波新地の火災　吉原大火に続き、一九一二年一月一六日、大阪の難波新地《なんばしんち》で火災が発生した。山室は「難波新地遊廓廃止論」（『ときのこゑ』一二・二・一）を執筆している。同名の論文は『廓清』（二・二）にも掲載されている。ここで山室は「公娼」というような不都合な制度は決して二〇世紀に存在すべきものでなく、日本の遊廓は全廃しなければならないと次の六つの理由でもって主張する。

（第一）人道の上より観て、一日も其存在が許容すべからざる世界最悪最醜の奴隷制度である事。

（第二）風教の上より観て、善良なる風俗を害すること最も甚しき悪制度である事。

（第三）国民の健康を危くする悪病伝播の奇怪なる制度にて、其検黴《けんばい》の如きは有名無実、人を誤まるのみにて一向保護の効なきものである事。

（第四）多分の金銭を濫費せしめ、人を遊惰放逸に陥らしむる穽《おとしあな》にて、市の繁栄を助けない許りか、正反対に人民の利益を毀損するものである事。

（第五）国民の品位を傷け、家庭の平和を紊り、弱者を愚弄し、女性を侮辱する悪制度である事。
（第六）世界の各国に対しても面目なき乱暴なる制度にて、既に多くの外国人間に「日本は世界の妓楼国」の感を与へ居り、海外に於ける日本醜業婦は又世界の最多数に上つて居る事。

山室は東京の吉原と同様に、西の大阪における遊廓の再建への激しい憤りを表わさなければならなかった。大阪では婦人矯風会大阪支部の林歌子がその中心で、当初は反対運動が効を奏していたが、一九一六年になって大久保知事のもと突如として移転問題が浮上した。

大阪での遊廓設置反対の演説会

この飛田への遊廓移転問題は『ときのこゑ』（一六・五・一五）において、設置理由の不可解な理由を突き、「無頼の醜怪事」として報じられた。一九一六年四月二四日、東京、大阪、神戸で飛田遊廓設置に反対する講演会が催された。また山室は前日、島田三郎衆議院議長と大阪に赴き、知事や警察部長らに面会し、所信を述べ反省を促し、市民、キリスト者らが反対していることから、過失を認め、措定地の取り消しを求めている。昼夜二回にわたって中央公会堂にて演説会を持ち、とりわけ夜の集会には三〇〇〇人が立錐の余地のないほど集まり、場外に入れなかった人々が鯨波《げいは》をあげて入ることを求めるほど大盛会であった。そして五月一日から五日まで『大阪毎日新聞』紙上に、山室は「新遊廓地指定を取消すべし」という文章を掲載し「速に飛田遊廓地指定の取消を断行」（五日の新聞）するよう訴えた。翌年にかけても反対運動を続けたが、一九一七年一〇月に工事が着工となり、この一年半にわたる運動は実を結ばず敗北となった。婦人矯風会もこの敗北を契機にして久布白落実の提案もあり、政治参加の重要性を認識し、その方向に舵を切っていくこととなる。

山室は大阪の廃娼運動に見られるように、救世軍の立場からはもちろん、廓清会の一員として、大正期においても公娼制度の廃止に向けて、全国の各地の同志と共に廃娼運動に尽力していった。

『社会廓清論』の刊行

山室は一九一四（大正三）年一〇月に『社会廓清論』を刊行する。山室の多くの著書の中でも代表的なものの一つに数えられる。この著は救世軍の重要な取りくみの一つである廃娼運動について、救世軍の運動方針と彼の廃娼への熱意が結実した大著である。ちなみにこの著作も夏二週間に休養をなげうって書かれたものであり、驚かざるを得ない。

この著の「序」の冒頭には「公娼、私娼、海外醜業婦などいふ問題に就て筆を執るのは、私に取ってはむしろ苦痛である」、決して其好むところではない。山室の願いは「単純なる平民を相手に、単純なる福音を説いてさへ居れば、それで足るのである」という。しかし止むに止まれぬ心から、この問題に筆を染めることとなったと上梓目的を記している。それはかって『公娼全廃論』（一九〇六）で記した「世には恰度《ちょうど》此赤坊と同じ様に、身に耐え難き苦痛を負ひつつ、唯一言これを訴ふることさえ得せず、刻々死地に向ふて急ぐ同朋が、自分の身の辺に幾らもあるのではあるまいか。若し然《そ》うならば、神よ助け給へ、私は終生此瀕死の赤坊の脈を握つた時の心持を忘れず、世の告ぐる所なき同朋の為めに力を尽さねばならぬ」と自己の心境を披瀝したモチーフと変わっていないと記す。山室のこの「赤ん坊」との喩えはきわめて重要である。とりわけこの著作において公娼廃止を主張し、芸妓と海外醜業婦との取り締りにつき論究したものであると、自著の特徴を述べている。

『社会廓清論』の内容

この著の構成と内容について少し紹介しておこう。第一章では「現存の奴隷制度」と題して、マリア・ルーズ号事件以来の廃娼運動の歴史をまとめながら、近代日本で展開された法律も結局は骨ぬきにされて、奴隷制度として残されていることを指弾する。「娼妓、芸妓へ貸す所の金銀、並に売掛滞金等、一切債るべからざる事」といひ出されたる精神はその後どうなつたと言ふのであるか。今はも一度改めて、奴隷廃止を布告せらるべき時である。断じて人身売買の陋習悪俗を禁断すべきの時機である」(六五頁)と。

第二章の「娼妓百人研究」は救世軍が廃業にまで漕ぎつけた娼妓一〇〇人に対する調査結果である。今で言う社会調査の先駆的なものであり、実証性でもって裏付けた貴重な報告となっている。分析枠組みは「働いていた遊廓の種類」「原籍」「家庭(職業)」「教育」「両親との関係」「兄弟の関係」「娼妓となる前の職業」「既婚かどうか」「前借金」「娼妓になった原因」「自由廃業への思い立ち」「自由廃業への経緯」「娼妓を勤めていた期間」「救世軍の助力」といった調査項目である。第三章「公娼廃すべし」で、以降、第四章「公娼廃止善後策」、第五章「芸妓論」、第六章「海外醜業婦」、第七章「基督教と風俗問題」というように構成されている。付録として「娼妓自由廃業を奨励する理由」と「洲崎暴行事件の顛末」が収載されている。

第六章でくわしく述べられる「海外醜業婦」は、当時から日本の国辱の風潮として『廓清』や『婦人新報』でも指摘されており、山室は「日本国民の恥辱」「淫売は日本人の恥晒し」といった極端な表現でもって、辛辣に批判する。「私共は此際有らゆる手段方法を用い、官民共に協力して、在外の我が日本醜業婦を救護し、いかにも我が日本を、世界第一の醜業婦輸出国たる汚名と事実とにより脱れ出でしめねばならぬ」（四一〇～四一一頁）と結ぶ。山室には従来から日本人としてのナショナルな視点は見受けられ、愛国心からも山室はこの課題について近代国家、文明国家としての品位に欠けるものと批判する。そこには山室にも文明国としての矜持という視点が根底にあった。しかし文明国の体面としての視点の強調は、単なる愛国心の形骸化、差別的表現に繋がることもある。日露戦後以降、世界の一等国として品格ある文明国家への目標があり、山室もそうした視点から自由ではなかった。

須崎遊廓襲撃事件
――山室と伊藤富士雄

『社会廓清論』には二つの付録が付いているが、その一つが「洲崎《すさき》暴行事件の顚末」である。一九一四（大正三）年八月末に洲崎遊廓の娼妓二名から廃業を求める手紙が救世軍に届いた。二人は洲崎病院に入院していたが、その書簡によって、当時自由廃業の係をしていた伊藤富士雄《ふじお》がそれにあたり、二人を病院に訪問し、廃業の固い意志を確認し楼主を呼んだ。そのとき多数の廃業を阻止する輩が押しかけ喧々囂々《けんけんごうごう》、冷静な話にならず、警察署へ行こうと伊藤は娼妓二人を連れて病院を出ようとしたが、多勢の暴力によって大怪我を負った。この背景には貸座敷業者と警察の癒着があり、この関係を切り離し自由廃業が可能となるような策が必要であった。救世軍はこれまでいかなる暴行があっても、法廷で争わなかったが、この事件については告訴し、事件の本質を法廷の裁判に仰ぐという方法をとった。

山室はこうした事件の根本的原因は遊廓という「事実上の奴隷制度」が存在していることにあると

する。「奴隷制度を法律規則の文字の上に否認して、実際行政の手心の上に承認しようとする矛盾の態度」がなさしめた結果であるとし、この解決には「断然公娼を全廃する」という方向以外ないと断じた。ちなみに伊藤大尉は翌年二月にも娼妓の自由廃業を助けるために川崎の遊廓に行ったが、その時も暴徒から暴行を受け四週間の傷を負った。伊藤は傷が治ると、また多くの娼妓を遊廓から救済していくという勇敢な人物であった。

その後、伊藤は一時、救世軍を離れたが、再び復帰し遊廓で働く一二〇〇人の可憐な女性から廃業の相談を受け、九八七名の廃業を為しとげた。加えて救世軍の児童虐待防止事業の係としても、彼は大きな貢献をした。この九八七名の廃業ケースについては沖野岩三郎が『娼妓解放哀話』(一九三〇)の中で詳細に論述しており、救世軍史のみならず、廃娼運動史上においても彼の果たした役割はきわめて大きい。

伊藤の召天

しかし伊藤は一九二三年六月二日、病気にて天に召される。山室はその日は、ちょうど釜山に到着し南満州へ行く途中であり、彼の死にぎわに立ち会えなかった。後日、山室は「人道の戦士　伊藤中校を惜む」(『ときのこゑ』一二三・七・一)を執筆した。そこで彼の婦人救済掛としての瞠目すべき彼の尽力は、「救世軍のみならず、日本の人道歴史に伝へらるゝに足るものがあつた」、そして日本は彼のような人道の戦士を要し、救世軍は彼のごとき犠牲献身の士官なしには立ち行かないと伊藤の死を惜しんでいる。葬儀は山室が満州から帰るのを待って、二九日に中央会館で執行された。山室が司式をし、救世軍関係者だけでなく、基督教婦人矯風会の守屋東《もりやあずま》、廓清会の伊藤秀吉らからも追悼の挨拶があった。安部磯雄も『廓清』（一四・六）誌上「噫伊藤中校」において、日本における公娼廃止の歴史に「永久に伊藤中校の名が残るであらう」と追悼した。廃娼運動史のみならず救世軍史において、その人権思想や勇気ある行動において伊藤は傑出した人物であった。

第八章　大正期における海外移民伝道——米国西海岸とハワイ

1　日系移民への伝道

山室軍平の活動は国内だけでなく太平洋を越え日系移民の多い米国西海岸やハワイにも広がっていった。米国や植民地たる朝鮮、台湾、そして満州や南樺太などに住む日系移民や日本人もその対象とした。それらの地の多くに救世軍の小隊が設置され、活動が展開されている。もちろん植民地での活動と峻別しておく必要があるが、ここでは米国への移民を中心にみておこう。

先導隊としての岡崎喜一郎

一九一五（大正四）年一月、加州（カリフォルニア州）キリスト教伝道団は教勢の不振を払拭するために、当時平民伝道において人気のあった山室軍平を招聘することを決議した。しかし山室は世界大戦や救世軍の仕事が激務のため、金森通倫が山室の代わりに渡米することになるが、金森の渡米も八月まで延期され、急遽、岡崎喜一郎に白羽の矢が立った。岡崎は故郷の島根県横田の地で横田小隊を創設し、救世軍人として尽力していた人物である（拙著『キリスト教社会福祉思想史の研究』五章、参照）。

こうして岡崎は単身、救世軍旗をもって横浜より出航し、六月一〇日にロサンゼルスに到着し、ロサンゼルスとサンフランシスコで約二カ月間、伝道を終えて帰国する。持参した救世軍旗は小林政助に預けたが、後にこの小林は救世軍に入隊し、西海岸の多くの同胞の為に献身的な働きをすることになる。このようにしてカリフォルニア州を中心にした米国西海岸の日本人移民たちへの伝道は岡崎によっての先鞭が付けられ、金森通倫にバトンタッチされていく。

金森通倫の救世軍入隊

金森通倫（一八五七〜一九四五）は山室にとって同志社時代においては恩師かつ生活面の工面をしてもらった恩人でもあり、キリスト教界の重鎮でもあった。その金森が一九一四（大正三）年一月に救世軍に入隊する。金森はキリスト教信仰の幾度かの変節をくり返し、救世軍に入る。当時、金森の突然の入隊はキリスト教界にとっても大きな話題となった。同年七月に金森は『救世軍観』という著書を上梓する。この著の副題には「（一名）余は何故に救世軍に入りしや」とあり、一月二日の入隊式での告白でもある。金森は救世軍の主義や信仰、精神さらにその働きぶりにも敬服したと記し、一〇箇の入隊理由を挙げ、救世軍につき論じている。その入隊の主な理由は、救世軍は国民の大多数、しかも下層社会に力を及ぼしており、国を根底から救うことができることである。また、キリスト教は愛の教えであり、愛を実行するのは霊だけでなく社会事業の運動が必要であり、それを実行している。そして婦人を尊重し、新しい日本における女性の生き方、在り方の模範

郵便はがき

料金受取人払郵便

山科局承認

1859

差出有効期間
2020年9月
20日まで

6078790

(受取人)
京都市山科区
日ノ岡堤谷町1番地

㈱ミネルヴァ書房
ミネルヴァ日本評伝選編集部 行

◆以下のアンケートにお答え下さい。

＊ お求めの書店名

________市区町村____________書店

＊ この本をどのようにしてお知りになりましたか？ 以下の中から選び、3つまで○をお付け下さい。

A.広告(　　　　)を見て　B.店頭で見て　C.知人·友人の薦め
D.図書館で借りて　E.ミネルヴァ書房図書目録　F.ミネルヴァ通信
G.書評(　　　　)を見て　H.講演会など　I.テレビ・ラジオ
J.出版ダイジェスト　K.これから出る本　L.他の本を読んで
M.DM　N.ホームページ(　　　　　　　　)を見て
O.書店の案内で　P.その他(　　　　　　　　)

＊新刊案内（DM）不要の方は×をつけて下さい。 □

を示していると高く評価する。

金森は救世軍人になっても軍の一兵卒として忠実にその役目を果たした。今回の米国西海岸での訪問も山室から依頼され重要な役割を担わされていた。岡崎が露払いの役割を果たして帰国した後、金森が米国に向かう。金森の伝道は「人一人運動」「倍増」といった標語をもって、一九一五年八月七日に渡米してから八カ月間にわたって非常な成功を収めた。こうして米国西海岸は山室を受け入れる万全の準備が整った。

2　山室の米国西海岸での移民伝道

山室の英国訪問

山室は一九一七（大正六年）年四月、英国救世軍本部から「重要な相談あり」という電報を受け、デ・グルート司令官とシベリア鉄道を利用しロンドンにおもむく。ロンドンでは救世軍の任務のほかに内務省からの戦時社会事業調査という使命を言い渡されている。ちなみに山室は帰国後、中央慈善協会の機関誌『社会と救済』（一七・一〇）に「戦時に於ける欧米救済事業視察談」として二回にわたってその調査結果を報告した。この中で英国の戦時救済にふれ「いろいろのことに銭が要って居るに拘らず戦時の救済の為に銭が出て居る。新事業をやり、募金もやるけれども金の入って居ること、寄付の多いことは今日のごときことは少ないのである」と指摘している。

多忙な山室は米国西海岸のキリスト教界の招聘を受け入れる機会がなかったが、救世軍本部とも調整を続けていった。そしてついに山室はロンドンからの帰路を利用して訪問する決心をする。こうして山室は一九一七年七月二三日にロンドンを出立しリバプールからアンデニア号にて大西洋を横断し、八月八日にニューヨークに着し、今回の目的地たる米国西海岸へ向かい、講演や説教をおこない、やっとその要請に応えることができた。そこには山室を待ちわびる多くの日本人移民、日系人がいた。

米国西海岸での伝道

一九一七年八月の当地ロサンゼルスの雑誌『新天地』の社説は「精神界の驍将を迎ふ」という見出しであった（『小林政助』八一頁）。そこには山室の文章が『平民之福音』に代表されように、きわめて平民的であり群を抜いた影響力を保持しているが、説教者としても非凡の能力を有していることを指摘する。山室の説教は「如何に深奥なる宗教の真理と雖《いえど》も、一度氏の口より出づる時に、能く人の心に徹底するのである。さればこそ学者も喜んで聴き、無学者も喜んで氏の説教に耳を傾くるのである」と山室を紹介し、「この有力なる説教者は英国より帰途、特に我が沿岸同胞の為に、多忙なる時を割いて、福音宣伝を試みられんとするのである。渇ける心霊は必ず大なる力を得るであろう」と期待を込めて報じている。二週間と限られた期間の中で、充実した時間となるように周到に準備されていた。

山室の米国西海岸の伝道旅行は一五日間にわたって行われた。それについてまとめると次頁のようになる（『小林政助』八五～八六頁）。

米国西海岸での伝道旅行

地名	同朋人口概算	集会	会衆累計	決心者
桑港《サンフランシスコ》	六〇〇〇	五	二七五〇	一二六
王府《オークランド》	二〇〇〇	六	二一〇〇	七六
バークレー	一二〇〇	一	三〇〇	三一
亜市《アラメダ》	七〇〇	一	二五〇	一六
佐市《サンノゼ》	二〇〇〇	一	一五〇	七
サリナス	一〇〇〇	一	一〇〇	二一
華村《ワッソンビル》	一二〇〇	一	四〇〇	二三
サンタババラ	二〇〇	一	五〇	一六
羅府《ロサンゼルス》	一二〇〇〇	五	三一〇〇	一九一
布市《フレスノ》	三〇〇〇	一	三五〇	一七
須市《スタクトン》	三〇〇〇	二	二三〇	一七
不老林《フロリン》	一〇〇〇	一	一二〇	
櫻府《サクラメント》	四五〇〇	三	九〇〇	四〇
沙港《シアトル》	五〇〇〇	五	二四〇〇	一二一
晩香波《バンクーバー》	三〇〇〇	二	八〇〇	一一九
ポートランド	一五〇〇	二	三五〇	二一
合計	四六三〇〇	三八	一四三五〇	八三六

こうした活動については「沿岸に於ける山室大佐の活動」（『ときのこゑ』（一七・一〇・一））という見出しで二週間に一五の都市を訪ね、大小二回の集会を営み、八五〇名の決心者（キリスト教入信を決意した人か？）が得られ、「彼の地に於て救世軍の為に驚くべき門戸が開かれて居り、是非共《ぜひとも》近い将来に、地と火の軍旗を押し進めねばならぬことを切言して居らるゝ、主よ其の日を速《すみや》かならしめ給へ」と報告されている。都市数や数字については先の数字と若干の差はみられるが、八五〇名近い決心者を出していることを考えてみても山室の伝道の効果は期待通りであった。その後、山室はハワイ・ホノルル寄港中にハワイの日本人のために説教を行い、九月一七日、サイベリア号にて横浜に帰港した。

3 山室と小林政助

小林の救世軍士官学校入学

山室は西海岸において大きな功績を果たしたが、その裏には小林政助の献身的な援助があった。小林は一九一七（大正六）年の夏、山室を迎え同道し、講演を聴き、山室の起居振舞、一言一句を聴聞し、それを手帳に認めるほどの山室の信奉者となっていた。一方、山室は小林夫妻に「救世軍に投ぜよ」と在米同胞間に開戦を勧めたのである。かくて小林夫妻は「熟慮祈祷の末、断然その勧めに従う決心を為し、桑港第二小隊に属し、士官候補生志願届をシカゴの本営に提出」（『小林政助』一五一頁）した。一九一八年一月に中央伝道団年会に辞表を提出し許可された。

このように小林をして救世軍への決断をさせたのは山室である。山室の西海岸での献身的な伝道が小林の決断を強固なものにし、伝道者生活の一大転換となった。小林は山室の人格に触れ、彼が民族の熱愛者であることに感慨を措いたのである。一九一八年大晦日、小林夫妻は東京に到着し、夫婦共に一候補生として東京士官学校に入学し士官候補生として半年間の教育を受けることとなる。山室からも多くの教育を受け、さらなる感化を受けた。こうして小林は正真正銘の救世軍人として再度、開戦に向けて米国に赴く。

開戦の決意を聞いた渋沢栄一は小林に「其際小集に於て、貴台が向後救世軍の事業に拠りて、在米日本人間に御尽瘁被下成との御趣旨及び其の御抱負を鄭寧切実に御口演被下候は、独り老生の御同情致候のみならず、来会の諸君も一同深く感銘する処にして、斯の如き鞏固《きょうこ》なる信念と熱烈なる意気とを以てせば、必ずや近き将来に於て御目的を達すべく、其の結果、日米両国の親善を裨補すること多大なるべしと確信いたし候」（『ときのこゑ』一九・九・一）といった文面の書簡を認めた。渋沢は在米同朋間に救世軍が開戦されるに際し、一〇〇〇円を寄贈しており、また移民事業や教育、社会福祉事業、とりわけW・ブース大将が来日した時も自宅で歓迎会を催したように、以前から救世軍に大きな関心をもっていた。

山室軍平と小林政助（1917年）

山室は、小林夫妻が「今一度米国に帰つて太平洋沿岸の我が同胞の間に、地と火の旗を翻へさるべきこと、なつた。真に喜ばしき事である」(『ときのこゑ』一九・七・一五)と救世軍入隊への感謝に加え、再び米国へ帰って、彼が日本人移民への活躍を期待している。

太平洋沿岸の十一万の我が同朋は、或意味に於て七千万の日本民族を代表し、白色人種に接触して居るものである。夫故彼等の浮き沈みは直ちに七千万の日本民族の浮き沈みに関する所多く、七千万の日本民族の浮き沈みは即ち其の背後に控へて居る十億万の有色人種の浮き沈みの分れ目であると言ふても、大きな間違はあるまい。而して十億万の有色人種が其の所を得ると、得ないとは、其の儘《まま》神の国の休戚に関わる所である。それ故私共は、どうしても沿岸の同朋を立派に立たしめねばならぬ。而して其の為には、何よりも先づ彼等の霊魂を救ふ分別をせねばならぬ此の意味に於て小林君其の他同志の人の責任は大きい。彼等を送るに際し、神の祝福、断《たえ》ず彼等の上にあらんことを祈るのである。

『ときのこゑ』の五六七号(一九・八・一)から五七〇号にかけ四回にわたって小林の「従軍の辞」が掲載された。そこで小林は救世軍に入隊した動機を「実行的の宗教であること」、「自然的愛が見いだせること」、「戦争の宗教を見いだしたこと」、「組織的な宗教であること」、「聖書的であること」、

「聖潔の宗教であること」などを挙げる。このような動機でもって小林は海外の日本人同朋のために奉仕していくことを誓っている。また小林を中心にしてサンフランシスコに社会事業館が設立されるとき、山室はその施設の有意義なこと認め、寄付を請い、在米日本人の事業に貢献している。

4　ハワイでの伝道

ハワイの日本人移民社会

近代に入って多くの日本人がハワイに渡り、苦労しながらそこでの生活を築いていった。一八八五年から官約移民が始まり、九四年からは私的移民に移行していくが、主にサトウキビ畑での労働力として日本人は必要とされ、当初は三年間の契約移民であった。「出稼ぎ根性」とまで非難されたが、そこでは低賃金と過酷な労働が待ち受けており、英語の話せない日本人は文化的状況にも苦しみ、様々な生活問題と遭遇していった。

山室が本格的にハワイ社会の抱えている問題に遭遇した端緒は、既述したように一九一七年、カリフォルニア州での講演を終え、ハワイに寄港した時からである。この伝道中、山室は初めてハワイ諸島を歴訪し、コナ療養所では、病状が軽快した者のためのいわゆる「コロニー」と作業療法を綿密に研究する。これは後に救世軍結核療養所のコロニーへの応用となった。そして山室は以後、数回ハワイに立ち寄って伝道し、日系移民に対して大きな影響を及ぼした。

その後、小林政助の指導のもとでハワイに小隊が設置されていくのは一九二〇年代である。『ときのこゑ』（二三・一一・二）には小林の「布哇《ハワイ》開戦」という山室宛ての報告記事が掲載されている。八月一四日に小林は尾崎大尉とホノルルに赴き、活動開始した。一六日にホノルル同胞社会の主だった人々に会い、一七日には講演をし、一八日には堀貞一《ほりていいち》牧師に会うなど、充当な準備をして、二一日にはターナー大佐を中心に開戦式が挙行されたことなどを詳しく報じている。この式で小林は「開戦の辞」を述べている。また『ときのこゑ』（二三・一二・一）には「不良青少年防止　布哇救世軍の新運動」と題して新しい取り組みを開始することを報じている。

山室のハワイ訪問

一九二六（大正一五）年六月四日のハワイの『日布時事』は山室の来布に際し「在留同朋に対する　山室少将の第一聲今晩の民衆講演会　午後正八時よりアアラ公園に於て平民の福音を説かん」というタイトルで大々的に報じている。以下、『日布時事』掲載の「滞在中のプログラム」よりハワイでの足跡を記しておく。

六月四日　午前八時着布　終日訪問と私用晩餐会　六時よりヤングホテルとアララパークにて講演

六月五日　午前市内観察　正午日米人教役者の親睦会　正午ヌアヌ青年会　夕六時よりハリス記念教会にて講演

六月六日　救世軍日本人教会にて聖別会　午後二時半マノアギヨールスホールにて講話　午後八時ヌアヌ青年会体育館にて大説教会

六月七日　　午前日本人士官会　正午汎太平洋午餐会出席　午後日米人士官会　午後七時半ワイパフ劇場にて講演
六月八日　　オアフ島一周　午後五時布哇島に向かう
六月九日からハワイ島、一一日からマウイ島、一四日からカウアイ島にて視察と講演
六月一六日　早朝帰布午前牧師会　正午アド倶楽部午餐会に出席　八時伝道記念館にて最後の大講演会
六月一七日　午前中私用正午木曜午餐会に出席　午後リアヒホーム訪問　六時ボーイ　スホームにて講話
六月一八日　正午ヌアヌ青年会にて送別午餐会　午後タフト号にて帰国

このように二週間の間は視察、講演、聖別会等々かなりハードなスケジュールとなっていた。この新聞は「日本救世軍の牛耳を握つて立つ山室氏が、今回幸ひに布哇に来られ、各島を巡歴し親しく在留日本人の状態と対外人関係を視察し、併せて吾々初代同朋と第二世との上に精神的刺激物を投じて下さることは、真に千載の好機と云つて好い」とハワイのキリスト教界のみならず、日本人、日系人は大きな期待を寄せていることがうかがえる。

山室は日本国外であろうと、とりわけ日本人や日系人の民衆に対して福音を伝えていくというゆるぎない信念があった。一方、東アジアに目を転じると、樺太や台湾、朝鮮のほか、救世軍の事業は満

州でも展開されていく。つまり日本人が渡り、日本人が居住するところに小隊を設置していく。ここには山室の東アジアへの空間が対象化され、それは日本人との関係においてのみ対象化されていく。しかし救世軍の方針であったとしても、山室には近代日本との関係、政治的な意味での他国への視野は山室には抜けおちていた。山室には台湾や韓国の植民地化していく近代日本における政治への認識は希薄であった。まさに日本人という枠組みの行動であった。それは近代日本の経綸でもあり、そこに大きな陥穽が存在していたと思われる。

第九章　第一次世界大戦後の社会事業と関東大震災

1　日本の社会事業の成立

第一次世界大戦の終結

欧州を中心に数年間続いた世界大戦も、ようやく連合国側の優勢の内に休戦にこぎつけた。これにつき山室は「無条件の降伏を要す」と「休戦に対する感想」「平和の君」といった論説を発表している（『ときのこゑ』一八・一二・一）。「無条件の降伏を要す」では、大戦が終結したことは喜ばしいことであるとし、戦争における国と国との争い、今回の未曾有の被害を出した「戦争の愚かさ」を指摘する。そして、こうした戦争に対し「罪を赦され、心を入換られて、神様の子供たる新しき生涯に入る道は、神様に対して無条件の降伏を行ふ外には、何もないことを知らねばならぬ」とキリスト教思想による平和の大切さを説いた。

また、「休戦に対する感想」で、山室は七点に整理して「休戦」への感想を述べる。すなわち第一に人々がかつてないほどに戦争を厭う考えに至ったこと、第二に暴力は到底、愛の敵でなく大なる愛の勝利を導くことを証明したこと、第三に民主主義が軍国主義を打破したこと、第四に婦人の実力が最もよく発揮されたこと、第五にキリスト教が国際問題にまで影響を及ぼし国際連盟の構想にまできたこと、第六に日本国民の望みは唯キリストの十字架以外にないこと等である。そして最後に、救世軍はあたかも現在及び今後の日本国民の救いの為に立てられた軍隊であるかのようであるとし、「単純率直に神の愛と基督の救とを教へ、之を日常生活に実践せしめ、必要があれば即ち慈善救済事業を以て目前応急の救護を行ふ救世軍は、慥かに基督が今の日本に為さんと欲し給ふ所を為すの運動でなくてはならぬ」云々と、この危機の時代こそ、救世軍の使命があり救世軍の存在理由がある、と山室は説いている。「基督が今の日本に為さんと欲し給ふ所を為すの運動」であるという点が強調されている。

社会事業の時代へ——救済制度調査会と山室

一九一九（大正八）年六月にヴェルサイユ条約の調印があり、その一環として二〇年一月に世界平和の理念をこめて国際連盟が発足した。この時期に日本は、アメリカ、フランス、イギリスとの四カ国条約を結ぶことになり、一九〇二年以来の日英同盟は、二一年に廃止が決定され、二三年八月をもって失効することとなった。

第一次世界大戦後、日本経済はそれまでの好況と裏腹に慢性的な恐慌に陥っていく。一方、一九一七年にロシア革命が起こり、初の社会主義国の実現は日本の社会主義運動や社会運動にも大きな影響を及ぼした。そして一八年には「米騒動」が起こり、労働運動、農民運動、婦人運動、学生運動、普通選挙運動、部落解放運動などの運動が展開された。これらは民衆が権利を主張し、歴史の舞台に登場していくことになる。さらに福田徳三らによって生存権が主張され、民衆運動や思想が社会事業に対してもインパクトを与えていった。

内務省は切迫する社会問題への対応として、一九一八年六月、「救済事業制度調査会官制」を即日施行させた。その第一条には「救済事業調査会ハ内務大臣ノ監督ニ属シ其諮問ニ依リ救済事業ニ関スル事項ヲ調査審議シ意見ヲ開申ス」とある。調査会は内務次官を会長とし、二〇名ほどの委員が任命され、山室は小河滋次郎、桑田熊蔵、留岡幸助、渡辺海旭《わたなべかいきょく》らと共に選ばれた。民間の社会事業家、救世軍の指導者としての期待からであろう。加えて救世軍の社会事業が日本の社会事業にとって不可欠の存在であるという認識の証左でもある。

この調査会では八事業三七問題が調査の対象とされた。この時期を迎えて政府当局者がみずから社会問題に対して科学的調査にもとづき対策を講じていく必要性、すなわち「恤救規則」体制下では立ちいかなくなった現状があり、新しく時代のニーズに応えるべく設けられた。調査会は一九二一年から社会事業調査会と改称され、恤救規則の改正や児童に関する新しい法律立法なども検討されていく。当然山室もこうした政府の社会事業行政に関わった。

米騒動への対応

一九一八年年八月三日、富山県魚津《うおづ》町の主婦が米価の廉売をするよう立ち上がったのをきっかけに全国的な運動へと波及していった。いわゆる米騒動であり全国各地の民衆、とりわけ主婦たちが生活者の要求運動として意義がある。

山室は『ときのこゑ』（一八・九・一）紙上の「生活難と基督教」「暴動事件の教訓」でこの件について論じた。しかしその論調は米価が騰貴の為め、各地に暴動さへ起ったが、これは真に遺憾なことである。「併しながら之を宗教の方から観れば、日本人は米の不足かに苦しむよりも以上に、霊魂の糧に飢えて居るのである」、そして「米価の暴騰は終に各地に恐るべき騒擾を惹起した」と述べるように、この事件を、恐るべき騒擾ととらえ、その背景に宗教の重要さを指摘するという山室流の評価をする。ここにも「霊魂の糧に飢えて居る」と解釈しているように、彼独特の社会問題認識が現れており、騒動の正確な認識からはかけ離れている。もちろんこれに対して救世軍は無策であったわけではなく廉売などでもって対応をしている。富山県下の「騒動」が伝えられたのが八月一〇日のことであり一二日から廉売が開始された。東京では一三日より月島、深川、本所、浅草、救世軍病院、四谷、そして小石川の七カ所で独自に外米の廉売を開始し、一八日には麻布と千駄ケ谷を加え九カ所となった。

『社会事業家の要性』の刊行

大正の中期以降、「社会事業」という言葉が、感化救済や救済という言葉に代わって一般的に使用されるようになり、この時期は日本における「社会事業の成立期」と称され、長谷川良信《はせがわりょうしん》『社会事業とは何ぞや』（一九一九）、田子一民《たこいちみん》『社会事業』（一九二二）、生江孝之《なまえたかゆき》『社会事業綱要』（一九二三）といった理論書が生まれた。

山室も一九二五（大正一四）年、『社会事業家の要性』を中央社会事業協会から出版した。その内容は、次のようであった。時代は社会事業の時代となったが、その反面、内部の活ける生命、感化力に欠けるきらいがある。真の社会事業家が必要となり、その理念化が構想される必要がある。以前の慈善事業時代は精神に優れて外形は貧弱であったが、社会事業時代となって、設備は優れて、「却つて他の活ける生命、若しくは感化の流れが枯渇し易い傾向がないとは限らない。それにも拘らず外部の設備、経営の手段等が愈々具足すると共に其の内部の生命、感化等も亦益々旺盛でありたいといふには、どうしても、其の事業にたずさはる人物其のものに、格別の注意を払ふべき必要がある」（八頁）と主張する。そして、一、誠なれば即ち明なり、二、事務的であれ、三、己を他人の立場に置いて、四、人格を尊敬せよ、五、自ら助けしめよ、六、品性を有する人、七、凡ての者の僕、の七つにつき説明した。

山室はこの時代における「社会事業」という言葉を背景に、時代に即した社会事業家としての品格と精神のあり様を明確にすべきことを主張する。その基底には社会事業という重要な課題がキリスト教という宗教の課題と深く結びつき、その動機を重視する。

2　大正後期の救世軍と山室

救世軍の方針

救世軍一九一八年の標語は「奉仕」であった。『ときのこゑ』（一八・一・一）には「大正七年を迎ふ」「奉仕の説」、次号に「奉仕の説（再び）」といった山室の論文がある。前論文において山室が最初に引用した聖句は「汝等の中、大ならんと思ふ者は汝等に役《つか》はるゝ者とならん、又汝等の中首たらんと思ふ者は凡ての人の僕とならん」である。そして「基督は奉仕の宗教である」と断じ、我々は多くの人に功徳を施すことが一生の大願とするものであり、人の主人となるよりも、その僕となることを志す必要があると説く。そして他人への奉仕はまず、人の霊魂を救済するということであり、次いで霊魂の宿る人の肉体上の福祉を図っていく必要があるとし、キリストがその奉仕の模範を示したと説いている。「主の霊我に在す、故に貧き者に福音を宣伝へん事を我に膏を注ぎて任じ、心の傷める者を医し、又囚人に釈されん事と、盲人に見させん事を示し」云々とあるのはその意味であると主張する。「奉仕の精神」は山室の伝道と社会奉仕、キリスト者としての社会事業精神、ひいては救世軍の方針を的確に表している。

「禁酒号」について

救世軍の重要な運動の中に禁酒運動があり、それは明治期の救世軍スタート以来、取り組んできたことである。これに対して『ときのこゑ』などで山室もしばしば論じ、また説教に取り入れている。大正期になるとそれは、二月一一日の紀元節において原則として「禁酒号」が刊行されていった。

たとえば一九一七（大正六）年二月一一日の『ときのこゑ』記念号は一二頁からなる「禁酒号」となっている。巻頭論文は山室で、そのタイトルは「何故禁酒を勧誘するか」で、サブタイトルとして「禁酒号」の『ときのこゑ』を発行する理由となっている。山室はあえてこの「紀元節」の日に禁酒を唱導することこそが紀元節を祝し、そして国家のためになると言う。二頁目には写真入りで「名士と酒禍」と「禁酒の急先鋒」として八人ずつ具体的な例を示しながら述べる。前者には岩倉具視、岩崎弥太郎、福沢諭吉、榎本武揚らであり、酒が原因で病に倒れたケースを挙げる。山室はこうした名士、権威ある人物にも忌憚なく批判の眼差しを向ける。後者の人物としては安藤太郎、島田三郎、根本正、矢島楫子らで、それぞれ禁酒運動に貢献した先駆者として挙げている。そして安藤太郎「飲酒は自殺の行為なり」、島田三郎「禁酒は税源を拡む」という論文が掲載される。禁酒は廃娼や社会事業などと救世軍の代名詞的なものでもあり、禁酒も時代を映す鏡ともなっているのは興味深い。

「文明国民の三大敵」――「健康号」「勤倹号」の発刊

一九一八年二月の紀元節の『ときのこゑ』は「健康号」が発刊された。山室はそれを発刊する理由として「文明国民の三大敵」として酒と結核と花柳《かりゅう》病（性病）があると指摘する。それぞれが文明国の抱えている課題で、日本も酒だけでなく、結核の予防や花柳病の予防においては品性を持つことの重要性を指摘し、この特集号が発行された。しかし、この三つを単なる「健康衛生の問題」としてのみ扱うことだけでは不十分で、これは結局宗教上かつ道徳上の問題として取り組むことが必要だと説く。まさに山室の考え方、かつ救世軍らしい取り組みである。

翌一九一九年二月一一日号は「勤倹号」の発行となった。山室は「勤倹号を発行する趣意」において、労働、すなわち「労働の福音」を今の日本に宣伝して軽佻浮薄な風俗を改善し、僥倖心や投機心を鎮圧するための良い薬であると述べる。しかし労働の尊重の結果としての収穫を粗末にすることは不可である。それには節倹の徳を涵養する必要があると、したがって「勤と倹とは鳥の両翼」のごときものであって、不即不離の関係にあると説いている。こうして労働者の品性を高め、自尊心を養い、品性と自立心ある人間になることができ、その結果、初めて境遇の改善につながるとした。これは、山室の持論「職分」論の主張と関係する。ちなみにこの号で、森村市左衛門「奮闘主義の極致」、生江孝之「貧富論」、島田三郎「徳性の伴はざる富は幸福を害《そこな》ふ」、浮田和民「働らかぬ人の前途は暗黒なり」、新渡戸稲造「文明は精力の貯蓄なり」、安部磯雄「僥倖を希ふ心は盗賊の心」といった論文が掲載され、様々な角度から特別号に依拠した論説が掲載された。

「未成年者禁酒法」の制定

一九二一（大正一〇）年二月一一日の禁酒号は巻頭論文が山室の「禁酒は実行の時代に入れり」であり、禁酒についての議論の時代から、今はこれをいかに実行に移すかという時に入ったとしている。その例としては、まず少年子弟に禁酒の教育とすること。そして禁酒の法律を制定することであり、さしあたり未成年者禁酒法の制定から始めるべきことを提案する。内容としては酒害のことが主であるが、「文明国中酒を法律問題とせぬは独り日本のみ」（牧野虎次）、「国法を以て克己心の不足を補充せよ」（阪谷芳郎）、「米国の禁酒憲法とは何か」（田子一民）、「是れ国家社会の問題也」（長尾半平）のような法律制定への強い論調である。

翌一九二二年三月三〇日に懸案の「未成年者禁酒法」が制定された。山室は早速「未成年者禁酒法の実施」（『ときのこゑ』一二二・四・一五）を書く。そこには救世軍や日本基督教矯風会、安藤太郎や根本正ら多くの人の運動の賜であり、喜ばしいことである、と述べている。しかし山室はこの法律も、他日、日本全国に禁酒令を布く第一歩に過ぎないと評価している。そのためにはさらなる法律の制定、教育、禁酒運動が必要であること、そして宗教の立場より禁酒を教えることが大切であると主張する。

酒の害については家庭破壊や犯罪、道徳上の問題などあるが、救世軍らしい方針であることには変わりはない。

救世軍創立五〇周年と日本救世軍二五周年

救世軍創立五〇周年記念を祝す日本救世軍大会は一九一九（大正八）年一一月一一日から四日間、日本本営及び中央会館の新築開館式をかねて行われた。この開館式に出席した原敬首相は救世軍が多年にわたり博愛慈善事業に貢献した功績は日本のみならず世界的にも周知のことであると述べ、「救世軍ニ対スル時代ノ要望今ヤ益々切ナルモノアラントスルニ際シ本軍の基礎愈々固ク茲ニ本営及ビ中央会館ノ新築落成ヲ見ルニ至レルハ慶賀措ク能ハサル所ナリ」（『ときのこゑ』一九・一二・一）と祝辞を披露した。

また翌年一一月一二日には日本救世軍の満二五周年大会が開催され、聯合祈禱会が山室の指揮でもって営まれた。この大会は一九日までの日程で開催され、開戦以来、四半世紀を迎え、順調な発展をうかがうことができる。『ときのこゑ』（二〇・一二・一）掲載の「救世軍の使命は実行的基督教也」という小論には「時は移り、世は変るであらふ、然も救世軍が実行的基督教を以て終始すべきことは、今後五〇年経つても、百年経つても、未来永劫変る時が無いのである」と未来永劫、救世軍の原則であるとしている。

さらに山室は「時代の趨勢と救世軍」（同号）でも、今の時代は「民衆の時代」、「婦人を尊重する時代」、「少年青年に着目する時代」であるとし、「禁酒は世界の趨勢である」、「救世軍は又貞潔の主義を高潮し、あらゆる不潔不品行に反対する」、「軍隊組織が、最も有効有力なるものである」、「宣伝の時代」、「救世軍は国際的の運動」、「救世軍は、飽迄も救霊の宗教」、そして「救世軍には又社会事業といふものがある」と、そして「私共は飽迄救霊を特色となし、根本的に人格を改造する主義の社会事業を営み以て時代の要求にこたふる所がなくてはならぬ」と救世軍の次なる時代への普遍的方針とした。

救世軍への下賜金

戦前の民間社会事業は現在のような措置費・補助金制度もなく、多くを寄付金で賄わなければならない状態であった。日本救世軍慈善事業部は一九一八年一二月二八日付で「其部ノ事業ニ対スル御補助トシテ　天皇　皇后両陛下思召ヲ以テ大正八年度以降十ケ年間年年金千円下賜候事」という書面を宮内省より受ける。そして「皇恩に感激し奉る」(『ときのこゑ』一九・一・一五)という論文には昨年一二月二八日に宮内省に出頭の命あり、その時、皇室(宮内省)より一九一九年度以降一〇年間、毎年一〇〇〇円の寄付、また一四年に三〇〇〇円の御下賜があったことを報じている。一方、二月の紀元節に合わせて、東京府知事井上友一より救世軍慈善事業部に対して一〇〇円の助成金があった。

救世軍は皇室の行事やその活動の慶事には折に触れて、「賀表」を『ときのこゑ』に掲載してきた。ここで『ときのこゑ』(二一・九・一五)に掲載されたものをみておこう。この号には日本司令官デュースと山室との連名による「聖上陛下に奉りたる」と「国母陛下に奉りたる」「賀表」が掲載されている。その中で「(略)我ガ救世軍ハ夙ニ　皇室ノ殊眷《しゆけん》ヲ叨《みだり》ニシ　先帝ノ曾テ故ブース大将ニ拝謁ヲ賜ハリシ以来朝恩ニ浴スルコト洵ニ浅カラス臣軍平ニハ藍綬褒章ヲ授ケサセラレ軍ノ慈善事業部ニハ内帑ノ資ヲ賚《たま》ハリ近クハ軍ヲ奨ムルニ十年間ノ恩賜金ヲ以テセラレ　東宮殿下亦倫敦ニ於カセラレ親シク我軍ノ大将ブラムエル・ブース等ヲ日本大使館ニ引見アラセラレタリ軍ノ光栄方《くら》フルニ物ナク　聖恩ニ感ズルコト殊ニ深シ」云々と皇室への配慮がうかがえる。

勲六等瑞宝章の受章

皇太子の結婚に際し、一九二四年二月一一日紀元節の日に社会事業功労者として山室に勲六等瑞宝《ずいほう》章が授与された。そしてそれとは別に当日、宮内省から救世軍社会事業部に対して、一〇〇〇円が下賜された。その前一月二六日、山室には「多年社会事業ニ尽力シ功績顕著ナル」その業績として、御紋附銀杯一個と二〇〇円が下賜されており、これに対し「聖恩の忝さ唯々感泣する外ない。皇室の上に政事をなす方々の上に御祝福を祈り奉る」（『ときのこゑ』二四・三・一）と記している。

救世軍の社会福祉施設には、たびたび下賜が行われ、救世軍はその度に「聖恩無量」といった表現で、宮内省に対して感謝の意を表明する。「皇室と基督教」（『ときのこゑ』二五・一・一）では、昨年一二月上旬に皇后が同志社女学校を訪問したことにつき、『時事新報』の関連記事を紹介しながら、キリスト教を異端視する時代は過ぎ去ったとし、「私共は神を信ずる真面目な基督者として君と国とに忠義を尽しつゝ、併せて九重《ここのえ》雲深き処にまで、此の福音の光の輝きわたる日の早からんことを、誠心籠めて祈り奉るものである」と、従来の皇室とキリスト教との関係につき述べている。救世軍が国家に認められているということの率直な感慨の表明である。キリスト教、皇室、国家への尊崇の思想は持続されている。この思想は戦時体制において国家への積極的な協力となるのは明白であろう。

3　山室の大正後期の論説

社会改造と貧困への視点

大正期は「社会改造」という言葉がしばしば使われたが、これは世相を反映する言葉である。山室も一九一九（大正八）年六月一日に「社会改造の根本義」（『ときのこゑ』一九・六・一五）という小論を書き、「今は社会改造の世の中である」とし、これまで「社会改良」と言っていたが、今では「社会改造」と言わないと承知されない時代となったと論じている。ここで山室は米国の禁酒の動向や醸造所を普通の工場に変える例を引き合いに出し、いくら外部の境遇が変わっても内部の人間が改まらない限り、無意味であると指摘する。社会改造とは人間改造の事業であると断じ、「沐猴《もっこう》にして冠す」という古諺を引用し、見かけのみにては根本的な改造にならない。我々は酒のない社会を造るのも大切であるが、それ以上に「酒の要らない人間を造るのが、更に大事なことと知らねばならぬ」とし、「畢竟人が基督の救を受けて、其の心を改造するのは、真に社会改造する第一歩である」と指摘する。

こうした視点は貧困という課題にも同様な論理で展開される。「貧乏の原因と基督の宗教」（『ときのこゑ』一九・七・一五）という論文中、貧乏の原因は低賃金や失職、物価の騰貴、病気等に求められるのと飲酒や怠惰、道楽などの個人に帰されるものがある。社会構造の視点も大切であるが、「人々が基督を信仰して罪より救われることが大切である」、「基督の救は私共をして、貧乏、又生活難に打勝たしむる力である」と説く。この時代、生江孝之が『社会事業綱要』（一九二三）を著し、貧困の原因を「社会貧」という用語でもって説明したように、社会事業の言葉にはそうした視点が重視される風潮の時、山室は社会的視点だけでなく、キリスト者として精神的な視点、通俗的な道徳をより強調した。

「基督教と日本人」

山室は一九二〇年の一月から六月まで一〇回にわたり「基督教と日本人」という論文を『ときのこゑ』に連載し、同年九月に「民衆基督教叢書」として刊行した。この中で山室は北条時宗と楠正成という日本人に慕われている二人を例にとり、彼等の行動の源となった祖元《そげん》禅師と明極《みんき》禅師はともに中国から来た僧侶である、つまり今で言うなら「宣教師」であるという。その外来の考え方を学び、思想として結実したがゆえに、愛国者、真実の忠臣となった。キリスト教は外来思想であるが、それと同じようなことが言え、キリスト教を信仰することによって心が入れかわる。入れかわった人が社会のため、国のために善き奉仕をしていくという、山室はきわめて単純でわかりやすい比喩で説いている。キリスト教は「善人を造る宗教」であり、キリスト教を信仰することは日本の国家に尽くす最も大なる奉仕であり、今こそ、こうした人物、クリスチャンが求められている時代であると説く。

さらに山室は日本の様々な分野においてキリスト教が貢献したことを述べる。たとえば社会事業界では石井十次や小橋勝之助、本郷定次郎らの思想にキリスト教の貢献があったとする。そしてキリスト教が日本人にとって最も適合した宗教であり、日本人はまたキリスト教を受け入れることによって

「更に高く、更に清く、更に大なる、国民になるべきものだ」ということが上梓の最大の目的であると記している。

「一切の社会問題の根底には人がある」

山室の社会問題認識は社会科学的な発想でなくキリスト教を拠り所とすると指摘してきた。一九二〇年、『ときのこゑ』に掲載された「社会問題と基督教」によってもそれにつき確認しておこう。

山室は社会問題とキリスト教との関係を問う。「一切の社会問題の根底には人がある」とし、したがって人々は決して物質のみで満足できない霊魂を有している。だから社会問題をただ生産、分配の経済上より解き、あるいは権利、義務の法律上から解くこうとしても、それだけでは十分ではない。「必ずや進んで人を霊魂を有つた動物として扱ふ、宗教上から解決に到達せねばならぬ」、そして畢竟、人はパンのみにて生くるものではない。「社会主義で人の心を改め、之を罪より救ふて神の子とならしめ、之を永遠の生命に導くことが出来ないのは、申す迄のない」と社会科学的な発想は首肯しない。そして「汝等は世の塩なり、彼等は世の光なり」という聖句を引用し「世の光」とは、光が世の暗闇を照すように「基督者が、罪と禍との横行する此の世の闇みを照らして、之を明るくすべきこと」を言われたものと説明する。「地の塩」とは、塩が物の腐敗と止めて、その味を調えるように「社会の腐敗を矯正し、之を塩梅すべきこと」を示したものである、としそれ故に宗教は必ず実社会に入って、これにその能力と生命とを吹き込むほどのものでなくてはならない、と主張する。このように山室の思想の根源はキリスト教や聖書を土台にすえ、社会の根底に人を置き、一人ひとりの精神的変革、人間の変革を目標とし、それによって社会変革が可能となるという思想が貫かれている。

4　関東大震災と児童虐待防止運動

関東大震災の勃発――「神の摂理」

一九二三（大正一二）年九月一日の正午前、関東地方をマグニチュード七・九の大激震が襲い、首都東京を中心にして未曽有の大被害をもたらした。震災による罹災者は三四〇万人、死者九万余人、家屋の全壊半壊それぞれ一二万余戸と壊滅的な大被害となった。東京には戒厳令が布かれたが朝鮮人虐殺事件・亀戸《かめいど》事件・大杉栄《おおすぎさかえ》虐殺事件などが起こった。震災中に第二次山本内閣が組閣され井上蔵相、後藤内相ら有能な人材が着任し、帝都の復興が図られた。

救世軍も、神田の本営、中央会館はじめ救世軍病院や労働寄宿舎、社会殖民館などの社会事業施設が焼失した。『ときのこゑ』も九月から一〇月いっぱい刊行が不可能となった。一一月一日刊行の六六六号の「救世講壇」は山室署名の「地震と火との後」である。山室は聖書にある地震の例をひきながら「況《いわ》んや此度の大事変の如き、幾十百万の死傷者、罹災者を出した未曽有の出来事の中に、神の摂理がなくてどうしやう。私共は此の深刻にして悲痛なる実物教育に、学ぶ所がなくてはならぬ」と。地震と火との後の「涼しき御聲」は「物質の頼まれぬこと」、「人生の果敢なきこと」、「罪の歓楽の空しいこと」、「神を呼び求むべきこと」、「赤裸にした人間の価値を知るべきこと」、「人のなさけの最も大事なこと」、「永遠の為に生くべきこと」をそれぞれ教えてくれる。「私共は地震と火事との後に、涼しき神の御聲を聞かねばならぬ」と論じている。この関東大震災を内村鑑三などのキリスト者が「天譴《てんけん》」とみなしたが、山室は「神の摂理」と受けとめている。その背景には現代人の「神」への不遜と信仰への欠如、人間の精神の軽視などがはびこっているという時代認識があった。

関東大震災慰問隊（士官学校前，1923年）

救世軍の震災救援活動

この大震災に際し救世軍は山室の指導のもと、いち早く救援活動を展開していった。その第一は慰問隊の活動である。これはちり紙、手ぬぐい、木綿反物、衣類等の日用品から味噌、醤油などの食料品に至るまで種々の日用必需品を調達し、東京市内のバラックに住む罹災者を訪問した。第二は芝離宮、日比谷、九段、上野、青山外苑などの各大バラックにおける隣保事業である。事慣れた士官が数人バラックの中に入りこみ、共に住んで毎日巡回し、多面にわたって奉仕していく活動である。第三は芝離宮と九段と上野における幼児保育園の事業である。これは罹災家庭における養護のニーズに応えていくという点にとどまらず、日曜学校を開き、児童の両親や隣人のために講演会や説教会を開催していくものであった。第四は日比谷、丸ノ内、九段などにおける病人・幼児・老人に対する牛乳の配布である。第五は下谷中御徒町の旧救世軍病院跡地における救療事業である。これは不安定な住居と生活をしいられ、とりわけ健康状態の不安に対応していくもので米国救世軍から寄せられた多量の薬や機器が使用された。第六は失業者の救済である。浅草区黒船町と京橋区月島に職業紹介所を設置し、府・市と各事業との連絡をとり紹介事業に尽力していった。第七は独身労働者の宿所の提供である。労働寄宿舎やバラックが新たに設置された。第八は横浜・横須賀における外国人の救済活動である。

　最後は救世軍結核療養所や婦人ホーム、労作館の活動であるが、ここでは普段より何倍かの要保護者を収容し罹災者のニーズに応えた。さらに前記の事業のほか精神的方面の運動として各バラックの住民たちに対して『平民之福音』一万部を配布した。これは山室が大震災の際「日本国民は悔改めて、もっと真剣に神を敬ひ、義しきを行なふ生活に入らねばならぬ」（『ときのこゑ』一二・一一・一）と述べた点と軌を一にしている。

児童虐待防止運動──原胤昭の事業の継続

児童虐待の問題は明治末期から浮上していた。その最初の取り組みをしたのは更生保護事業家の原胤昭であり、彼は一九一〇（明治四三）年に「児童虐待防止協会」をいち早く立ち上げた。原の事業は大正期においても継続されていくが、一九二二年、原は山室に被虐待児のことを相談し、この事業は以降、救世軍が受け継いでいくことになる。

　一九二二年七月一八日の神田の中央会館において開催された大講演会において、この運動が具体的に動きだす。この講演会では山室のほか原胤昭や生江孝之、田子一民社会局長の講演があった。吉野作造も『文化生活』紙上で「児童虐待防止運動は、救世軍の事業としては山室軍平君の指揮の下で行はるゝと聞いては、是亦双手を挙げて其企に賛同せずに居られない」（『ときのこゑ』一九二二・八・一五）と賛成した。

一九二二年八月一日の『ときのこゑ』の巻頭論文は山室の「児童虐待防止運動の開始――救世軍の新しき社会事業」である。この運動は当時浅草で起こった「少女惨殺事件」を契機として開始したものである。ここで山室は原と相談の上、事業を受け継ぎ、救世軍の社会事業の一つとして着手することになったと論じ、キリスト教は児童虐待防止と縁の深い宗教である。少なくとも虐待された幼い児童を救済することは、「基督教の精神に適へるものにて、所謂児童保護の最も緊要なる一方面である」と述べている。こうして救世軍本営内に「児童虐待防止部」を設置し、虐待されている子どもの保護や防止に努めていくこととなった。しかしこの運動は関東大震災で一時頓挫したが、小規模ながら継続していき、一九三三（昭和八）年の「児童虐待防止法」の制定に貢献し、救世軍も被虐待児童を保護教養する目的をもって芥種寮《からしだね》を設立した。

5　大正から昭和へ

長期の渡英（一年間の日本不在）

山室は一九二五（大正一四）年六月三〇日、植村少佐と共に一年間という異例の長期にわたる渡英の途についた。青山会館でおこなわれた渡英送別会当日は階上階下、立錐の余地もない盛況で三五〇〇人が詰めかけた。徳富蘇峰も「救世軍と山室君」という演題で花を添えた。蘇峰は今回の渡英が長期間にわたる日本での不在であり、したがって帰国後はまさに双肩を担って責務をはたしていく覚悟であることが伝えられた。

山室は八月一六日に英国ロンドンに着し、翌日より万国本営に行き、救世軍の行事や調査など、忙しい日々を過ごしていく。その様子は「着英の第一週」（『ときのこゑ』二五・一一・一）、「倫敦だより」（『ときのこゑ』二五・一二・一）などで詳細に報告している。同年一一月一六日にはドイツのベルリンへ向かう。二代目のブラムエル・ブース大将のベルリンにおける大集会に参加する命を受けて、万国書記官フラス大佐と行くこととなった。ここで一週間ほど、ベルリンの救世軍の集会や施設などの参加と野戦や講演をし、色々と発見もあった。たとえばドイツ人が集会で聖書を読む時、全員起立して聴聞すること、救霊会や聖別会の時は皆帰らずに最後まで残っていること、ドイツはよく歌う国民である、といったことである。

一九二六年二月一八日にはノルウエーのオスロへ、二六日にはスウェーデンのストックホルムへ着し、各地で集会や講演し、要人に会い、施設や大学の訪問など山室自身も多くのものを吸収していった。

アジア人として初の少将

一九二六（大正一五）年三月八日、ブラムエル・ブース大将七〇歳の誕生日に、山室がアジア人として初めて少将に昇進した。そして四月二日、八カ月の英国ロンドン滞在に別れを告げ、米国に向かった。日本でおこなわれた救世軍三〇年記念会（一二月一日）には山室は英国から祝辞を送っている。その後、四月一三日にニューヨークに着し、一六日にシカゴに向かう。シカゴ大学で講演し、一四日にはカナダのウィニペグに着し、バンクーバーにも立ち寄り、サクラメントやサンフランシスコ、フレスノなど、西海岸の各地を歴訪しメキシコ、サンディエゴも訪れている。さらに帰路、ハワイに立ち寄った。オアフ島に九日、カウワイ島に二日、ハワイ島に二日、マウイ島に二日と一五日間ほど過ごし、講話の回数五四回、出席者は一万人と「非常なる勝利」（『ときのこゑ』二六・九・一五）として報告されている。

かくて山室は六月二八日にちょうど一年ぶりに帰国した。山室の長旅を終えての帰朝歓迎会が同日夜、日本青年会館で開催され、二〇〇〇名を超す観衆で埋まった。山室は「帰朝の御挨拶」（『ときのこゑ』二六・七・一五）の中で、一年間の充実した経験を数字で表しているが、驚異的な講演数と聴衆者数であり、山室にとっていかにこの一年間が有意義な期間であったかがわかる。

ブラムエル・ブース大将の来日

一九二六（大正一五）年一〇月一一日、ブラムエル・ブース大将が来日する。一九〇七年の初代W・ブース大将以来の英国本部からの来日であり、大将は二日間、鎌倉で過ごし、一四日に日比谷音楽堂にて七〇〇〇人が集まり東京市民の大歓迎会が開催された。翌一五日午後には飛鳥山の渋沢子爵邸でレセプションが催された。一六日朝には慶應義塾大学にて五〇〇〇人の学生を前に講演をし、その後は中野の救世軍療養所へ行き、親しく病人を見舞っている。翌一七日、青山会館にて三〇〇〇人規模の大講演会が持たれ、若槻首相、徳富蘇峰、阪谷芳郎《さかたによしろう》、米国大使らが出席した。

その後、大将は仙台、名古屋、京都、大阪、神戸、岡山等の地を歴訪した。京都では同志社大学で大講演会を開催し、大阪では梅田駅で関市長、中川知事らが迎え、場所を中央公会堂に移し、市民歓迎会が持たれ四〇〇〇人以上が集まった。一一月一日、神戸では湊川公園の音楽堂に黒瀬市長や田村貴族議員ら神戸の名士が出席して歓迎会が持たれ、また関西学院の大講堂に救霊会が持たれたが、大講堂は人で溢れ、礼拝堂を第二会場、地下室を第三会場にしたが、それでも入場できなかったと報じている。このように日本各地における二代目ブース大将の歓迎ぶりは大変なもので、一九〇七年四月のW・ブース大将の歓迎会を彷彿させた。そして常に山室が通訳としてその傍にいた。日英同盟が解消された後にもかかわらずの大歓待であったことに注目される。

大正後期の廃娼運動

第一世界大戦後に設立された国際連盟は様々な福祉や労働関係への変革をもたらした。その一つに一九二一（大正一〇）年の「婦人及び児童の売買禁止に関する国際条約」がある。公娼制度が存在する中で、国際連盟に加盟していた日本政府はこれについての取り扱いに苦慮することになる。さしあたり政府は留保を付しながらもこれに調印した。しかしこの批准は日本政府の曖昧な解決以外なにものでもなく、問題を先送りにした感がまぬがれない。

一九二六年七月一五日の『ときのこゑ』には「公娼を廃止せよ」、翌月の同紙には「公娼廃止は実行の期に入る」という記事が掲載されている。無署名であるが、山室の執筆と思われる。どちらも公娼制度そのものの流れが国際的にも廃止の方向で進んでいること、前者においては「国民多数の要望」になりつつあること、後者では「道義を愛し、国威を擁護し、国際上に面目を保たんとする者」の為さねばならないことであると主張している。また同年に廓清会と婦人矯風会とは「廃娼同盟」という組織を作った。これは廓清会が男性が主役となった会であったのに際し、女性中心であった矯風会と両輪でもって、運動を展開していこうという意図にあった。したがってこの組織は昭和の時代に廃娼に向けての重要な役割を果たしていった。さらに同年、吉原の遊廓に売られた体験をまとめた森光子の『光明に芽ぐむ日』（一九二六）、翌年には『春駒日記』（一九二七）が出版され、それは廓の実態の暴露と、そこで主体的に生きた一人の女性の告発であった。昭和に入ると一九三〇（昭和五）年、沖野岩三郎『娼妓解放哀話』や翌年の伊藤秀吉『廃娼運動史』といった著作も出版され、次の時代へと引き継がれることとなる。

大正天皇の逝去

一九二六（大正一五）年一二月二五日早朝、大正天皇が亡くなった。そして皇太子裕仁《ひろひと》が新しく天皇に即位し、翌二六日に元号は「昭和」と改元された。一月一日に刊行された『ときのこゑ』には大正天皇の死去についてのニュースは掲載できず、付録でもって知らされた。山室は救世軍を代表して宮内省に行き、敬悼の微衷を奉った。そして山室は日本人として初めて日本司令官としての位置に就いたのである。

一九二七年一月一五日の『ときのこゑ』の巻頭論文「諒闇中の黙想」によって大正天皇への追悼がなされている。また同号には「敬悼の微衷」として「禁へス我日本ノ救世軍ハ夙ニ　皇室ノ恩遇ヲ忝フス是ヲ以テ全軍奉傷ノ至情固ヨリ他ニ萬倍ス乃チ全軍ヲ代表シ茲ニ恭シク敬悼ノ微衷ヲ表シ奉ル臣軍平誠惶誠恐慎ミテ言ス」として、一二月三〇日付で出された。ここにも救世軍と皇室との関係の親密さが察知される。ともあれ、こうして大正時代は終わり、新しい昭和の時代が始まる。そして名実ともに司令官となった山室は、難しい時代における救世軍の舵取り役として、役割を果たしていくのである。山室、五三歳のことである。

第十章　救世軍日本の司令官に就任

1　昭和初期の社会

救世軍司令官に就任

昭和という新しい時代のスタートとともに、山室は日本人として初めての救世軍司令官に就任し、長年にわたる日本救世軍にとっての悲願が実現した。一九二七（昭和二）年一月上旬に山室は「就任の辞」（『ときのこゑ』二七・一・一）を発表する。ここで山室は過去三〇年間以上、献身してきたことを踏まえ、救世軍を通して同胞に尽くすのが自分の「天職」であると信じてこれまで努力してきたこと、そして「神が軍人及び軍友諸君を祝《めぐ》み給はんこと」、「神が又日本国民を祝み給はんこと」を祈るのである、と救世軍司令官としての覚悟を述べている。司令官就任により、山室は名実ともに日本人初の司令官として、これまで以上に日本の救世軍をリードしていく責務を担うこととなった。これは日本の救世軍にとって画期的な出来事であり、併せて山室は昭和という困難な時代の舵取りという重要な責務を負っていくことになる。

昭和初期の日本社会は大戦後の慢性的な不況とあいまって、世界大恐慌が日本経済をも直撃し、失業問題のみならず東北の凶作などで都市、農村を問わず、「暗い谷間」といった表現が似合う社会状況であった。大正デモクラシーを背景に社会主義や労働運動の高揚があったが、治安維持法の制定、田中義一内閣のもと、三・一五事件、四・一六事件のように、共産党員の検挙を通して左翼の運動は弾圧が加えられ、一方、国外においては、一九二七年の第一次山東出兵以来、中国への侵略は一層拍車がかけられていった。かくて三一年九月の満州事変を契機に日本は一五年戦争の泥沼に入っていく。

救護法の成立とキリスト教界の取り組み

昭和初期に至るまで政府の根幹となる救貧のための法律は、一八七四（明治七）年の恤救規則がきわめて不十分なまま機能していたにすぎず、大正後期からその改正の機運は高まり、半世紀過ぎた一九二九（昭和四）年、ようやく救護法が成立した。全文三三カ条からなる救護法は生活保障という課題を十分に払拭されてはいなかったが、恤救規則に比し、かなり進歩した救護体系となり、懸案の公的扶助義務主義は曲がりなりにも成立した。しかし実施は三二年まで待たなければならなかった。この救護法の成立と実施に貢献したのは全国の方面委員であり、民間の渋沢栄一も尽力した。しかし制限主義は残り、多数の民衆は貧困の中にいた。そして失業保険を中心とした社会政策も不備のまま、多くを帰農策という「無策の策」に頼らざるをえない状況であった。こうした国家の社会事業への対応は、現実のニーズから考えて貧困問題の根本的解決からほど遠いものであった。

もちろん昭和初期の貧困問題の深刻化に対応して救世軍以外のキリスト教界も取り組みがあった。たとえば昭和初期の「神の国運動」であり、賀川豊彦《かがわとよひこ》が「街頭に、工場に、会社に、農村に、漁村に、我々が無言で十字架を背負ってゆくことである」と述べたように、先頭に立って超教派的に展開されている。賀川は贖罪愛を基本にしてキリスト教の「愛」を全面に出し、社会悪と戦うという社会問題へのアプローチであった。また、中島《なかじま》重《しげる》を中心にして一九二九年から「社会的基督教運動」も行われた。社会に向けての福音と伝道、救済に向けて取り組んでいくという共通点があり、農村地域には杉山元《すぎやまもと》治郎《じろう》らを中心に農村社会事業として取り組まれていった。ではこの昭和初期において、山室はいかなる取り組みをみせたのであろうか。とりわけ底辺労働者への支援策をみておこう。

暗い谷間の時代に――「貧しき者の福音」

社会では慢性的な不況のもと、「大学は出たけれど」という映画がヒットし、また「モボ」「モガ」といった軽薄な言葉の流行、大都市に住む労働者の生活問題は顕在化し、とりわけ底辺社会にあえぐ労働者は「ルンペンプロレタリアート」とも揶揄され、社会から疎外されていた。貧困は下層労働者や小作農民たちを社会から孤立させ、生活破綻に追いこんでいく。こうした状況に山室はいかに対処したのだろうか。

山室は一九二七（昭和二）年三月一日の『ときのこゑ』の巻頭に「貧しき者の福音」という論説を掲載する。現実的には経済的貧困が人々の生活を苦しめ、その対策や政策課題が提起されるが、キリスト教には「幸福なるかな貧しき者、神の国は汝らのものである」という聖句がある。その聖句は現実の「貧しさ」に対していかに解釈されるのか、山室は次のように説明する。すなわちキリストの救いは多くの場合、人の極貧の境涯から免れ、私共をして貧乏な中にも善人たるを得せしめ、また貧乏人をも幸福ならしめ、キリストに救われた貧乏人は、有用の生活を営み、その行末に天国の希望を有すると。そして「基督は貧乏人の友である。神は貧しき一人の義人を忘れず、切迫つまつた時、必ず不思議に之を救ひ出し給ふ」と説いている。

大正末から昭和にかけてもこれまでと同様に、「基督は貧乏人の友である」と主張しながら、「貧しさ」に対しては経済的課題をメインに置かず、あくまで精神的課題に重点をおく。すなわち信仰による福音の意味を重視し聖書の言葉によって、それを守ることを強調する。従来同様、「山室節」でもって説く貧困問題への姿勢は変わらない。もちろん底辺の貧しい民衆に対して、伝道や精神的な面だけでなく救世軍の諸事業をとおして、最低限の生活保障を講じている。それを『ときのこゑ』を中心にみていこう。

救世軍の水上生活者慰問

一九二七年一月一五日の『ときのこゑ』には「餅と救療と水上生活者慰問」という論文がある。水上生活者とは港湾労働に携わる人たちが、一家で船を居住空間として生活している人たちで、東京でも多くの人たちがそうした状況下で起居していた。餅の廉売は恒例のことであるが、水上生活者慰問とは前年の一二月一六日から二五日まで毎夜、深川の善隣館において歳末無料診察所を開設したことを指しており、この事業は以来子供たちの為のクリスマス慰問とともに歳末の年中行事として継続していった。

ここで、翌年末の「水上クリスマス」の様子をみると、当日は早朝からこの運動を開始し、神田の一ツ橋際からモーターボートにて出発し、芝楽隊が大須賀楽長はじめ一〇名ほど制服姿で参加し、神田橋の袂にて楽隊の『君が代』と瀬川中佐の祈をもって始められた。そして「それより一々水上生活者を訪ねてその子供達にクリスマスプレゼントを贈る。受取る子供達のうれしそうな顔、その親達の喜ぶ様、それを眺めつゝ道行く人もニコニコしていた」（『ときのこゑ』一九一二・一・一五）とある。この

水上クリスマス慰問（1936年）

船は日本橋から隅田川、そして深川方面の掘割に入り、再度隅田川を横切り、御茶ノ水から飯田橋付近まで行き、再度引き返し点在する掘割に入り夜まで熱心に活動した。そして一〇〇〇袋の贈物を配布できたことに感謝している。

無宿労働者やその対策

生活困難者やホームレスの労働者に対してその策も展開する。救世軍では一九三〇（昭和五）年四月二六日より五月二日まで一日おきで四日間、東京の代表的スラム、深川区富川町の空き地にテントを張り一日一〇〇〇人以上への「肉めし接待」を開始した。この間の接待総人数は五〇〇〇人に上った。七月五日には横浜の「無宿労働者」に対して「おこわ」を配布するなどの慰問活動も行われた。さらに盆の一五日には富川町で四〇〇〇人への「丼めし」の配布が行われた。こうした深川区、

本所区、浅草区などにおける「労働者配食運動」の実態は当時の『ときのこゑ』に幾度となく報告され、天幕（テント）内においても救世軍の集会が持たれていることに注目しておかねばならない。

救世軍はこのように「無宿労働者」のために不十分ながらも生活空間を用意した。具体的には一九三〇年一二月の「ノアの箱舟」という水上に浮かぶ船の利用である。これには、東京府と市、警視庁、東京商工会議所の連合になる「無宿労働者」保護の相談会の結果、救世軍に託されたという経緯がある。場所は東京千住大橋の袂《たもと》であり、救世軍ノア丸第一号以下、六〇から一三〇トン級六艘の達磨船がつながれ、数百人が宿泊することができた。一二月二八日にノア丸の宿泊者は五九〇人に上り、六艚では手狭を感じるくらいであった。また、毎晩宿泊者八〇〇人の見当で給食を用意し、開始以来二カ月間で宿泊者の累計は三万八八四〇人となった。同年のノア丸の宿泊は毎晩四〇〇人ほどで、一二月一日開始以来二四日までの宿泊延べ人数は六七八五人となり、給食人数は五〇九六人に達した。この時期、救世軍は応急措置ではあるが、下層労働者の居住空間を用意し生活支援をした。

隅田川の千住大橋に浮かぶ「救世軍ノア丸」

2　司令官としての外遊

昭和初期において山室は三回の外遊をする。日本の司令官となった責任上、ロンドンの本部への重要な会議、そして日本の司令官として米国救世軍への出席することとなる。

三回の外遊、中将となる

まず一回目の外遊（一九二八年一二月五日から二九年三月三一日まで）は一九二八（昭和三）年一二月五日青山会館で会衆一三〇〇名参加のもと、山室の送別会が行われた。渡英の目的は救世軍最高幹部会議への出席である。この時、山室の長姉寿恵（六八歳）の入隊式もおこなわれ、山室自ら司式をした。そして第三代目の大将を選任する重要案件があり二月にエドワード・ヒギンス中将が選任された。その後、山室は米国にまわり、ニューヨーク、シカゴ、ロサンゼルス、サンフランシスコに至るまで合計一七日間、小林政助の助力により三〇余回の集会をおこなった。その後ハワイに寄り三日間をホノルルで過ごし、八回、集会に出席する。在米日本人一世は次第に高齢化し、「慰安の福音」を切に要求しており、二世は米国人の国籍を有するも就職や生活面の不利があり、「勇往邁進の福音」が必要とした。

次に二回目の外遊（一九三〇年四月二九日から七月一二日まで）は米国救世軍五〇周年の記念会や集会への出席と在米同朋への慰問目的も兼ねていた。約五〇日の在米滞在の内訳は、二週間、ニューヨークに滞在し、五〇年大会への出席と在留日本人の集会に参加、残りの一カ月余は、小林政助の助力もあり毎日平均三七〇マイルの行程で、南はアリゾナから北はカナダのバンクーバーまで三〇の異なる土地で六〇余回の講演をした。この渡米中の六月二五日にロンドン万国書記官から山室が中将に昇進するという朗報の電報を受け、帰朝報告会の席上、その披露と祝賀があった。また在米日本人と米国救世軍から数千円が寄付され、山室は失業と窮乏に悩む人々のために役立てたいと報告している。

三回目の外遊（一九二〇年一〇月九日から二一年一月三日まで）は「将官会議」出席のためである。山室は一〇月六日の渡英送別会の席上、会議に出席する目的は「東洋人の発言権を重んじ」、将来によき例を残したいからと発言している。このロンドンでの会議は大将が議長となり、毎日朝九時半から夜九時半まで重要な諸問題、救世軍の将来、憲法、統治、組織などが審議された。そして一一月三日にロンドンを出立し、一二月二〇日にサンフランシスコに到着する。ワシントンからテキサス、ロサンゼルス、アラメダ（カリフォルニア州）など全米諸都市を歴訪し三〇回の会合をもった。そして船中でも八回の集会をもち一月三日に横浜に着いた。

このように、米国一回と二回の英国本部への会議出張、英国の場合は米国まわりでの帰路、米国各地で在留邦人にも講演し、訪問の先々での出会いと伝道の旅をした。まさに国際人山室の面目躍如たる活躍である。

新しい救世軍本営の落成

救世軍は関東大震災によって拠点となる本営の建物を失ったが、一九二八（昭和三）年六月二〇日、震災五年後にして待望の四階建ての本営及び中央会館の開営式を挙行した。この式には軍友の新渡戸稲造が出席し、救世軍は「僕の出来ないことをしてくれるから有難い。あゝかうもしてやりたいと思ふが、一指を染むることの出来ないことを救世軍はやってくれる」と感謝の意を述べた。そしてロンドン在住中にも救世軍の説教を聴いて感動したことを披露した。また望月圭介内務大臣も会館の落成を祝し、この落成を機に「爾今《じこん》益々淬励《さいれい》加ヘテ各施設ノ機能ヲ発揮スルニ力《つと》メ以テ邦家ノ隆盛社会ノ福祉ニ寄与セラルアランコトヲ」（『ときのこゑ』一八・七・一）と祝辞を述べた。さらに同年九月四日には救世軍士官学校の新築開校式が挙行され、新しい施設の完成によって救世軍の新しい活動が始まり、士官養成の拠点も復興した。

　一九二九年六月一五日に二代目のブラムエル・ブース大将が天に召された。中央会館でその「召天記念会」が挙行され、七月の『ときのこゑ』に二回にわたって山室は「ブラムエル・ブース大将」を執筆し追慕している。そして同年一一月一日に救世軍アメリカ総司令官のエバンゼリン・ブース中将が来日する。九日には日比谷公会堂に三七〇〇名の聴衆を集めて講演会が開催され、山室の司式のもと、君が代の二唱、開会の辞で始まった。山室はこの司令官の生涯を「救世軍の権化」と紹介している。浜口雄幸《おさち》総理大臣の歓迎の辞（代読）、渡辺司法大臣、徳富蘇峰の挨拶があり、エバンゼリン・ブースの「世界最大のローマンス」の講演（山室が通訳）へと続き、外務次官の永井柳太郎が立ち、山室への感謝の辞と祝禱をもって終了した。その後、ブース中将は渋沢栄一宅での招待会や早稲田の大隈会堂で講演をし、大阪、京都、岡山でも講演会をもち、救世軍はまだ日本社会において、好意的に受け容れられていた。

3　一五年戦争の勃発と昭和恐慌

満州事変

昭和初期から日本は軍部、とりわけ関東軍を中心に、中国、満州への侵略を着々と実行していった。一九三一（昭和六）年九月一八日、関東軍は奉天（現・瀋陽）郊外の柳条湖において、南満州鉄道の線路を爆破した。これを契機に武力衝突が起きる。いわゆる「満州事変」であり、一五年戦争の始まりである。当初、日本政府は関東軍の領土拡大路線については反対であったが、関東軍は満州国樹立に向けて動きだす。翌年三月には清朝最後の皇帝溥儀《ふぎ》を執政として満州国を誕生させ、長春《ちょうしゅん》が首都に選ばれ新京《しんきょう》と命名された。こうした動きに対して中華民国は国際連盟に訴え、その結果、国際連盟は英国のリットン卿を団長とする調査団を現地に派遣することとなった。調査団は三二年三月から三カ月間調査し、一〇月に報告書を提出した。

一方、この間、日本政府は「日満議定書」を結び「満州国」を承認し、リットン調査団の報告と日本政府の主張に食い違いが生じる。一九三三年二月の国際連盟の総会において、松岡洋右《まつおかようすけ》を代表とする代表団は、総会の議決を不服として国際連盟を脱退することになり、日本は国際的にも孤立化していく。こうした軍部の強引な大陸侵略の背景には、昭和初期の都市、農村を問わず深刻な社会問題を抱えていた日本社会の行き詰まりがあった。つまり、都市においては世界大恐慌の経済的影響による失業問題、農村においては東北の凶作を中心に農村問題が深刻化し、貧困問題、とりわけ下層社会の状況は逼迫していたのである。日本社会の閉塞状況を打開するための方策の一つが満州への移民策であった。

昭和恐慌への対応

山室は満州事変が勃発した年の暮れ、「失業、凶作、事変」（『ときのこゑ』三一・一二・一五）という論文で、昭和初期の経済不況に伴う失業者問題、東北地方の農村恐慌、そして満州事変と多難な時代状況を指摘する。救世軍の対策に触れ、東京南千住荒川水面に、数艘のノア丸を用意し、数百名の失業無宿者を宿泊させているが、その中には飢餓に陥っている者も多く食事のサービスを提供したいと述べた。一方、東北地方については次のように書いている。

また東北の凶作は案外にひどい。本営からは差当り、甘藷を二千五百貫送ることにしたがまだまだ足りない。満蒙に出征して居る軍人も此の地方から多く出て居る。それらの家族を飢えしめては申訳ない。これが救護は急を要する。満蒙守備軍人慰問、傷病兵見舞、窮民救済に就いては、彼地の救世軍が頻りに努力しつつある所であるが、此の方面にも更に働を進めたい。有志の方々に之を授けて戴きたいのである。本営宛にお送り下されば幸甚。これ位よいクリスマスはないかと思はるるのである。

また山室は翌年初頭、「昭和七年を迎えて」（『ときのこゑ』三二・一・一）で、救世軍の社会事業が

「遍《あまね》く巡って善を行」う救主の足跡をふみ、不幸な同胞の救済の為に、日に日に有効かつ的確なる活動を為しつゝあるのは真に慶賀に耐えないものであると感謝し、ルンペン救済のノア丸、凶作地の救助運動、その他の特別な働きもあって、きわめて多望な状況である。しかし「『食する暇もなく』救世済人に尽し給うた耶蘇の御意を、其の儘現代に行なふ所以であると思へば此んな有難い御奉公といふが、他にあらうか」と救世軍の存在意義と奉仕の感謝を述べ、救世軍の事業をアピールした。

ハンセン病対策と救世軍農場

救世軍は多様な社会事業をおこなってきたが、ハンセン病対策にも関わった。山室は「癩《らい》予防事業」(『ときのこゑ』三三・四・一五)でハンセン病への対策として、歴史的にもキリスト者は大きな貢献をしてきたと指摘する。アッシジの聖フランシスコやハワイ・モロカイ島のダミアン神父のように、救世軍も大正期からハンセン病予防のための奉仕事業はあった。この時期、救世軍は具体的なハンセン病対策として、群馬県草津の栗生楽泉園《くりうらくせんえん》の委託に関わる児童保育所を経営し、未感染児童の保護の仕事に着手する。この事業にたずさわっていく中心人物は救世軍士加藤滋夫妻であるが、山室はこの経緯を報告し、人々に喜んで頂くと共に、「又その為に神に祈られんことを願ひたい」と述べ、これは「どこまでも基督的の奉仕であるから、何とか之に由つて神の栄を顕し、現在気の毒な多数の未感染児童を、その生の親に成り代つて十分に撫育薫陶したいものである」と論じている。『ときのこゑ』(三三・九・一)には「らい患者の赤ちゃん収容所　世界の初めての施設」、次号には「司令官草津行　二葉寮の児童を見舞ふ」という記事があり、山室が二葉寮の施設を訪問し、ロルフ中佐夫妻も来所、山室は楽泉園で患者のために講演した。

一方、満州国の設置以来、満州移民が急増していき、国策でもあった「満蒙移民政策」にも救世軍は協力している。そもそもこの事業は東京府救護委員会の委託事業で二〇〇ヘクタール余りの土地を持つ救世軍農場の開始である。具体的には一九三四（昭和九）年七月一二日にスタートした救世軍農場として多摩川の袂に開いたことにある。「満蒙地域」への移民を希望する「農夫」や「内地にて独立農民」として自立していくに必要な訓練をおこなう場所であり、団体的訓練方式で行われていく。この開場式に山室も参加した。来年三月には第一期生を出し、「自己の心霊の開墾、心霊の訓練に心を用いらるゝなら、更に見るべきものがあることを信ずる」（『ときのこゑ』三四・七・一五）として、次号にも「救世軍農場開場式」の様子が報告されている。ここで山室は英国における救世軍の大農場経営の歴史を語り、「体の上には農業をやり、新しい人間を作り、新しい国を作ることが出来たら幸ひである」と述べた。このように山室は国策であった満州移民政策において積極的に関わっていった。

山室の渡英と機恵子寮の落成式

救世軍の中将及び司令官となった山室は英国本営との連絡や会議の仕事が増えていく。先の渡英に続き一九三四年七月にも英国に向かう。渡英目的は現三代目大将ヒギンスの退任に伴う時期大将の選出会議への出席である。八月二八日には最高会議四七名の委員がロンドンの中央会館に参集し、次期大将にエバンゼリン・ブースを選出した。

山室は一一月一日に帰国し、翌日に青山会館にて公開の帰朝歓迎会と新大将の就任祝賀会を催す。山室は「エバンゼリン・ブース　救世軍四代目の総督」（『ときのこゑ』三四・一一・一）を掲載し、彼女の人となりについて詳論し、新大将に大いなる期待をよせている。「今の世界が要する所のものは、愛の革命である。宗教は愛である。しかも自分は、その愛の霊魂を造り、愛の王国を打樹つる為に、勤労するのである」という彼女の言葉を引用し、我々はこうした適当の人を、適当の時代に、適当の地位に迎えたことを、すべて神より出たはからいと信じ、私共もそれぞれの立場から、「各々忠誠を抽んで、愈々斯の御軍を勇敢に戦はんことを心掛くるものである」と結んでいる。万国救世軍および日本救世軍に対する司令官山室自身の語るメッセージであった。

機恵子寮開設の記念植樹をする機恵子の母（中央）
（1934年9月）

一九三四年一二月八日に救世軍機恵子寮の落成式が挙行され、明治学院総理の田川大吉郎や牧野虎次らも出席し、後藤文夫内相、香坂東京府知事、牛塚市長らの式辞代読があった。そして機恵子の母による梅の木の植樹、兄の海軍中将佐藤皐蔵より一万円の寄付が披露された。山室は機恵子の婦人救済活動の献身的な業績、時には身重を押して吉原に救いに出かけたこと、七〇〇〇人を超す婦人を救済してきたことを披露した。田川は「救世軍の働は沃土に落ちた種子である。三十倍六十倍の実を結ぶに至つた」（『ときのこゑ』三五・一一・一）と述べ、機恵子の功績をたたえた。

東北地方の凶作とその対策

一九三四年夏、再び東北地方は冷害のため凶作となり深刻な飢饉が生じた。救世軍では一〇月二八日、社会部の柴田中校を宮城、岩手、青森に派遣し慰問かつ調査をおこなわせた。そこには貧困家庭の子女が娼婦として売りわたされる危険性があるので、それを未然に防ぐ観点からその対策がとられた。前年の三三年における青森県の統計によれば、離村女子三二七四人の内、娼妓は一三五人もの数に上っている。一一月に、柴田は五名の女子を伴って帰京し、堅気の家庭に奉公させ、一二月四日に七名の女子が上野駅に着き、救世軍本営に入ったが、その中には肩上げもまだとれない可憐な少女の姿もあった。彼女らの家庭は大半が小作農で、冷害によって全く収穫がなく、家庭の露命をつなぐために犠牲にならざるを得なかった。尋常小学校六年に在学する一人は、兄と共に一五〇円で周旋人に売られていくところを土地の警官が発見し、救世軍と協力して助け、他の一人は尋常小学校四年生で父は三年前に死亡し、母親一人で育てられてきた。八歳になる妹と母親の営む農事の手伝をしていた。そのような少女まで、周旋人の狡猾な手がまわっていたのである。

こうした子女については機恵子寮が救済の施設となっていて、翌年の二月には二六名の子女が東京につき機恵子寮に収容されている。救世軍は廃娼運動の経験から、こうした救済活動を迅速に行っていく必要性を十二分に認識していた。

救世軍開戦四〇周年記念会

一九三五（昭和一〇）年は日本の救世軍開戦四〇周年の記念すべき年であった。

この記念会は、一一月二七日に青山会館にて満員の会衆二〇〇〇人をもってとり行われた。山室はここでも中心的役割を果たす。山室は設立当時から現在に至る「進歩」と現勢を紹介し、「皇室の優渥なる御援助、絶えざる御奨励」と「神の恩恵」、「戦友の奮戦」、「軍友の援助」への感謝を述べた。また来賓として後藤文夫内務大臣、田川大吉郎、徳富蘇峰らが祝辞を述べている。後藤は救世軍の社会救済事業に対する貢献度を高く評価し、世の中の気の毒な人、虐げられている人々を助けることは国家の大いなる任務であるが、なかなかそれに力が及ばない、しかし救世軍は絶大な力を発揮しており、深く期待しているものであると述べた。そして山室について「日本が産んだ誇りの人物」、日本救世軍が驚嘆すべき発達を遂げるに至った最大人物であると高く評価した。

田川も救世軍と山室につき、救世軍によってキリスト教の一面が「最も日本に扶植された」、そして山室の著述は『平民之福音』をはじめ、キリスト教界や宗教界に、「永久に光を失わないと思ふ」と、キリスト者らしい評価をした。徳富は救世軍を「貧しい者の友」のみならず、「あらゆる人間の友」であると述べている。救世軍の敵は「金持」や「貴族」、「地主」でもなく、「罪悪」である。人間を敵とせず、問題は人間の中にある「罪悪」であると語り、救世軍にはあくまでも「日本的の存在」としてあることを望むとしている。

山室が歩んだ四〇年の総括として「救世軍と私」(『ときのこゑ』三五・一二・一)という論文にその骨子がある。ここで山室は救世軍によって、福音を宣伝する機会を与えられたこと、文書伝道の機会が与えられたこと、社会事業を通して弱い人を救済できたことなど、一二項目に分けて救世軍への感謝を述べている。そして最後に山室にとって「救世軍あつて始めて其の生存の意味もあり、奉仕の甲斐もあつたのである。救世軍は私にとつて、殆んど其の凡ての凡てであつた。私は此の際なほも此の神の軍隊に対して献身を新にして、其の変らざる忠誠を誓ふものである」と感謝とさらなる覚悟を述べている。

救世軍魂

救世軍は社会に向けて様々なアピールをし、そして何よりもその実行が重視される。それには強固なスピリット（精神）が存在する必要があり、時に応じてそれは繰り返されて主張されてきた。昭和初期に生起する様々な問題に対しても、救世軍の基底（精神）を確認する必要もあった。

山室は『ときのこゑ』九六三号（三六・五・一五）から九六八号（三六・八・一）にかけ、六回にわたって「救世軍魂」という論文を連載している。以下、そのサブタイトルに挙がっているのが、それぞれの論文の主題である。「弱者の友」（一回）、「進撃の精神」（二回）、「犠牲献身」（三回）、「救霊の熱情」（四回）、「軍隊に対する忠義」（五回）、「愛」（六回）である。たとえば一回目の「弱者の友」には「救世軍は殊に貧民弱者の友として存在し、一般大衆に向うて基督の福音を宣伝すると共に、又必要に応じて種々の社会事業を営み、福音を聞いたゞけでは救はれ難い境遇に身を置く人々を救助するのである」と。つまり救世軍の社会事業は伝道事業と共に車の両輪という認識である。そして「救世軍魂は一般民衆に奉仕し、殊に世の無告の民に同情して、これが救の為に尽瘁する精神である」と論じている。最後の「愛」については「救世軍魂は愛である。而してこの愛のむかふところ、砕けざるはないのである」と、救世軍の本質的な行動の精神（スピリット）について指摘している。山室には何よりも「魂」という精神的エネルギーを重視する。その精神によって事業が成り立ち、宗教の共同性と公共性が確立するという思想が存在していた。

昭和初期の廃娼問題

廃娼運動は救世軍の明治期以来の大きな課題であったが、昭和初期を中心にふれておきたい。既述したように一九二一年の「婦人及び児童の売買禁止に関する国際条約」に基づき、「婦女売買調査団」が組織され、欧州や米国ではこの調査が行われていたが、調査の時期をのばしていた日本にも、三一年になって、バスコム・ジョンソン博士を委員長とした国際連盟東洋婦女売買調査団が来日する。政府はこの調査団に対して、理論的にも入念の対策を立ててのぞんだ。しかし調査団は綿密な調査を実行し、客観的な調査に基づく報告書が公表される。報告書は三三年に公表され、日本帝国内に公娼制度が存在するのは明らかであり、ひいてはそれが「からゆきさん」を輸出している元凶となっていることが公にされた。これは日本政府にとって大きな国辱でしかなかった。そして同年三月、「売笑問題対策協議会」が開催される（竹村民郎『廃娼運動』参照）。

一九三五年に内務省警保局の手によって「公娼制度対策」が作られた。そして廃娼同盟は国民純潔同盟に改組されていくことになる。これは「公娼制度廃止後の事態にそなえて、国民道徳の強化に努めることとした」（竹村前掲書、一八九頁）結果による。そして戦時中は純潔運動に変質していく運命を辿っていくことになる。

4　国家主義の勃興と救世軍

五・一五事件と二・二六事件

一五年戦争の勃発や満州への侵略をもくろむ軍部に対して、国内でも軍部の行動が顕著になっていった。一九三二（昭和七）年五月一五日、武装した海軍の青年将校たちが首相官邸に乱入し、犬養毅首相を殺害するという事件がおこる。翌年の九月、山室はこの五・一五事件に関して、事件の裁判記録を読むにつけても、彼らの行動は常軌を逸した行動であると批判した上で、彼らの愛国と憂国の情には感ずべきものがあるととらえている。問題はキリストの僕となった我々が「果して彼等にゆづらない熱誠を以て、国と民とを憂ひて居るか。また実際、彼等に劣らない献身的態度を以て、同朋の救の為に、尽しつつあるかといふ事である」、そして「私共は更に一段の熱誠を籠めて、断の御軍を戦ふべき必要がある」（『ときのこゑ』三三・九・一）とナショナルなキリスト者の情熱を確認している。

また一九三六年二月二六日早朝、昭和初期から農村恐慌や都市問題、あるいは政治腐敗といった日本の政治・社会状況に不満を持っていた陸軍の一部青年将校らが決起し、クーデターが引きおこされた。参加した人員は総計約一四〇〇名に及び、彼らは北一輝《きたいっき》の著作や思想に共鳴し、「昭和維新」の名のもとにこれを企てた。首相官邸、大臣官邸、陸軍省、警視庁、新聞社などを襲撃、占拠した。その結果、斉藤実《さいとうまこと》内大臣、高橋是清《たかはしこれきよ》大蔵大臣、渡辺錠太郎《わたなべじょうたろう》教育総監らが殺害された。彼等は反乱軍として鎮圧されたが、こうした事件は後の政治に大きな影響を及ぼしたことは言うまでもない。
山室がこの事件につき論じているのは「十字架なくば冠なし」(『ときのこゑ』三六・三・一五)においてである。「去る二月二十六日に起つた不祥事については、何といふべきかを知らない」とし、「一億万に近い同朋の真の福祉の為に祈り、国家の大政に参与する人々の上に神の導の加はらんことを祈り、又所謂反乱に与した人々の上に神の憐憫《あわれみ》を祈らねばならぬ」とキリスト者として当然なし得べきことを述べる。「此の際殊に信仰の祈をこめて、人の手の届かない所に神の御業の行はれんことを求めねばならぬ」、と同時にキリストに救われた者は善良忠実なる国民としての模範を示す必要があり、銘々の立場から「世の光たり地の塩たる本分」を行いたいものであると論じている。ともあれ前年の京都の大本教事件や天理教への弾圧があり、宗教団体においても次第に取り締まりが厳しくなっていった。

救世軍の改革――反英運動の台頭

山室は一九三二年に還暦を迎えたが、さすがの山室もしだいに体調の変化が生じてくる。三五年三月、山室は司令官を退き救世軍の顧問となる。しかし三六年頃より、救世軍の内部から改革が提起され、この事態収拾を鑑み、同年四月に再び司令官に復帰する。この時代における救世軍への批判は、これまでと違い救世軍内部から軍の改革として起こってきたことであり、救世軍を辞し新しい生き方をしていくというものではなかった。つまり、従来と違う内部改革として登場する。もちろん満州事変以降、日本の内外の政治的状況、国内においては、五・一五事件や二・二六事件にみられる軍部の行動、国外では「満州国」の建設、国連の脱退、中国への侵略といった背景があった。

一連の国家主義の台頭の政治的背景には明らかに「反英運動」という世論があった。それは満州をめぐってリットン調査団の報告から、国連脱退への流れの中で、次第に英国への感情が悪化してくる。この政治的な状況変化が救世軍にも及んでいった。

救世軍においてその端緒となったのは、二・二六事件直前の一九三六（昭和一一）年二月一一日のことである。その中心人物は古賀慶三郎（芝小隊大尉）ら数人であった。その時、「万国本営に於ける人種的偏見の存在」「英人の植民地政策を通じて見たる日本救世軍」など、八項目を超える要求を山室に提出した。その中心的な課題は日本救世軍の「英国からの独立」であった。古賀は日本の救世軍がなんら主体性なく、英国本部からの言いなりになっていることへの猛省をうながし、日英関係の方向転換を要求したのである。

それに対し、同月二五日に植村益蔵らは山室に質問・要求事項を質した上で回答をした。そこには救世軍本部において、山室やロルフ大佐、瀬川八十雄《せがわやそお》、植村益蔵ら幹部の回答で「毫《ごう》も万国本営より独立する必要なし」（『英国のスパイ』一五一頁）という回答であった。これによって古賀はそれに満足できず、救世軍を辞し、「大日本十字軍」（後に「興世軍」）を起こした。そして一九三六年五月八日にも一部士官による「改革同盟」によって同じような事件が再発した。彼らは改革について一二項目の「上申書」を日本本営に提出した。これも内部において大きな問題にはならなかったが、この独立問題、すなわち日本と英国との関係についての不満は、世情の情勢とも関係し、一部の人々によってこれ以降も吹きだしていく。

第十一章　総力戦体制の中で

1　日中戦争と救世軍改革運動

日中戦争勃発後の政治と社会

国際連盟の脱退、反英運動、国家主義の台頭といった流れの中で、一九三七（昭和一二）年七月七日、盧溝橋事件が発生した。いわゆる日中戦争（「支那事変」）の勃発である。これをきっかけにして日中関係は泥沼の様相を呈していくことになる。そして日本社会において構造的な改革、現実的に戦争状況に対応するドラスティックな改革と政策が具現化され、総力戦体制が着々と準備されていった。

一九三七年一〇月に「国民精神総動員中央連盟」がスタートし、政治のみならず経済や教育、社会事業も国家政策の中に包摂されていく。「国家総動員法」が翌年三月の第七三回帝国議会に提出・可決され、三九年七月には「国民徴用令」が公布され、国家総動員体制が確立していった。一方、ヨーロッパに目を転じてみると、八月、ドイツとソ連が不可侵条約を締結し、同年九月一日、ドイツがポーランドに侵攻し、三日には英国とフランスがドイツに宣戦布告し、一七日にソ連がポーランドに侵攻し第二次世界大戦の幕が上がる。

日本とドイツとは一九三六年に「日独防共協定」が、三七年には「日独伊防共協定」が結ばれ三国の関係が強化された。それはヨーロッパにおける日独伊の支配、アジアにおける日本の指導的立場の確認であった。これによって日本は米国や英国とも関係が悪化し、四〇年九月には「日独伊三国同盟」の締結に向かっていく。こういう内外の状況を背景にして、この時期の社会事業関係に眼を転じてみると、法律として三七年三月に母子保護法、軍事扶助法が制定され、翌三八年一月には厚生省が設置され社会事業法も公布された。「人的資源の保護育成」として、健康や衛生政策が強化され、社会事業界は「戦時厚生事業」体制へと突入していった。その後、四〇年八月には「日本社会事業新体制要綱――国民厚生事業大綱」が出され、厚生事業という新しい用語のもとで、国家主導の厚生事業として展開され、日中戦争からアジア・太平洋戦争へと向かっていく政治を背景に、社会事業も基本的な枠組みの改編がおこなわれた。

このような戦時厚生事業へ向かっていく中で、救世軍内部からも一部の救世軍人から改革の動きが出てくる。それに対して救世軍の指導者は対応を余儀なくされていくが、救世軍内部の急進的かつ国家主義的な改革路線に対し事態の収拾をしていけるのは、救世軍から一線を退いたとしても、名実ともにその指導者であり信頼ある山室しかいなかった。

救世軍内部からの改革要求
——新たな改革運動

一九三七（昭和一二）年四月、再び救世軍の内部から改革要求が起こる。既述した前年のそれが救世軍改革の狼煙《のろし》を上げた前哨であったとするなら、今回は現行の救世軍の方針に疑義を唱えるものが救世軍病院に集結し、改革のための集会を持つという行動にでた。山室はこうした動きに対して、各連隊長を呼び、事態の収拾をはかる。しかし五月になると「救世軍改革派同盟」が結成され、宇都宮大尉（救世軍病院長）、塚本大尉（村井学生寮主任）によって七項目の要求が出された。その七つとは、㈠日本救世軍の自主権を確立すること。㈡司令官は選挙によって定め、年期制とすること。㈢軍事会議を設置し諮問及び決議機関とすること。㈣士官の罷免は軍事会議の同意を要すること。㈤戦場の財政方針を確立し、募金は良心的におこなうこと。㈥本営を縮小し事務の簡素化を計ること。㈦連隊は中隊制度とし、中隊長は部内士官の互選とすること、の七項目である。

それに対して山室は、七項目に対して項目ごとに回答している。その主な回答の骨子は、救世軍はそれぞれの国において独立し、世界に貢献している。あくまで「民族的」であり、国際的な運動である。司令官は大将によって任命されるものであって、日本だけで決められるものではないとするものであった。この山室の回答は表面上、おおむね受け入れられたようにみえ、両大尉は責任をとり辞任し、ひとまず救世軍の内部での騒動は落着したかにみえた。しかし六月中旬には鈴木嶮路朗《すずきけんじろう》『救世軍の仮面を剝ぐ』や田中健三『日本救世軍の内幕を衝く』という小冊子が刊行され、再び、改革をもとめて救世軍批判が展開された。

さらなる救世軍批判

ここで、鈴木と田中の小冊子を取りあげ、彼等の改革要求についてみておくことにしよう。鈴木嶮路朗著の『救世軍の仮面を剥ぐ』（一九三七）は四〇頁からなる小冊子である。その目次は「一、分裂か？崩壊か？」「二、曲者救世軍万国本営」「三、国辱行為実演強要」「四、満州問題と救世軍」「五、英国と救世軍」「六、在日日本救世軍財団」「七、秘密の多い団体」「八、救世軍の募金と趣意書」「九、一大社会欠陥」の九つから構成されている。五の「英国と救世軍」では、英国が日本の「満州への進出」を妨害したことは「許さゞる罪悪的行為」であると非難する。そして日本救世軍は独立しているようにみえるが、実際は「英国の番頭」のごとき存在、「英人の支配下」にあると批判する。こうした攻撃の背景には当時の政治情況を反映した国家主義や明らかな反英主義が読みとれる。

田中健三著の『日本救世軍の内幕を衝く　改革運動の真相』（一九三七）も三二頁の小冊子である。既述したように山室は彼らの質問に対して回答した。しかし「その回答を見るに、我等の所期するとは遙かに隔り、その誠意の那辺にあるやを知る事能はず。然れども今神の御旨なりと信ずる故に、同盟を解除し、各々任地に帰隊す。沈黙は屈服にあらず、我等の要望する改革は必ずや達成せざるべからず」云々と記された一文を、宇都宮、塚本両大尉のほか一〇九名の連名をもって手渡された。

このような一〇〇名を超す賛同者をもってなされた行動は、後において救世軍や山室批判の大きな伏線となって暗雲をただよわせていく。この動きに対して山室は一九三七年六月三〇日に『救世軍の立場を弁明す』という小著を著わし、全国の小隊、関係各所、軍友らに送付した。

山室の反論『救世軍の立場を弁明す』

これまで救世軍に対して指摘された主なる論点は、一つは日本救世軍の独立の問題、つまり英国の万国本営と日本救世軍との関係であり、二つ目は日本救世軍財団の問題、つまり会計の問題などが主なるものであった。

これに対し、山室は、これらは「暴露戦術」を用い、真相をねじ曲げた中傷であると反論し、救世軍のために「取囲んでゐる雲霧を払う」という意図を明確に述べている。まず、本営との関係については「何等屈辱的ものであろう筈がなく、何処までも自治的、友誼的、好意的のもの」であると主張する。すなわち本営とは各国と同様、国際主義に基づいての立ち位置であり、英国の命令下にあるのではなく、「日本の国情に適した運動」であることを強調する。

日本救世軍財団についても公明正大に、それが日本のために使用されていること。そして会計についても横浜の免許監査人ピヤソン商会に依頼し、毎年一カ月かけて帳簿類、証票を対比し厳重なる検査を遂げていること。その正確さが証明されれば決算票を公表していること。救世軍に寄付されたものも社会事業と伝道事業に正確に使用していることなど、縷々《るる》反論している。万が一、このような指摘があった場合、たとえば今回の場合は安部磯雄、志立鐵次郎、田川大吉郎、鳩山秀夫、穂積重遠《ほづみしげとお》の五人に調査を依頼し、「救世軍の会計に不正なし。正確にして信用するに足る」という結論に達せられた旨を報告している。

救世軍の立ち位置

さらに、この問題が生じた一九三七（昭和一二）年六月と七月、山室は『ときのこゑ』に「聊《いささ》か弁ず」（三七・六・一五）と「分裂にあらず」（三七・七・一）

の二論文を掲載する。前者「聊か弁ず」において先の救世軍への改革が、ジャーナリズムにおいて「争議」あるいは「偽善的争議」というような表現で報じられていることへの危惧であり、こうした誤解を招く危惧から救世軍の真意を伝える必要性から出されたものと断っている。山室は「救世軍は私のものではない。これは公の働である」、「救世軍は労使の関係ではない。これはいはゞ家族である」と主張する。後者の「分裂にあらず」においては、従来の主張にもみられたが、救世軍は「基督によって新生の恩恵に浴した者が、他人をその恩恵に導かんことを熱望し、神と人とを愛する為に、一致結合する団体である」とする。そして「飽くまでもその国土に適合し、国民的自覚を重ずるのである」と主張し、組織内における内紛の悪い印象でなく、組織内において潔白を証明し引き締めを図っていった。

こうした救世軍内部からの改革運動は一応、収まったかにみえたが、完全に解決したわけではなく、日中戦争の勃発とその状況が変化していく中で、山室は国家主義的立場からの批判を意識しながら、救世軍の方針を示し、理解を求めていかざるを得なくなる。つまり国家や戦争に対して、救世軍がいかなる立ち位置にあるかを明確に表明することであり、ひいては日中戦争に対していかなる具体策をとっていくかを示す必要が生じた。その一つが「皇軍慰問活動」を通しての国家への忠誠の表明であった。総力戦体制の中で、救世軍も日本国家との立ち位置を問われる中、いかに国家に奉仕していくかということを証明していく必要に駆られる。換言すれば国家の危機こそ疑念を晴らす絶好の機会でもあるととらえた。

国家への忠誠

日中戦争が勃発した二カ月後、一九三七（昭和一二）年九月一五日の『ときのこゑ』の巻頭論文で山室は戦争勃発の危機に際して救世軍の取るべき態度を表明する。それは国家の危機を背景に国家の為に「多大の犠牲を甘んじて、喜んでその命に服して居る」出動応召の陸海軍人たち、そしてその家族たちへの事業である。「この際私共が、亦いくらか身をつめて、自分より不幸な人々の為に尽す位は、決して難しいことではない」と、戦争への取り組みを披瀝する。つまり救世軍が如何に国家や日本国民に対して忠実な存在であるかの証明であった。こうした状況は人々への禁酒を説いた論調にも反映されてくる。

さらに総力戦体制下に入れば、禁酒論も国家のために必要であるという主張が明確に説かれてくる。たとえば一九三八年二月の禁酒号で、山室は国家総動員の時代という「国難」に際し、「軽佻浮薄《けいちょうふはく》」の行為を慎み、緊張した精神でもって事にあたらねばならないとき、飲酒という弊風が存在することを指弾する。つまり「淫靡軽佻」に至らすのが酒であり、こうした時局を考えるにおいても「禁酒を鼓吹すべき必要」があると説く。「禁酒は身の為め、国の為め」といった言葉や生江孝之の「時局は禁酒を必要とする」といった論文が掲載されている。

またこの時期の国内の社会事業に目を転じると、一九三九年三月一日、東京府下北多摩郡清瀬に結核療養施設・救世軍清瀬療養所が開所する。吉岡弥生は「肉体と精神と両方を救はんとしている。それが貴い結核患者を世話するには、神の使命と確信しなければ堪えられないことがある。救世軍はそれを為しつつある。その名の如く世を救わんとしている」（『ときのこゑ』三九・三・一三）と述べている。そして一二月には療養園内に恩賜記念病棟が落成した。

時局に対する救世軍の指導方針

一九三七年の日中戦争勃発は日本社会に大きな変革を余儀なくさせた。山室は「支那事変と救世軍」(『ときのこゑ』三七・九・一五)を書き、ここで山室は「日本国民」「救世軍人」として「最善の御奉仕」を試みたいと三つの方針を掲げた。その一つは真実をこめて祈ること、二つ目としてそれぞれの立場から「国民の本分」として行うこと、具体的には出動軍人の慰問、遺族家族に尽くし、陛下に対し、国恩に対して報い、奉ることであると。三つ目として、救世軍人として平生の大目的たる救世済人の業に奮励し、「心身両方面から同朋の救に尽すことにより君国に奉仕したいものである」と覚悟を披瀝した。

一九三七年一〇月一日刊行の『ときのこゑ』に「時局に対する救世軍の指導方針」という山室の文章が掲載され、この時期における救世軍の方針が公表された。ここで山室は「五ケ條」の指導方針を提唱している。

第一、萬世一系の　皇室を戴き、その慈仁に沐浴することは、神の有難き御旨によることと信ずる私共は、斯る場合にこそ、皇恩の万一に報ゆる為、最善の努力を試みねばならぬこと。

第二、二千六百年の光栄ある歴史を有する日本の国家が、更にその世界的の天職を行ふのは、神のいみじき御摂理によるものと信ずる私共は、その国民として生れた特権を憶へ、かうした場合にこそ、国恩に報ゆる為に、最上の奉仕を試みねばならぬこと。

第三、出動軍人は何処までも忠実に、その任務に服し、尽忠報国の誠をいたさねばならぬこと。

第四、出動軍人の家族遺族に対しては、及ぶ限の敬意と同情とを表し、これが慰藉に尽さねばならぬこと。

第五、一般国民としては又、此の際特に軽佻浮華の風を却け、遊惰放肆《ゆうだほうし》の行為を戒め、最も忠実なる臣民としての生活と奉仕とを、その立場立場に営まねばならぬこと。


まさに日中戦争の勃発とともに、救世軍の方針を国策への協力、明確に戦争支援の方向に舵をきっていった。この「五ケ條」にも「二千六百年」というように、紀元の元号が大々的に使用される。そして戦争支援の具体的な策の一つが軍隊慰問事業で、その一環たる報国茶屋や済南診療所の設置である。

2　報国茶屋と救世軍済南診療所の設置

報国茶屋

山室は一九三七（昭和一二）年一〇月、瀬川八十雄《やそお》大佐補と柳川少佐を中国に派遣し、北京南部の石家荘に「救世軍報国茶屋」を設置し、内地から派遣されてくる軍人のための生活支援施設を創設した。同年一一月一五日の『ときのこゑ』は「北支の石家荘で救世軍報国茶屋開始」という記事とともに、山室も「救世軍報国茶屋の開始」という論文を掲載し、この運動の意味について説明し、協力を呼びかけた。いかにも「茶屋」という日本的な郷愁をかき立てるような言葉が「報国」という国家主義的な言葉と抱きあわせて命名されている。この施設は中国に派遣される軍人たちを一時的に接待し慰安をあたえる施設であった。ちなみに「報国茶屋」の実際的な役割を担った瀬川は設置当初につき、次のように回顧する。

報国茶屋という看板を出すと、来るわ、来るわ、大変な人出である。二、三十の丼を持つて来てゐたが、とても足りない。軍人等は飯盒《はんごう》を持って来た。〇〇方面の〇〇師団の軍人等なので、「おつさん、おつさん」と呼ばれた。善哉《ぜんざい》（汁粉）の窯ごと占領される。出来上つて砂糖を入れようとすると、二十何貫の砂糖をざるに入れたものをすつかりなめられてゐたといふ事もあつた。自分もその接待により、腰が痛くて堪らなくなつて来た。持参した材料は瞬く間になくなつて了った。天津に砂糖を仕入れに行くと、教会の人々は我々の働きに感心し、大いに歓待してくれた。石家荘では避難民からなる救世軍兵士に御馳走する事も出来たし、部隊長からも感謝を受けた。救世軍の小隊長夫人が炊事をやつてくれて、随分色々な物を食べた。

（瀬川八十雄『足おと』一三〇頁）

この施設には後に日本の各地の新聞の備え、ビスケットやお茶の接待、そして薬や文房具を備えて出征軍人の心身両面から援助を目的としたものである。後に紅茶、しる粉、理髪、蓄音機、また写真のサービス（映したものを故郷の家族に贈るサービス）などが行われた。

遺家族慰問の実態

一九三七年一二月一五日の『ときのこゑ』は「軍人遺家族慰問号」という特集を組んでおり、また次号は「尽忠報国」という山室の巻頭論文がある。ここでは同年七月の日中の衝突を意識し、これを一大事件としてそれへの救世軍の対応について述べた。それは出征軍人への慰問とともに、残された遺家族へのサポートを行うことであり、それをもって国家に奉仕するということであるとした。山室は「私共は斯る時代に、光の如く世の暗きを照し、塩の如く社会の腐敗をとゞめ、所謂国民の良心ともなって生活せんことを心掛けねばならない」と述べている。

同号には既述した瀬川八十雄の報国茶屋の手紙報告があり、そしてそれを利用した軍人たちの多数の感謝文が掲載されている。「母国を遠く離れて第一線に居る私共に、斯くも暖い温情を投げ掛けて下さる救世軍のお方に、今更の如く、只只感謝感激に咽ぶばかりです」「山室さんありがとう」というような感謝の文言である。これは後になっても感謝の言葉が『ときのこゑ』に掲載されていくが、茶屋に備え付けられた感謝、感想録に記載されたものの紹介である。また写真や便りのサービスは日本からの感謝の報告もなされている。こうしたことは当然、瀬川が頻繁に報告したものである。

また一九三八年一月には、報国茶屋を石家荘から徳州を経て済南に場所を移すことになる。その後、青島、徐州、上海へも出張している。さらに、この報国茶屋には内地日本からのみならず、ハワイのヒロやホノルルの救世軍小隊からもコーヒーや砂糖、ミルク等の物品の寄付もあった。

救世軍済南診療所と済南日曜学校

一九三九年には済南地方に「救世軍済南診療所」と「救世軍済南日曜学校」が設けられた。診療所は中国人のためのものと説明されており、日曜学校は中国人に日本語を、日本人には中国語を教授する目的で設置された。この二つは有力な宣撫工作の一機関という性格のものである。『ときのこゑ』(三九・五・一五)には、四月一三日に佐藤理三郎救世軍病院長からの報告が掲載され、内科、眼科、皮膚科、耳鼻科、外科など、「さまざまな病人が押し寄せて来ます」と山崎女医とともに多忙な様子が報じられている。

このように救世軍は国内においては粛々と社会事業の遂行と新しいニーズに応えた施設や運動も展開し、中国においても報国茶屋や診療所を設置し、軍人や当地の人々のニーズに応えていく。客観的にみれば救世軍は軍隊の宣撫的活動の機能も果たしていった。もちろん山室には日本が中国へ侵略しているという認識はさらさらない。ましてや非戦や戦争批判はない。非政治性を貫き、日本の民衆が行くところはどこへでも行き、あくまでも彼らの要求をサポートしていくという救世軍のスタンスがあるだけだ。これらは一面、むしろ政治的でもあるが、そうしなければ救世軍という組織そのものの存亡にかかわる危機感もあった。にもかかわらず、こうした国家への奉仕があったとしても、山室や救世軍に対し際限なく批判が向けられてくる。

山室の国家認識
——権威への解釈

山室の「尽忠報國、聖潔、救」(『ときのこゑ』三八・一〇・一)の論文には、ロマ書第一三章についての次のような「国家」「権威」に対する解釈がある。「凡ての人、上にある権威に服すべし。そは神によらぬ権威なく、あらゆる権威は、神によりて立てらる」云々とあるのは、尽忠報國を教えるものである。「パウロはロマの皇室に対して、その権威の神によつて立てられたことを認めた。まして我が日本の如き、二千六百年の光栄ある歴史を有し、その上に万世一系の皇室を戴く有難い国柄に於ては、尚更皇室の神によれる権威を認め、又それに対する神の摂理の導を信ぜざるを得ない」と。山室は皇室の権威に服するというスタンスにあると言っていい。しかしキリストの神という概念を否定したわけではない。

そして「支那事変二周年を迎ふ」（『ときのこゑ』（三九・七・一））という論文では「私共日本国民は、此の興亜大業の意義を深く認識し、挙国一致体制の下に、いよいよ国家総力の増強を図り、牢固たる決意を以て、所期の目的貫徹に邁進したいものである」「私共はいよいよ精神力を実生活に現はし、有ゆる点に於て、国家の使命遂行に最善の努力を注ぎたいのである」と論じている。山室の国家や権威に対しては、このような解釈と姿勢があった。しかし、山室の国家への忠誠、こうした解釈にもかかわらず、救世軍への批判は続いていった。

3　山室と救世軍への批判──「建白書」と帝国議会

救世軍改革と排撃運動

『戦時下の基督教運動1』（二〇〇三）によれば一九三九年の箇所に「救世軍の改革及排撃運動」として「本年七、八月頃以降天津問題を契機とする日英関係の悪化及排英運動起るに伴ひ、同改革及排撃運動は再び活発に対等し来り、而も之等の運動は漸次救世軍の本質に触れて其の反国体性及諜報行為の暴露等に向けられ、殊に其の排撃運動者中には単なる救世軍の改革に止まらず、日本々営の解体を要求する迄に発展しつゝありて、其の動向注目に値するものありと認められる」（一八一頁）として、いくつもの事例が報告されている。そこには救世軍士官であった小保洋平（皇国基督教会）、古賀慶三郎、牧野正賀、岡田甚吉ら元救世軍士官の言動、そして松本勝三郎（東洋精神研究所）、荒川源太郎（救世軍金沢小隊長）、山中豊吉（救世軍少佐）、雨宮要（神戸小隊長）、あるいは岡山排英同志会、大日本青年党京都府連合支部、大阪朝日新聞といった団体や新聞記事なども紹介されている。

この中で小俣洋平については、機関誌『ほのお』に救世軍排撃の記事を連載した、本年八月には「救世軍の真相」という排撃印刷物を六〇部作成し、軍部及右翼団体などへ配付したこと。大日本青年党京都府連合支部（事務長中野豊資）については一〇月二日に「援蔣通敵英国の支配下の日本救世軍暴露、断乎壊滅を期せ亡国救世軍」と題する排撃小冊子を二〇〇〇部作成配付したことが報じられている具合である。

こうした動きに呼応して、東洋精神研究所は一九三九年一一月一七日に古賀、小俣らを招聘し、「日本救世軍批判座談会」を開催した。そこで㈠在日救世軍は速やかに英国の支配より離脱独立すべし、㈡在日本救世軍は天照大神に対する不敬思想に対し謹んで悔ひ改むべし、というような決議をした。このような流れの中で、同年一一月、山中豊吉は上の決議の趣旨を求めて、山室らに「建白書」を提出することになる。

山中豊吉の『建白書』

救世軍少佐山中豊吉は一九三九（昭和一四）年一二月一日、『建白書』を刊行した。その中に一一月三日の明治節に提出された「建白書」が収載されている。また山中には「救世軍特別運動部長　救世軍少佐」というような肩書きが記載されている。さらにその表紙には「皇紀二千六百年の聖業として　日本救世軍が在英万国本営より離脱し独立更正の上　祖国の祭壇上に奉還さるべき事を提唱す」と記されている。そして見開きに山室軍平中将と日本司令官植村益蔵少将に捧げるものとしている。その著は上・中・下の三編から構成されている。その三編は「建白書」（主文）、「建白書」（敷衍）、「救世軍の国際主義を論ず」が対応している。そして別編として「個人、日本、及世界の救と聖潔」が付されている。ここで最初の「建白書」（主文）（三〜一三頁）についてみていく。というのは、次に続く中編、下編はこの主文における具体的かつ詳細な説明であり、この「建白書」の中に山中の山室への思いの核心がふれられている。

建白書の冒頭には山室が日清戦争後の一八九五（明治二八）年、いち早く救世軍に身を投じ、爾来四〇年余り、粉骨砕身、多くの人々の協力により、今日の日本救世軍を建設し、「宗教社会事業の巨星」として尊崇の的となったことに対して敬意を表明し、「我等は貴下が百歳の後迄も、我が日本救世軍に在られて、指導垂範をおしまれざらん事を熱禱して罷《や》みません」と丁重な書き出しで始まっている。

しかし、この事業のこれまでの成功は山室個人の力もあるが、「神明の加護」と「皇運国運の限りもない御恩沢」の賜であること、まして紀元二六〇〇年という千載一遇の盛事を迎えるにあたって、救世軍はいかなる大事業をなそうとしているのか、と山室らに迫る。そして山中は建白の要旨としてあるのは、日本救世軍は「空前の光輝に包まれてあと半歳の後に迎へんとする皇紀二千六百年を記念する為に在英万国本営に対しては礼を尽して離脱の旨を通告し、山室中将及植村司令官指導の下に独立更正の上、日本肇国《ちょうこく》建設の精神に基いて純粋新日本救世軍の樹立に邁進すべし。然らば我等粉骨砕身以つて此の目的の為に犬馬の労を尽すべし」と、建白の主旨を述べる。そして救世軍は国際主義を標榜するが、日本の理想と伝統と救世軍の理想とはいかなる関係にあるのか、「順逆本末の転倒」ではないのか、と問う。日本の「肇国建国の悠久博大高遠なる原理」と救世軍の理想とは相容れない。それには日本救世軍が英国本営からの脱退以外に方法はないという論法である。そして独立の時期及び方法の手順に至るまでを、一一の項目に分けて事細かく提言する。その時期は一一月の総会での決定が尚早とするなら、来年の二月一一日にまで総会を延期、または再開し決定するとしている。

救世軍全国大会

さて、この年の救世軍の大会は、予定どおり一九三九年一一月一七日から二二日にかけて「聖霊にて満たされ」を標語として、東京で開催された。結果として山室にとって最後の全国大会ともなった。一七日に神田の救世軍中央会館に集まり、日本各地のみならず、北は樺太、朝鮮、満州、南は台湾などから三百数十名の救世軍士官が出席した。山室は「開会の辞」を述べた。山室は「日本は只今、二千六百年の歴史あって以来の難局に処してゐるのであるから、一箇人としても、救世軍としても、此の上ない奉仕をしたいのである（略）箇人の問題も、社会の問題も、その他の問題も、大会を通して釈《と》けるやうでありたい。各々が恩恵に満され、帰つて人々に頒つやうでありたい」（『ときのこゑ』三九・一二・一）云々と述べ、先の建白書にある英国からの独立の件はふれていない。

一方、救世軍の全国大会が開催された当日にあわせて、東洋精神研究会は神田駿河台の生活館において、四〇余名の出席のもと、「救世軍厳正批判協議会」を開催した（松本勝三郎『英国のスパイ！救世軍を撃つ』一六二頁）。そして司令官植村益蔵宛に「救世軍独立期成同盟」の団体名の下に、決議文を採択し手渡しすることとなった。その決議文には、「一、在日救世軍は、天照皇大神に対する不敬思想を謹んで悔ひ改むべし。二、在日救世軍は皇軍の呼称に類似せる組織称号を廃止すべし。三、在日救世軍は速に英国の支配より離脱独立すべし。四、独立せる日本救世軍は大日本精神に立脚し、皇運扶翼のために献身すべし。五、在日救世軍が英国支配より離脱し能はざる場合は即時解散すべし」とある。一九日に救世軍本営に面会を求め、交渉中に暴力事件が起きた。その後、一二月一九日に救世軍から瀬川八十雄が松本宅に行き、この件について謝罪の辞を述べ、要求の一部を受け入れることとなった。こうした背景の中で、第七五回帝国議会開会中の救世軍への弾圧の件が浮上するのである。

紀元二千六百年の祝賀

一九四〇（昭和一五）年一月一日の『ときのこゑ』の巻頭論文は「輝かしき二千六百年を迎ふ」（無署名）である。この年の標語は「進撃・建設」である。紙面には「紀元二千六百年の新春を賀し奉る」という論文もあり、いかに救世軍が二千六百年の祝賀に取り組んでいるかをアピールしているような構成となっている。山室は同号に「進撃建設——昭和十五年の標語」という論文を書く。「幸い日本人として生れ、この皇紀二千六百年の目出度き新年を迎へることを得るのは勿体ないことである。又忝いことの至である。それにつけても何はさておき、私共は先づ、皇室の万歳を祝し奉り、次に同朋の福祉の為に祈り、又遍く人類の幸福を祈り求めねばならない」と。そして「昭和十五年をして進撃建設の一年であらしめよ。即ち私共銘々が神と皇国との為、併せて世界人類の福祉の為に、最上の貢献をなし得る一年であらしめよ。重ねて 皇室をはじめ奉り、億兆の民草の上に、天父の恩寵の優渥ならんことを熱心に祈るのである」と皇室を意識した論調には変化はないが、この論文に「天父の恩寵の優渥ならんことを」という文言があるように、キリスト者としての祈りも忘れておらず、キリスト者としての矜持も少なからずあった。

新島襄五〇周年記念会――「時艱にして偉人を憶ふ」

一九四〇（昭和一五）年一月二三日、山室は病を押して群馬県安中で行われた新島襄五〇周年記念会で、「時艱にして偉人を憶ふ」と題して講演した。ここで山室は自分がいかに新島にあこがれて同志社に学んだか、しかし新島と直接会う機会がなかったこと、しかしその精神、思想を理解しいかに尊敬したか、という点においては自負していると語っている（『ときのこゑ』四〇・二・一）。まさに時代は国難のみならず、救世軍においても艱難な時代に直面していた。もう一度、今は新島思想を想起することが、この難局に立ち向かう唯一の方法のように考えたのであろう。ちなみにこの講演は録音されて永久保存されることとなり、今日でも山室の当時の肉声を聞くことができる。

その半月前の一月一五日発行の『ときのこゑ』に山室の「ヨブ記を読む」という小論が掲載されて

いる。山室のその小論の最後の段は次のような文章で終わっている。

それにつけても、私共は最も大切なるは、ヨブの忍耐を学ぶことである。たとひその当座は、私共の遭遇しつゝある試練の意味を解しかねる時にも、ただ耐へ忍ぶの他はない。やがて黒雲を排して青天を仰ぐやうな日が来ること更に疑ないのである。「視よ、我らは忍ぶ者を幸福なりと思ふ。なんぢらヨブの忍耐に聞けり、主の彼に成し給ひし果を見たり。則ち主は慈悲深く、かつ憐憫あるものなり」と、ヤコブはいうて居るではないか。

かかる艱難な時代であるからこそ、「良心」を大切にした新島の志を思い、そしてキリスト者として「ヨブ」の生き様に思いを馳せ、今はこうした状況の中で、堪え偲ぶ時代であることのメッセージであったのだろうか。あるいは国家の奉仕を標榜する山室の至誠が理解されないという葛藤であったのだろうか。山室はこの時期、かなり体調が悪化し、二月に入ればさらに病気が重篤化していく。

第七五回帝国議会

第七五回帝国議会は一九三九（昭和一四）年一二月二六日から翌一九四〇年三月二六日まで開かれた。この二月二日の議会において、斎藤隆夫《さいとうたかお》はここで有名な反軍演説をし、軍部批判を展開した。しかし一人の勇気ある良心的な政治家の声も今やかき消されていく。四〇年三月五日の帝国議会では、時局同志会衆議院議員の今井新造《いまいしんぞう》は松浦文部大臣に対し、山室の名著とも称されている『平民之福音』の中に、時局柄皇室と国体についての不適切な言語が使用されていることを指摘し、これは不敬に値すると指弾し、陸軍、文部、内務大臣に質した。さらに今井は三月八日、内務大臣と警保局長に対しても、この件について質した。かくて三月一六日の決算委員会連合会会議において、『平民之福音』の絶版処分という結論に至った。これをもって『平民之福音』は一八九九年刊行以来多くの民衆に読まれていたが、店頭から消えることとなる。それは山室が天国に召された三日後のことであった。この件につき清沢洌《きよさわきよし》は「三十年の間、かつて問題にもされなかつた平凡な宗教書籍が、今削除処分を受けることを知る国民は、現在の社会傾向を何と考へるであらう。行政の局に当たるものは目前の動きと考へ方にとらへられて逆効果を招致すべきではない」（『東洋経済新報』四〇・三・二三）と批判しているのも注目される。

4　山室の落日とアジア・太平洋戦争

中央会館の奉祝聖別会

一九四〇（昭和一五）年二月になって山室の体調は回復することなく、二月一一日の中央会館の奉祝聖別会が山室の最後の高壇となった。三月に入り身体は著しく衰弱し、療養に専念していた。二月二九日には駿河台の佐藤彪太博士を訪ねて診察を受けた。山室の最後の状況については、長女民子の日録的なものが『ときのこゑ』（四〇・五・一）に「故山室軍平中将病床日誌」として掲載されている。ここで生前最後の山室の姿をみておくことにしよう。

その日誌は三月二日から始まり、二回目からは「故山室軍平中将病床日誌抄」となって七月まで

『ときのこゑ』に連載されていく。その中で、三月七日、この日は山室にとって「特記すべき日」であると民子は記している。この日は山室の意識は明瞭であり、次のように語ったという。

後一日ですか、二日ですか、天国に近付きました。もう間もなく召されます。賤しき一箇の平民が、神の恵に支へられて、今日迄何等かの御奉仕をさせて戴きましたことは感激に堪へません。自分の徳の足らざると、力の足らざることに依つて、思ふ程の事も出来ず、真に相済まぬ次第です。それにも関らず、諸君は心を合せて今日迄戦うて下され有難い。十六、七歳の少年の頃からの思と願とを一貫させて頂き、今喜んで死につけることを神に感謝します。（『ときのこゑ』一九四〇・六・一）

三月一二日には山室がはっきりと「神よ御国にまゐります」「皆さん御世話になりました」となったと語った。その日には救世軍参謀楽隊の演奏が病床についている家の庭で行われ、山室は微笑したとある。「静けさ河の岸辺を過ぎ往く時にも憂きなやみの荒海をわたり往く折にも心安く、神によりて安し」と。山室はこの曲に合わせて微に唇を動かしたという。そして三月一三日にの夕方には注射も効かず、絶望との宣告を受けた。そして遂に一九四〇年三月一三日午後七時三五分、「有難う」「宜しく」を何度も繰り返し、山室軍平は御国に帰っていった。その顔は清く安らかであった。

葬儀　翌一四日夜六時より、山室の納棺式が瀬川八十雄の司式の下、自宅にて行われた。一七日に、本営から葬儀場である青山会館に向かい、二時より葬儀が執り行われた。吉田厚生大

山室軍平葬儀（1940年３月）

臣は帝国議会開催中であり、多忙であったがこの葬儀に出席した。そして旧知の徳富蘇峰と牧野虎次が弔辞を読んだ。この時、生前の社会事業に尽くした功労として、天皇、皇后、皇太后より祭粢《さいし》が下賜されている。

　徳富の弔辞は「山室中将は日本男児」として『ときのこゑ』（四〇・四・一）に掲載されている。徳富は五〇年来の旧友であったとし、山室の生涯が「献身的の生涯」であったこと、「非凡なる常識家」であり「非常なる勇気」を保持していたと回顧している。彼の真骨頂は民衆の為に福音を伝えるという「実行的基督者」として模範を垂れた人物であること、また「救世軍を日本化」することに努力したのみならず、「世界の山室」という地位を築いたと評価する。そして明治中期から昭和に至る足跡は「わが日本の国史に永く久しく印して、千歳を経ても消ゆることはない」と評している。救世軍への当時の非難や弾圧を意識してか、彼を「日本男児」「皇室中心主義者」と称し、これについては五〇年の友人たる「私がこゝに証を立てる」ことができ、「これについては一点の非難はありません」と述べている。徳富のこの表現は、救世軍指導者とあり、時勢を考慮した友人としてのせめてもの表現と理解できる。

また牧野虎次は次号に「良心の充満せる人物山室中将」という表題で弔辞を掲載している。彼は同志社や新島精神を意識し、「良心の全身に充満したる人物」であることを実証できるとし「代表的同志社人」であると追悼している。

その後の『ときのこゑ』『救世軍士官雑誌』やキリスト教、社会事業、女性関係紙誌には、内外の多くの名士からの追悼文が掲載されている。それは山室の救世軍人としての評価、あるいはキリスト者としての貢献、何よりもその人格や指導性などにおいての追悼内容が大半である。また内外各地の小隊においても追悼の会がもたれ、四月二六日には神田中央会館において「山室中将追憶記念会」が開催された。そこでは生江孝之や日本婦人矯風会会頭の林歌子が「婦人の友山室軍平」という題で講演をした。

四月一日刊行の『ときのこゑ』（四〇・四・一）の巻頭論文は「山室中将の精神は生く」である。そして田川大吉郎の「山室中将を憶ふ」を書いている。その中で田川は山室がキリスト教界において「事実に運用して」、着々と「機宜を誤らざる経営の才、施設の妙、絶倫の人」であったと評している。そして「信仰の理知と実用の手腕とを兼ね備へた明治年間以後の大一人者」であったと。もちろん救世軍関係以外の雑誌、キリスト教関係、社会事業関係などにも多くの追悼文が掲載された。

山室没後における展開

山室没後、多くの彼の死を惜しむ声と裏腹に、一方で救世軍への弾圧は続いていった。既述したように山室の名著『平民之福音』は絶版処分となった。その後、三月三〇日には在日本救世軍解散期成同盟の主催によって「救世軍撲滅大講演会」が浅草公会堂において開催された。そして、三月三一日付で「在日本救世軍解放請願書」が提出された。また七月三一日には、東京憲兵隊が植村司令官、瀬川書記長、リッチ少佐をスパイ容疑で拘束した。

「救世軍に対する憲兵隊の取締並に同軍の改革状況」（『戦時下のキリスト教運動Ⅰ』二八六〜二九〇頁）の「取締前の状況」によれば、救世軍の当局の認識として、救世軍はカトリック派以上の権威主義と独裁主義の性格を持っており、日本本営は万国本営に自主独立を有していないとし、救世軍は「万国本営大将の独裁的指導統制下に世界に神の国を建設せんことを主張し、頻りに国際主義或は救世軍の超国家主義性等を説教して、各国民の伝統的信仰並民族意識、国家意識等を嫌忌乃至《ないし》排斥し、更に其の国際政治との関係に於ては『救世軍は政治に関与せず』と唱へつゝも概ね英国の世界政策を是認乃至支援し来れり」という認識であった。それ故にたび重なる愛国的な青年士官や政治家の憤激を招き、救世軍に対する改革運動や取り締まりの要求が出されてきた。また救世軍には反戦思想を持つ者もあり、七月二〇日頃、取り締まり方針についての連絡があった。ここには当局の過度なまでの救世軍に対する警戒がある。

「救世団」へ　かかる経緯の中で、一九四〇年七月三一日に任意出頭形式によって、植村益蔵司令官、瀬川八十雄書記長官、ビクター・リッチ財務書記官、高橋一俊秘書の四人を外諜容疑を以て憲兵隊に引致し、本営事務所も捜査取り締まりをした。そして八月六日に、リッチ以外を釈放した。六日以来、秋元巳太郎、指田しづ他多くの士官を不拘束のまま取り調べた。その結果、日本救世軍本部は軍憲及び文部当局の方針に従ってリッチらの帰英、万国本営からの離脱（九月二五日に電報を発す）、機構名称の変更などを決定し、瀬川八十雄と植村益蔵は八月二三日付で「上申書」（前掲書、二八八～二九〇頁）を文部大臣橋田邦彦《はしだくにひこ》宛に提出した。そこには「抑々《そもそも》斯《かか》る事態を惹起せるは日本救世軍の本質的欠陥に依るものと存候に就くは此際団体の本義に則り皇民の自覚に透徹し左記綱領に従ひ

山室軍平の墓碑
（奥が軍平，その隣が機恵子，手前が悦子）

在英国倫敦救世軍万国本営との間に存する関係を絶ち日本救世軍の再建を遂行し国体に醇化して以て一層尽忠報国の誠を致度候」云々とある。そして「救世団」とすること、「国体の本義に基き教義を匡正す」などが記されている。また「服装を変更し且軍隊的階級及呼称等を用ひず」とあり、ここに日本の救世軍は完全に骨抜きにされたと称してもよいだろう。救世団と称することは、英国本部と別の組織に改編させられたということになる。ただ、公益事業として救世軍の経営になる社会事業は国策に従って国民に奉仕していくことは謳われている。翌日の新聞には救世軍のことが大々的に取り上げられた。かくして救世軍は救世団として再スタートを余儀なくされたのである。

キリスト教界では一九四一（昭和一六）年六月に日本

基督教団が発足し、救世軍もその傘下に入っていくことになる。その創立総会が六月二五日に持たれ、救世軍は救世団と改名させられた。『ときのこゑ』は『日本救世新聞』（四〇年九月）、『朝のひかり』（四二年一月）と改名させられた。同年一二月八日にはハワイの真珠湾を奇襲し、日本は米英に開戦を宣告しアジア・太平洋戦争が始まる。社会事業施設や関係する事業はその間、四五年八月一五日の終戦まで、運営されていた。しかし空襲が激しかった東京を中心にして、多くの救世軍の建物・施設が焼失した。戦時中、救世団もなくなり、救世軍が再建されるのは、終戦後の一九四六年のことである。そうした歩みを山室は天国からいかようにみていたのだろうか。

山室の遺骨は、今、妻機恵子、悦子と共に多磨霊園に眠っている。その一角には、「憂ふる者の如くなれども常に喜び、貧しき者の如くなれども人を富ませ、何も有たぬ者の如くなれども凡ての物を有てり」というような聖句が刻まれている。

5　近代日本と山室

山室のその後

山室は真珠湾攻撃が起こる前年の一九四〇年三月一三日、天に召された。アジア・太平洋戦争勃発以降、もし彼が生きていたら、彼個人、そして救世軍自体、どのような展開になっていたのだろうか。それを見ないまま眠りについた。これを山室にとって幸せと言うべきか不幸と言うべきか。救世軍に関わりながら、多くの民衆のために福音を伝え、生活に苦しむ人々に生きる場を提供し、病気で苦しむ人に安らぎの場を、紅灯下に売られた女性に廃業し正業に就くことを勧め、戦場で国のために戦う兵士に対しては、便宜をはかり、海外移民の中で苦しんでいる人々に対しても、福音と救済の手を差し伸べていった。そこには頑なまでの日本及び日本人への想いがあり、救世軍の精神を守りながらの人生の旅であった。

山室は救世軍に対して誠実に事業を遂行し、それを日本人の主体的な団体にしたいと常に希求していた。人々の生活を第一に思うあまり、結果として時代の波に飲まれていくことになる。それは彼の限界と言うより、「平民」（民衆）への伝道を第一義に置いた山室の生き様であった。人々は救世軍の民衆への実践活動や彼の熱弁に拍手を送ったし、その人となりを知り、多くの賛同者、協力者が彼の周囲に集まり、山室や救世軍の事業を助けていった。そして山室の活動はその時代の人々の脳裏に「平民伝道者」かつ「社会事業家」としての山室が「記憶」に刻まれていくことになった。誰にも分かるキリスト教を目指した彼の思念は、戦後、『民衆の聖書』二四巻の完成によって、民衆への伝道を志した所期の思念は揺らぐことなく貫かれた。山室は常に日本の民衆を軸において福音伝道と共に民衆の福祉を支援する社会事業（福祉）によって生きた人生でもあった。

山室への評価

キリスト者としての山室の評価は様々である。名もなき民衆への伝道者として高く評価されても、彼の伝道における通俗道徳ともとれる聖句の解釈や教義的な解釈の曲解、そこには政治的な緊張感も神学との正当性も評価される対象でないと批判される。そして昭和十年代に入ると反英運動と国家主義のあおりの中で、救世軍への風当たりは厳しくなり、彼は戦争という国策に追従していった。中国、朝鮮、とりわけ満州へは積極的に出て行った。

こうした山室を追っていくとき、しばしばアジアの中の日本、そして政治という国家が見えなかった点が気にかかる。それを救世軍そのものの政治に言及しないという方針にあったというべきか。最暗黒への挑戦は世界普遍の課題として、とりわけ日本においては文明国への目標としても機能していった。それが故に近代日本の経綸とも称せる文明国家への希求と相まって、ひいてはアジアの中の一国たる日本がみえていなかった。救世軍は近代国家への影の部分、暗黒に光を当てていく団体である。英国に本部を持つ日本の救世軍は日英関係の中で、国家から時には歓迎され、昭和一〇年代には批判されていくというように、時代の波に翻弄された歴史でもあった。山室はこうした状況でも救世軍の精神は守り続けた。

また、若い時に学んだ新島の教育思想「一国の良心」という言葉を彼はいかように捉えていたのだろうか。山室には明治人として日本、日本人としての矜持が存在する。キリスト者でありながら素直に皇室を敬うという思念もあった。国家に尽くすという使命もあった。「アジアの良心」「世界の良心」としての人生であったのか、という素朴な疑問も残る。

近代日本と山室——その生涯

しかし、山室の言葉は民衆や国家に迎合しただけのものではない。そこには少なくとも民衆の心を動かす、琴線にふれるものがあったはずである。時代から疎外されてきた多くの民衆の生活への保障も決して十分ではなかったが、彼なりに精一杯成し遂げようとした。体制変革でなく、むしろ民衆の一回限りの人生を大切にすること、生活保障、生存保障を追い求めた人生、そこに彼の存在価値をみておきたい。時代に棹さす思想というのでなく、困難な状況に陥った時、民衆に寄り添いながら人々の最低限の生活、生存を支えていかねばならないという思念があった。

そのためには政治という壁にぶつかるが、目的はあくまでもその人のまっとうな生活を支援するという思想であった。その目的成就のために、基本的には時の政府や天皇制とも対決をしない、結果として体制に荷担した位相にあったが、体制に包摂されながらも、キリスト者として彼自身、最低限のものは守っている。そして時の皇室や国家に対しても、人々の福祉という目的のためには、それを善として利用したようにも思える生き方であった。山室は近代日本の影を見ながら、キリスト者として日本と日本人のために生きた生涯であったのだろう。

民衆の生活を念頭におきながら、社会事業をもってそれに対処し、また名もなき多くの民衆をキリスト教に導き、近代日本を相渉っていった山室はその意味でやはり優れたキリスト者・宗教家であり社会事業家であった。換言すれば同志社時代に彼が人生の目的とした「無名ノ英雄、無名ノ豪傑」を目ざしての人生であり、それを完遂したのではなかろうか。山室には明治人としての骨太な思想へのこだわりが存したが。それは民衆への信頼と愛であったろう。その根底には卵絶ちして祈る母に民衆の原像があった。あくまで今、ここに苦しんでいる人をみたとき、それをいかに支援し解決していくかということを彼は根底的な社会変革というより、第一義に人間変革に求めたというべきだろう。逆にそこに山室の人間としての魅力、偉大さを思う。

山室は近代日本という時間、その「光と影」を認識しながら、民衆へのキリスト教伝道と社会事業をもって歩んだ人生であった。すなわち近代日本はこうした人物を必要とした歴史であり、我々の眼前にその足跡（歴史）が、刻まれたのである。

主要参考文献

※参考文献は著書のみに限定した。多数にわたる山室の著書やトラクト類については、『山室軍平の研究』（同朋舎出版、一九九一）収載の拙稿「山室軍平著書目録」（五五九〜五六四頁）を参照されたい。

山室軍平の研究著書

関根文之助『山室軍平先生』（アルパ社書店、一九三二）
関根文之助『平民使徒　山室軍平』（不二屋書房、一九三五）
鑓田健一『山室軍平』（実業之日本社、一九三六）
関根文之助『山室軍平先生』（救世軍出版及供給部、一九三八）
秋元巳太郎『山室軍平の一瞥』（救世軍出版供給部、一九四〇）
関根文之助『山室軍平』（国民教育普及会、一九四八）
山室武甫『民衆の友　山室軍平』（日本文化研究会、一九五〇）
秋元巳太郎『山室軍平の生涯』（救世軍出版供給部、一九五一）
阿部光子『民衆の友　山室軍平』（偕成社、一九五四）
山室武甫編『山室軍平回想集』（山室軍平記念会、一九六五）
山室武甫『人道の戦士　山室軍平』（玉川大学出版部、一九六九）

三吉明『山室軍平』（吉川弘文館、一九七一）
高道基『山室軍平』（日本キリスト教団出版局、一九七三）
同志社大学人文科学研究所編『山室軍平の研究』（同朋舎出版、一九九一）
＊同志社大学人文科学研究所での六年間にわたる山室軍平の研究成果であり、総論（三）、各論（一四）、計一七論文があり様々な角度から研究されている。一〇八頁にわたる詳細な「山室軍平年譜」や山室の「著書目録」も収載されている。
鹿嶋海馬『山室軍平』（大空社、一九九九）
浅野洋『日本の説教5山室軍平』（日本キリスト教団出版局、二〇〇三）

山室軍平の資料と主要著書

山室武甫編『山室軍平選集』一〇巻＋別巻（「山室軍平選集」刊行会）、一九五一〜一九五六）
＊山室軍平の代表的な著作や論文が収載され、各巻は①「聖書研究」、②「説教集（上）」、③「説教集（下）」、④「信仰の実践と修養」、⑤「伝道論集」、⑥「社会事業」、⑦「伝記（上）」、⑧「伝記（下）」、⑨「人物論集」、⑩「書簡集」、そして別巻「追憶集」から構成されている。選集の復刻版（日本図書センター）も刊行されている。
『山室軍平聖書注釈全集　民衆の聖書』全二四巻（教文館、一九七〇〜一九七二）
山室軍平『平民之福音』（救世軍日本本営、一八九九）
――――『戦争的基督教』（救世軍日本本営、一九〇三）
――――『ブース大将伝』（救世軍日本本営、一九〇六）

――『日本におけるブース大将』（救世軍日本本営、一九〇七）
――『公娼全廃論』（警醒社書店、一九一一）
――『社会廓清論』（中央公論社、一九一四）
＊山室の代表的な著作であり、特に廃娼運動に関する内容になっており、山室の思想を理解するにも好著である。四八〇頁の大著でもあるが、文庫本（中公文庫）にもなっており、入手しやすい。
――『山室機恵子』（救世軍出版及供給部、一九一六）
――『基督教と日本人』（救世軍本営、一九二〇）
――『救世軍大将ブラムエム・ブース』（救世軍出版及供給部、一九二一）
――『人生の旅行』（救世軍出版及供給部、一九二三）
――『社会事業家の要性』（中央社会事業協会、一九二五）
――『救世軍略史』（救世軍出版及供給部、一九二六）
――『私の青年時代』（救世軍出版及供給部、一九二九）
――『代議士から救世軍士官に』（救世軍出版及供給部、一九三〇）
――『救世軍の立場を弁明す』（救世軍出版及供給部、一九三七）
――『山室悦子』（救世軍出版及供給部、一九三七）

救世軍関係の資料と著書

救世軍機関紙『ときのこゑ』一六巻＋補巻【復刻版】（不二出版、一九八七）
――『戦場士官』『救世軍士官雑誌』『少年兵』等

William, Booth『*In Darkest England and The Way Out*』（一八九〇）
西川光二郎編『ブース大将言行録』（内外出版協会、一九一二）
金森通倫『救世軍観』（救世軍本営、一九一四）
沖野岩三郎『娼妓解放哀話』（中央公論社、一九三〇）
井深清庫編『日本民族の世界的膨張　小林政助論文集』（警眼社、一九三三）
鈴木噲路朗『救世軍の仮面を剝ぐ』（森田書房、一九三七）
田中健三『日本救世軍の内幕を衝く』（今日の問題社、一九三七）
柴田博陽『山田弥十郎氏記念誌』（太田信三商店、一九三九）
山中豊吉編『建白書』（一九三九）
松本勝三郎『英国のスパイ！　救世軍を撃つ』（秀文閣書房、一九四〇）
山室武甫『評伝山室富士』（救世軍出版及供給部、一九四一）
岡山縣社會事業協会『留岡幸助永眠十周年山室軍平永眠三年追憶記念集』（岡山縣社會事業協会、一九四四）
山室武甫編『在米同朋の先覚　小林政助伝（救世軍在米日本人部の活動）』（「山室軍平選集」刊行会、一九六三）
山室武甫『山室軍平にふさわしい妻機恵子』（玉川大学出版部、一九六五）
吉屋信子『ときの声』（筑摩書房、一九六五）
秋元巳太郎『日本における救世軍七十年史』第一巻（救世軍出版及供給部、一九六五）
山室武甫『ウイリアム・ブース』（玉川大学出版部、一九七〇）
大柴恒『山田弥十郎』（キリスト新聞社、一九七二）
モルフィ著・小川京子訳『石つぶての中で――モルフィの廃娼運動』（不二出版、一九八四）
瀬川和雄編『足おと――救世軍の歩み』（一九八四）

山室徳子『遁れの家にて　村松きみの生涯』（ドメス出版、一九八五）
W・ブース・山室武甫訳『最暗黒の英国とその出路』（相川書房、一九八七）
＊救世軍の創設者ウイリアム・ブースの主著であり、一八九〇年に出版されてベストセラーともなった。救世軍の基本的な考え方、実践、思想がわかりやすい。
吉田信一編著『神の国をめざして』（救世軍出版供給部、一九八七）
秋元巳太郎原著杉森英子補編著『神の国をめざして』一～四巻（救世軍出版供給部、一九九一～一九九五）
＊日本の救世軍の歩みを、明治期から戦後に至るまで四巻にわたって編年順に詳細に叙述されており、山室のことも多く触れられ、山室と救世軍の関係を知るうえで非常に便利である。
救世軍日本開戦一〇〇年記念写真集編集委員会編『心は神に手は人に　救世軍日本開戦一〇〇年記念写真集』（救世軍本営、一九九七）
春山みつ子『山室機恵子』（大空社、一九九九）
救世軍京橋小隊編『救世軍京橋小隊開戦百年史』（救世軍京橋小隊、二〇〇五）
安原みどり『山室機恵子の生涯――花巻が育んだ救世軍の母：宮沢賢治に通底する生き方』（銀の鈴社、二〇一五）

山室軍平研究の関係資料と著書

『婦人新報』復刻版（不二出版、一九八五～八六）
『廓清』復刻版（不二出版、一九九五）
家庭学校機関誌『人道』復刻（不二出版、一九八〇）
佐波亘編『植村正久と其の時代』全八巻（教文館、一九七六、復刻再版）

児島㟢一郎編『石井十次日誌』三一冊（石井記念友愛社、一九五六〜一九八三）
池田次郎吉編『ジョージ・ミューラル氏小伝幷演説　信仰之生涯全』（学農社、一八八九）
松原岩五郎『最暗黒之東京』（民友社、一八九三）
安部磯雄『社会問題解釈法』（東京専門學校出版部、一九〇一）
高田集蔵『信仰ありのまゝの記』（磯部甲陽堂、一九二六）
沖野岩三郎『娼妓解放哀話』（中央公論社、一九三〇）
生江孝之『日本基督教社会事業史』（教文館、一九三一）
伊藤秀吉『日本廃娼運動史』（廓清会婦人矯風会廃娼連盟、一九三一）
伊藤秀吉『紅灯下の彼女の生活』（実業之日本社、一九三一）
久布白落實編『矢島楫子伝』（警醒社書店、一九三五）
竹中勝男『福音の社会的行者』（日本組合基督教会事務所、一九三七）
竹中勝男『日本基督教社会事業史』（一九四〇）
日本社会事業研究会編『日本社会事業新体制要綱』（常磐書房、一九四〇）
片山潜『日本の労働運動』（岩波書店、一九五二）
中村藤太郎編『吉田清太郎　愛の行者』（一九五五）
牧野虎次『針の穴から』（牧野虎次先生米寿記念会、一九五八）
渋沢青淵記念財団竜門社編『渋沢栄一伝記資料』第二四巻（渋沢栄一伝記資料刊行会、一九五九）
酒井忠夫『中国善書の研究』（弘文堂、一九六〇）
南加州日本人七十年史刊行委員会編『南加州日本人七〇年史』（南加日系人商業会議所、一九六〇）

同志社大学人文科学研究所編『熊本バンドの研究』(みすず書房、一九六〇)
守屋茂『近代岡山県社会事業史』(岡山県社会事業史刊行会、一九六〇)
相馬黒光『默移』(法政大学出版局、一九六一)
添田知道『演歌の明治大正史』(岩波書店、一九六三)
藤田省三『維新の精神』(みすず書房、一九六七)
村上信彦『明治女性史』上中下(理論社、一九六九~七二)
青山なを『明治女学校の研究』(慶応通信、一九七〇)
小倉襄二『社会保障と人権』(汐文社、一九七〇)
谷川健一『近代民衆の記録3　娼婦』(新人物往来社、一九七一)
和田洋一編『同志社の思想家たち』上・下巻(同志社大学生協出版部、一九七三)
久布白落実『廃娼ひとすじ』(中央公論社、一九七三)
更井良夫『岡山県の生んだ四人の社会事業家』(日本基督教社会事業同盟、一九七三)
ハワイ日本人移民史刊行委員会編『ハワイ日本人移民史』増補再版(ハワイ日本人連合協会、一九七七)
市川房枝編『日本婦人問題資料集成』第一巻(ドメス出版、一九七八)
立花雄一『評伝横山源之助』(創樹社、一九七九)
竹村民郎『廃娼運動』(中央公論社、一九八二)
前田愛『都市空間のなかの文学』(筑摩書房、一九八二)
生活研究同人会編『近代日本の生活研究—庶民生活を刻みとめた人々』(光生館、一九八二)
吉田久一『日本貧困史』(川島書店、一九八四)
三吉明『キリスト教社会福祉事業家の足跡』(金子書房、一九八四)

吉見周子『売娼の社会史』（雄山閣出版、一九八四）
杉井六郎『明治期キリスト教の研究』（同朋舎出版、一九八四）
守屋茂『日本社会福祉思想史の研究』（同朋舎出版、一九八五）
村岡健次・川北稔編著『イギリス近代史』（ミネルヴァ書房、一九八六）
『日本キリスト教婦人矯風会百年史』（ドメス出版、一九八六）
浜林正夫『イギリス宗教史』（大月書店、一九八七）
阿部光子『献花』（新潮社、一九八七）
厚生省五十年史編集委員会編『厚生省五十年史』（中央法規出版、一九八八）
吉田千代『評伝鈴木文治』（日本経済評論社、一九八八）
倉橋正直『北のからゆきさん』（共栄書房、一九八九）
『島田三郎全集』第二巻（龍渓書舎、一九八九）
同志社大学人文科学研究所編『北米日本人キリスト教運動史』（ＰＭＣ出版会、一九九一）
村松貞次郎『やわらかいものへの視点――異端の建築家伊藤為吉』（岩波書店、一九九四）
室田保夫『キリスト教社会福祉思想史の研究――「一国の良心」に生きた人々』（不二出版、一九九四）
社会福祉法人慈愛会編『慈愛寮百年のあゆみ』（ドメス出版、一九九四）
村山幸輝『キリスト者と福祉の心』（新教出版社、一九九五）
岡田典夫『日本の伝統思想とキリスト教』（教文館、一九九五）
同志社大学人文科学研究所編『近代天皇制とキリスト教』（人文書院、一九九六）
沈潔『「満州国」社会事業史』（ミネルヴァ書房、一九九六）
小倉襄二『福祉の深層』（法律文化社、一九九六）

藤目ゆき『性の歴史学』(不二出版、一九九七)
室田保夫『留岡幸助の研究』(不二出版、一九九八)
室田保夫・田中真人編『石井十次の研究』(同朋舎出版、一九九九)
更生保護誌編集委員会『更生保護史の人びと』(日本更生保護協会、一九九九)
安岡憲彦『近代東京の下層社会——社会事業の展開』(明石書店、一九九九)
高橋昌郎『明治のキリスト教』(吉川弘文館、二〇〇三)
成田龍一『近代都市空間の文化経験』(岩波書店、二〇〇三)
藤野豊『厚生省の誕生』(かもがわ出版、二〇〇三)
同志社大学人文科学研究所編『戦時下の基督教運動1』(新教出版社、二〇〇三)
杉山博昭『キリスト教福祉実践の史的展開』(大学教育出版、二〇〇三)
井垣章二他編『社会福祉の先駆者たち』(筒井書房、二〇〇四)
竹村民郎『大正文化帝国のユートピア』(三元社、二〇〇四)
遠藤興一『田川大吉郎とその時代』(新教出版社、二〇〇四)
青木純一『結核の社会史』(御茶の水書房、二〇〇四)
太田雄三『新島襄』(ミネルヴァ書房、二〇〇五)
葛井義憲『闇を照らした人々——相馬黒光・山室軍平・石井十次・福西志計子論』(朝日出版、二〇〇五)
倉田和四生『留岡幸助と備中高梁—石井十次・山室軍平・福西志計子との交友関係』(吉備人出版、二〇〇五)
室田保夫編著『人物でよむ近代日本の社会福祉のあゆみ』(ミネルヴァ書房、二〇〇六)
木村和也『路地裏の社会史』(昭和堂、二〇〇七)
塩見鮮一郎『貧民の帝都』(文芸春秋、二〇〇八)

細井勇『石井十次と岡山孤児院』（ミネルヴァ書房、二〇〇九）
小野沢あかね『近代日本社会と公娼制度』（吉川弘文館、二〇一〇）
倉橋正直『従軍慰安婦と公娼制度』（共栄書房、二〇一〇）
遠藤興一『天皇制慈恵主義の成立』（学文社、二〇一〇）
室田保夫編著『人物でよむ社会福祉の思想と理論』（ミネルヴァ書房、二〇一〇）
片岡優子『原胤昭の研究』（関西学院大学出版会、二〇一一）
井口隆史『安部磯雄の生涯』（早稲田大学出版部、二〇一一）
遠藤興一『一五年戦争と社会福祉——その両義性の世界をたどる』（学文社、二〇一二）
大谷まこと『渋沢栄一の福祉思想』（ミネルヴァ書房、二〇一一）
賀川記念松沢資料館編『日本キリスト教史における賀川豊彦』（新教出版社、二〇一一）
室田保夫編著『人物でよむ西洋社会福祉のあゆみ』（ミネルヴァ書房、二〇一三）
室田保夫『近代日本の光と影——慈善、博愛、社会事業をよむ』（関西学院大学出版会、二〇一二）
大田英昭『日本社会民主主義の形成　片山潜とその時代』（日本評論社、二〇一三）
松田利彦・陳姃湲編『地域社会から見る帝国日本と植民地——朝鮮・台湾・満洲』（思文閣出版、二〇一三）
下八十五『娼妓たちの目覚め』（幻冬社ルネッサンス、二〇一四）
佐賀朝・吉田伸之『シリーズ遊廓社会2近世から近代へ』（吉川弘文館、二〇一四）
日本キリスト教社会福祉学会編『日本キリスト教社会福祉の歴史』（ミネルヴァ書房、二〇一四）
立花雄一『横山源之助伝——下層社会からの叫び声』（日本経済評論社、二〇一五）
林葉子『性を管理する帝国』（大阪大学出版局、二〇一六）
八木橋康広『備中高梁におけるキリスト教会の成立』（ミネルヴァ書房、二〇一六）

町田祐一『近代都市の下層研究：東京の職業紹介所をめぐる人々』（法政大学出版局、二〇一六）
沖田行司編『新編同志社の思想家たち』上・下（晃洋書房、二〇一八～二〇一九）

あとがき

山室軍平が亡くなって今年の三月でちょうど没後八十年、二〇二二年には生誕一五〇年の節目となる。戦前に有名であった山室や救世軍も今は忘れられようとする存在である。山室軍平の執筆を依頼されたのは、かれこれ一〇年前にさかのぼる。山室が関わったのは特異なキリスト教派でもあり、そしてキリスト教や社会福祉界でしかあまり知られない存在を限られた紙幅で描くのは、正直、一抹の不安と躊躇があった。山室に関する資料は沢山あり、また偉大な山室を一つの評伝にまとめることの難しさを感じていた。

私が山室を本格的に研究をはじめたのは、一九八三年、同志社大学人文科学研究所で山室軍平の研究が開始された時である。山室の研究会は一九八九年三月まで続いた。そして九一年三月、研究書『山室軍平の研究』が刊行された。それ以来、三〇年ほど経っている。その間、社会福祉の歴史研究として、とりわけ人物や思想に焦点をあてながら研究をしてきた。その頃から近代という中で、社会事業家を如何に位置づけていくかに関心を寄せてきた。本書「序章」で山室を「近代日本という時代の中でいかに描くかであり、筆者の本書を書く意図はここに集約されている」と書いたが、それがうまく描けているかは読者のご判断におまかせするしかない。

山室がキリスト教伝道者として、とりわけ多くの民衆に語ったのは、人々の日常の生き方である。キリスト教を誰にもわかるように語り、人々の琴線に触れ、心に響く言葉を発した。山室の言葉が多くの人に響いたのは彼の民衆への向かい方、そして誰よりも名も無き民を愛することであった。多くの社会事業施設を創り、時代や社会から差別、排斥されていた人々に向けた実践は、彼等に対する愛にあったのだろう。そこには「卵絶ち」をして祈る母の姿が、民衆の原像としてあった。

山室は誠実な救世軍士であった。ただ日本のアジアへの侵略、その政治性が見えなかった、という面は執筆しながら幾度も心にひっかかった。それは山室にある思想の課題であり、救世軍のもっている性格にも影響しているのではないか。とりわけ後者において救世軍の創設者ウイリアム・ブースの存在は山室にとって大きかった。救世軍が英国という文明国家の中で、近代が生み出した課題を「最暗黒」と捉えていく視点、それは日本の近代化において文明の目標としていた日本の経綸と軌を一にしていた。そこに近代日本、そして山室の思想的課題があるように思われた。くわえて山室はあくまでも明治人であり、愛国心や国家、皇室への熱い思いが存在した。

この著作は私自身の山室像を如何に築いていくかということでもあった。描くにあたって使用した史料も救世軍の機関紙『ときのこゑ』を中心に活字化されたものが大半を占めた。日記や書簡などをあまり使用していない憾みは残るが、これについては他日に期さなければならない。ともあれ、近代日本にこのような生き方をした人物がいたことをお読みいただければと思う。つまり近代日本には山室のような人物が必要であった。山室の生涯を一言で表現すれば、日本の近代化の中でともすれば見えない、あるいは忘れ去られようとする様々な課題、「暗黒」や「影」に光をあてた生涯であった。山室を理解するキーワードとして「無名の英雄、無名の豪傑」という言葉を選んだが、彼の生涯はこの言葉の具現化に通じていたのだろう。

最後に本書を出版するにおいて山室軍平記念救世軍資料館の方々、とりわけ元館長浅野洋氏、現館長の平本直氏には資料閲覧などお世話になりました。また田中和男氏には折りに触れて歴史を語る中で、そして倉持史朗氏には年譜作成に協力を得ました。その他いちいちお名前を挙げませんが、多くの方の協力があったことを心より感謝しております。最後にミネルヴァ書房編集部の島村真佐利さんには、筆者の堅い文章を幾度か指摘していただきました。山室がめざした容易で人々に伝わる言葉や文章の偉大さにあらためて自戒した次第です。

二〇二〇年一月一七日　大学の研究室から遥か京都洛西の山々を見ながら

室田保夫

山室軍平略年譜

和暦	西暦	齢	関係事項	一般事項
明治 五	一八七二	0	7・29（新暦9・1）、岡山県阿哲郡本郷村字則安（現新見市哲多町）で生まれる。父は佐八、母、登毛。	6月マリア・ルーズ号事件。8月学制発布。11月太陽暦採用布告。
七	一八七四	2	12・5佐藤（山室）機恵子、岩手県花巻町字川口町で生まれる。	12月恤救規則布達。
一〇	一八七七	5	9月弘業小学校に入学する。	2月西南戦争。5月日本赤十字社の前身博愛社創設。
一四	一八八一	9	7月弘業小学校下等科卒業。岡山県賀陽郡上足守村杉本弥太郎の養子となる。足守の高等小学校に入学。松浦漢学塾に通う。	
一七	一八八四	12	6・2水野（山室）悦子、愛知県海部郡甚目寺村で生まれる。	
一九	一八八六	14	8月家出。東京築地活版製造所に勤める。10月山室姓に復す。	12月東京婦人矯風会設立。ジョージ・ミュラー来日。

二〇	一八八七	15	秋、築地の祝橋にてキリスト教の路傍伝道に接する。	9月石井十次孤児教育会（岡山孤児院）創設。
二一	一八八八	16	9・23洗礼を受け東京築地福音教会の会員になる。	4月市制・町村制。
二二	一八八九	17	6・1徳富蘇峰の講演を聴く。京都同志社の夏期学校に参加。9月岡山孤児院の石井十次を初めて訪問、同志社予備学校に入学。10月同志社文学会に入会。	2月大日本帝国憲法発布。4月『ジョージ・ミューラル氏小伝並演説　信仰の生涯全』出版。
二三	一八九〇	18	1・23新島襄死去。3月「新島先生ヲ弔フノ文」（『同志社文学会雑誌』三二号）。6月同志社予備学校課程を修了。9月同志社普通学校一年の課程に進学。	
二四	一八九一	19	12月震災孤児院設立資金募集のために上京、植村正久らに会う。	10月濃尾大地震。
二五	一八九二	20	4月石井十次、同志社病院入院。W・ブース著『最暗黒の英国と其の出路』を山本徳尚が和訳したのを筆記する。9月同志社教会に入会。	6月宮内文作ら上毛孤児院創設。
二六	一八九三	21	9月同志社普通学校四年の課程に進む。勉学継続を石井十次に伝える。	4月東京婦人矯風会、日本婦人矯風会と改称。
二七	一八九四	22	6月同志社中退を決断。高梁教会で伝道。11月石井らとバックストン訪問。	8月日清戦争勃発。
二八	一八九五	23	1月宮崎県茶臼原で孤児と共に開墾作業。その後、	4月日清講和条約（下関）条約

			愛媛県今治で伝道。9・4救世軍ライト大佐ら来日。10月上京し伊藤為吉の許で大工修行、救世軍の状況を石井に報告。11・30救世軍に入る。12月ライト大佐とともに岡山孤児院を訪問。	調印。三国干渉。
二九	一八九六	24	5月キャプテンに任ぜられる。10月日本人初の少校となる。救世軍出獄人保護所が設置される。	6月三陸地方大海嘯。
三〇	一八九七	25	6月『鬨聲』（『ときのこゑ』）編輯主任に任ぜられる。	3月キングスレー館開館。4月伝染病予防法。
三一	一八九八	26	4月片山潜、横山源之助らと貧民研究会結成。	10月留岡幸助『慈善問題』出版。幸徳秋水ら社会主義研究会設立（一九〇〇年、社会主義協会へ改称）。留岡幸助『慈善問題』出版。
三二	一八九九	27	6・6佐藤機恵子と結婚。10月『平民之福音』出版。	4月横山源之助『日本之下層社会』出版。11月留岡幸助、巣鴨家庭学校創設。
三三	一九〇〇	28	3月U・G・マーフィに会う。8月機恵子を主任として「醜業婦救済所」（後の婦人救済所）設置。9・5山室、デュース少佐と共に自由廃業運動中、暴徒に襲われ重傷を負う。9・18長女民子誕生。	3月感化法。精神病者監護法。10月娼妓取締規則。

三四	一九〇一	29	7月父山室佐八死去。この年、母登毛死去。	4月安部磯雄『社会問題解釈法』出版。
三五	一九〇二	30	7月人力車夫伝道の開始。9・17長男武甫誕生。12月愛隣隊事業（貧困家庭訪問）開始。	1月日英同盟。
三六	一九〇三	31	1月神田青年会館で大印半纏会。6月『戦争的基督教』出版。	5月大阪で全国慈善大会開催。
三七	一九〇四	32	5月救世軍万国大会にむけて出発。6月第三回救世軍万国大会にブラード大佐らと参加。11月万国大会から帰国。少佐に任ぜられる。	2月日露戦争勃発。
三八	一九〇五	33	3月戦場書記官兼鬨声記者に任ぜられる。8月次男襄次誕生（翌年3月召天）。	9月日露講和条約（ポーツマス条約）調印。日比谷焼き討ち事件。翌年にかけて東北地方大凶作。
三九	一九〇六	34	1月口入屋（職業紹介所）、木賃宿箱船屋を開始。2月女中寄宿舎設置。6・1神田青年会館での満州婦人救済演説会で演説。8月『ブース大将伝』出版。12月慰問籠事業開始、次女友子誕生。	4月廃兵院法公布。11月南満州鉄道株式会社設立。
四〇	一九〇七	35	4・15W・ブース大将来日、各地で講演。山室は通訳として活躍。6月中佐に任ぜられる。9月補書記長官に任ぜられる。12月『日本に於けるブース大	5月林歌子、大阪婦人ホーム創設。

			将』出版。	
四一	一九〇八	36	6・1大連婦人救済所献堂式に出席。9月大学殖民館開設、開館式で設立趣旨を発表。	9月第一回感化救済事業講習会（内務省）。10月戊申詔書発布。10月中央慈善協会設立（会長渋沢栄一）。
四二	一九〇九	37	1月満州へ。3月英国へ（8月に帰国）。4月英国ブリストル市のジョージ・ミューラーの孤児院など参観。6月三男周平誕生。12月慈善鍋（のちの社会鍋）事業開始。	7月中央慈善協会機関誌『慈善』創刊。第一回地方改良事業講習会（内務省）。
四三	一九一〇	38	11月大佐心得に任ぜられる。	5月大逆事件の検挙開始。8月韓国併合。
四四	一九一一	39	1・23自宅の火事により、約二〇年分の日記を焼失、3月三女光子誕生。5月『公娼全廃論』出版。	2月施薬救療ノ勅語。4月吉原遊廓大火災。8月廓清会発会式。
四五 大正一	一九一二	40	6月救世軍病院開院。8・20ブース大将死去。	7月明治天皇逝去、大正へ改元。8月友愛会結成。12月憲政擁護第一回大会（第一次護憲運動始まる）。
二	一九一三	41	2・20大学殖民館火災、「罪を天下に謝す」発表。3月四女善子誕生。	8月『救済研究』（後の『社会事業研究』）発刊。
三	一九一四	42	1・30石井十次死去、葬儀にて弔辞を読む。5月	7月第一次世界大戦勃発。8月

			『生活問題と基督教』出版。10月『社会廓清論』出版。	留岡幸助、北海道社名淵に家庭学校分校創設。
四	一九一五	43	10月救世軍希望館開設。11・9藍綬褒章を受章。	
五	一九一六	44	7・4四男使徒誕生。7・12妻・機恵子召天。9月『山室機恵子』出版。11月結核療養所を開所。	9月工場法施行。
六	一九一七	45	4月内務省から欧米感化救済事業の調査を委嘱され、9月まで欧米諸国を歴訪、その後、大西洋を渡り米国西海岸で一五日間講演会を開催。10月後藤新平内務大臣に欧米視察を報告。11・1水野悦子と再婚。中央慈善協会評議員として第四回全国救済事業大会に出席。	1月河上肇『貧乏物語』出版。2月東京府慈善協会設立。5月岡山県済世顧問制度開始。11月ロシア革命（10月革命）。
七	一九一八	46	6月内務省・救済事業調査会委員に任ぜられる。8月救世軍、東京の万年町などで米の廉売を実施。9月五女徳子誕生。	8月シベリア出兵。米騒動勃発。9月原敬内閣成立。10月大阪府方面委員制度開始。
八	一九一九	47	11月救世軍創立五〇年記念日本救世軍大会。11月救世軍女子希望館の開設。	6月ヴェルサイユ条約調印。
九	一九二〇	48	6月内務省より「社会事業職員養成所講師」を委嘱される。6月第五回全国社会事業大会に出席。11月『救世軍二十五年戦記（去四半世紀間日本救世軍の運動）』出版。	1月国際連盟発足。5月日本初のメーデー。8月内務省、社会局設置。

一〇	一九二一	49	6月『救世軍大将ブラムエル・ブース』出版。12・20五男潔誕生。	10月日本労働総同盟（友愛会）と改称。
一一	一九二二	50	7・18神田の中央会館における「児童虐待防止大講演会」で講演。	3月全国水平社結成。未成年者禁酒法。7月日本共産党結成。
一二	一九二三	51	9月震災救援活動。	3月生江孝之『社会事業綱要』出版。9月関東大震災。
一三	一九二四	52	1月社会事業調査会委員に任ぜられる。2月勲六等瑞宝章を受ける。	6月東京帝大セツルメント設立。
一四	一九二五	53	3月『社会事業家の要性（地方改善事業叢書第五輯）』出版。6・30渡英（一九二六年六月まで）。10月六週間英国本営に通う。	4月治安維持法。5月普通選挙法。
一五 昭和元	一九二六	54	3月W・ブース生誕七〇年祝賀会に出席、少将に任ぜられる。4月ロンドンから帰国の途へ、カナダからニューヨーク、シカゴへ。6月ハワイ伝道。6・28帰国歓迎集会。10・11ブラムエル。ブース大将来日、ブースに随行して各地を訪問。	3月労働農民党結成。12月大正天皇逝去、昭和へ改元。
二	一九二七	55	1・1月救世軍日本司令官に就任。	3月金融恐慌始まる。
三	一九二八	56	3月救世軍中央会館の開営。6月渡英。11月昭和天皇へ『平民之福音』などを献上。従六位に任ぜられる。	6月張作霖爆死事件。

四	一九二九	57	1月救世軍最高幹部会議に出席（二月一三日迄）。12月『私の青年時代　一名従軍するまで』出版。	4月救護法公布（三二年施行）。10月世界恐慌始まる。
五	一九三〇	58	4月渡米。6月中将に任ぜられる。10月渡英、帰路は米国を廻って帰る。	11月初の国立らい療養所（後の長島愛生園）設立。
六	一九三一	59	8月『禁酒と基督教』出版。	4月癩予防法。9月満州事変。
七	一九三二	60	6・17同志社で新島八重の葬儀を司る。7・5還暦祝賀講演会が日比谷公会堂で開催される。	3月満州国建国。5月五・一五事件。
八	一九三三	61	12月『留岡幸助君古稀記念集』贈呈式に出席。	4月児童虐待防止法。5月少年教護法。
九	一九三四	62	2・9青山会館での留岡幸助、有馬四郎助の葬儀に出席。4月国立癩療養所長島愛生園を訪問。7月渡英、8月の救世軍最高会議に出席。12月救世軍機恵子寮落成式に出席。	3月恩賜財団愛育会設立。
一〇	一九三五	63	1月救世軍世光寮落成式に出席。2月救世軍顧問に就任。10月救世軍開教四〇年紀念大行軍。12月救世軍本営にて満州国社会事業研究生に「社会事業家の精神」を語る。	この年、天皇機関説事件。
一一	一九三六	64	4月日本司令官に再任。	2月二・二六事件。
一二	一九三七	65	2・17山室悦子召天。3月『山室悦子』出版。6月『救世軍の立場を弁明す』出版。11月中国石家荘に	4月ヘレン・ケラー来日。7月日中戦争勃発。

			報国茶屋の設置。	
一三	一九三八	66	1月救世軍顧問に就任。11月朝鮮救世軍顧問を兼任。	1月厚生省設置。4月国家総動員法、社会事業法。
一四	一九三九	67	4月中国に救世軍済南診療所と済南日曜学校の設置。	4月宗教団体法。
一五	一九四〇	68	1・23新島襄没後五〇年記念集会にて「時艱にして偉人を想ふ」の説教。3・13召天。3・17青山会館で葬儀、翌日多摩墓地にて埋葬式。8月『平民之福音』が発禁処分を受ける。9月救世軍は日本救世団へ改称。	9月日独伊三国軍事同盟締結。10月大政翼賛会発足。紀元二六〇〇年記念全国社会事業大会。

*山室軍平 室田保夫
*大谷光瑞 白須淨眞
*久米邦武 髙田誠二
フェノロサ 伊藤豊
井上哲次郎 井ノ口哲也
三宅雪嶺 長妻三佐雄
*岡倉天心 木下長宏
志賀重昂 中野目徹
徳富蘇峰 杉原志啓
*竹越与三郎 西田毅
内藤湖南・桑原隲蔵 礪波護
*廣池千九郎 橋本富太郎
岩村透 今橋映子
*西田幾多郎 大橋良介
*金沢庄三郎 石川遼子
*柳田国男 鶴見太郎
厨川白村 張競
*村岡典嗣 水野雄司
大川周明 山内昌之
西田直二郎 林淳
*折口信夫 斎藤英喜
九鬼周造 古川雄嗣
三木清 杉山直樹
シュタイン 瀧井一博
*西周 清水多吉
*福澤諭吉 平山洋
成島柳北 山田俊治
福地桜痴 山田俊治
*村山龍平 早房長治
島田三郎 武藤秀太郎
田口卯吉 鈴木栄樹

*陸羯南 松田宏一郎
有賀長雄 森田吉彦
*黒岩涙香 奥武則
幸徳秋水 馬渕浩二
長谷川如是閑 織田健志
上杉慎吉 今野元
*吉野作造 田澤晴子
*山川均 米原謙
*岩波茂雄 十重田裕一
*北一輝 岡本幸治
*穂積重遠 大村敦志
中野正剛 吉田則昭
荒畑寒村 川村邦光
*満川亀太郎 福家崇洋
*エドモンド・モレル 林田治男
*北里柴三郎 福田眞人
高峰譲吉 木村昌人
田辺朔郎 秋元せき
*南方熊楠 飯倉照平
石原純 金子務
*辰野金吾 河上眞理・清水重敦
*七代目小川治兵衛 尼崎博正
本多静六 岡本貴久子
ブルーノ・タウト 北村昌史
ヴォーリズ 山形政昭・吉田与志也

現代

昭和天皇 御厨貴
高松宮宣仁親王 後藤致人
*李方子 小田部雄次
吉田茂 中西寛
マッカーサー 柴山太
鳩山一郎 楠綾子
*石橋湛山 増田弘
重光葵 武田知己
市川房枝 村井良太
*池田勇人 藤井信幸
高野実 篠田徹
和田博雄 庄司俊作
ライシャワー 廣部泉
朴正熙 木村幹
*田中角栄 新川敏光
宮沢喜一 村上友章
竹下登 真渕勝
*松永安左エ門 橘川武郎
鮎川義介 井口治夫
*出光佐三 橘川武郎
*松下幸之助 米倉誠一郎
渋沢敬三 井上潤
*本田宗一郎 伊丹敬之
*井深大 武田徹
*佐治敬三 小玉武
幸田家の人々 金井景子
*正宗白鳥 大嶋仁
*大佛次郎 福島行一
井伏鱒二 滝口明祥

*川端康成 大久保喬樹
*薩摩治郎八 小林茂
坂口安吾 千葉一幹
太宰治 安藤宏
松本清張 杉原志啓
安部公房 鳥羽耕史
*三島由紀夫 島内景二
井上ひさし 成田龍一
R・H・ブライス 菅原克也
柳宗悦 熊倉功夫
バーナード・リーチ 鈴木禎宏
*熊谷守一 古川秀昭
川端龍子 岡部昌幸
藤田嗣治 林洋子
*井上有一 海上雅臣
*手塚治虫 竹内オサム
古賀政男 藍川由美
*吉田正 金子勇
武満徹 船山隆
*八代目坂東三津五郎 田口章子
*力道山 岡村正史
*西田天香 宮田昌明
安倍能成 中根隆行
サンソム夫妻 平川祐弘・牧野陽子
*天野貞祐 貝塚茂樹
和辻哲郎 小坂国継
矢代幸雄 稲賀繁美
石田幹之助 岡本さえ
*平泉澄 若井敏明
*早川孝太郎 須藤功

安岡正篤 片山杜秀
青山二郎 田野勲
島田謹二 小林信行
田中美知太郎 川久保剛
前嶋信次 杉田英明
*唐木順三 澤村修治
亀井勝一郎 山本直人
宮本常一 須藤功
知里真志保 モコットゥナㇱ
竹内好 田澤晴子
*保田與重郎 谷崎昭男
石母田正 磯前順一
*福田恆存 川久保剛
井筒俊彦 安藤礼二
吉田満 貝塚茂樹
佐々木惣一 伊藤孝夫
高田保馬 金子勇
小泉信三 都倉武之
*瀧川幸辰 伊藤孝夫
式場隆三郎 服部正
大宅壮一 有馬学
清水幾太郎 庄司武史
*フランク・ロイド・ライト 大久保美春
*中谷宇吉郎 杉山滋郎
今西錦司 山極寿一

*は既刊
二〇二〇年三月現在

孝明天皇　青山忠正
*和宮　辻ミチ子
徳川慶喜　大庭邦彦
島津斉彬　原口泉
横井小楠　沖田行司
*古賀謹一郎　小野寺龍太
*永井尚志　高村直助
*岩瀬忠震　小野寺龍太
*栗本鋤雲　小野寺龍太
大村益次郎　竹本知行
岩倉具視　斎藤紅葉
河井継之助　小川和也
松平春嶽　大石学
*西郷隆盛　家近良樹
*由利公正　角鹿尚計
橋本左内・橘曙覧　角鹿尚計
*塚本明毅　塚本学
松平容保　白石烈
山岡鉄舟・高橋泥舟　岩下哲典
三条実美　奈良勝司
*月性　海原徹
*吉田松陰　海原徹
*高杉晋作　海原徹
*久坂玄瑞　一坂太郎
ペリー　遠藤泰生
ハリス　福岡万里子
オールコック　佐野真由子
アーネスト・サトウ　奈良岡聰智

近代

*明治天皇　伊藤之雄
*大正天皇　F・R・ディキンソン
*昭憲皇太后・貞明皇后　小田部雄次
大久保利通　三谷太一郎
山県有朋　鳥海靖
木戸孝允　落合弘樹
井上馨　伊藤之雄
*松方正義　室山義正
榎本武揚　醍醐龍馬
北垣国道　小林丈広
板垣退助　小川原正道
長与専斎　笠原英彦
大隈重信　五百旗頭薫
伊藤博文　坂本一登
井上毅　大石眞
*井上勝　老川慶喜
*桂太郎　小林道彦
*渡邉洪基　瀧井一博
*乃木希典　佐々木英昭
星亨　小林道彦
林董　奈良岡聰智
*児玉源太郎　小林道彦
*高宗・閔妃　木村幹
山本権兵衛　室山義正
*金子堅太郎　松村正義
高橋是清　鈴木俊夫
小村寿太郎　簑原俊洋
*犬養毅　小林惟司
原敬　季武嘉也

*加藤高明　櫻井良樹
牧野伸顕　小宮一夫
田中義一　黒沢文貴
内田康哉　高橋勝浩
平沼騏一郎　堀田慎一郎
*鈴木貫太郎　小堀桂一郎
宇垣一成　北岡伸一
*宮崎滔天　榎本泰子
*浜口雄幸　川田稔
幣原喜重郎　西田敏宏
関一　玉井金五
水野広徳　片山慶隆
広田弘毅　井上寿一
安重根　上垣外憲一
*グルー　廣部泉
*永田鉄山　森靖夫
東條英機　牛村圭
今村均　前田雅之
蒋介石　劉岸偉
石原莞爾　山室信一
近衛文麿　庄司潤一郎
*岩崎弥太郎　武田晴人
伊藤忠兵衛　末永國紀
*五代友厚　田付茉莉子
大倉喜八郎　村上勝彦
*安田善次郎　由井常彦
渋沢栄一　武田晴人
中野武営　佐賀香織
益田孝　鈴木邦夫
山辺丈夫　宮本又郎
武藤山治　阿部武司・桑原哲也

池田成彬　松浦正孝
西原亀三　森川正則
小林一三　橋爪紳也
大倉恒吉　石川健次郎
大原孫三郎　猪木武徳
*河竹黙阿弥　今尾哲也
イザベラ・バード　加納孝代
小泉八雲　斎藤英喜
*林忠正　木々康子
*森鷗外　小堀桂一郎
*二葉亭四迷　ヨコタ村上孝之
正岡子規　井上泰至
*夏目漱石　佐々木英昭
徳冨蘆花　半藤英明
巌谷小波　千葉信胤
樋口一葉　佐伯順子
*島崎藤村　十川信介
泉鏡花　東郷克美
上田敏　小林茂
*有島武郎　亀井俊介
志賀直哉　小林幸夫
北原白秋　平石典子
菊池寛　山本芳明
芥川龍之介　髙橋龍夫
*宮沢賢治　千葉一幹
高浜虚子　坪内稔典
与謝野晶子　佐伯順子
*種田山頭火　村上護
*斎藤茂吉　品田悦一
*高村光太郎　湯原かの子
石川啄木　先崎彰容

萩原朔太郎　エリス俊子
*原阿佐緒　秋山佐和子
*狩野芳崖・高橋由一　古田亮
川村清雄　落合則子
*小堀鞆音　小堀桂一郎
竹内栖鳳　北澤憲昭
黒田清輝　高階秀爾
中村不折　石川九楊
横山大観　高階秀爾
*橋本関雪　西原大輔
土田麦僊　天野一夫
岸田劉生　北澤憲昭
濱田庄司　濱田琢司
*山田耕筰　後藤暢子
松旭斎天勝　川添裕
中山みき　鎌田東二
佐田介石　谷川穣
*ニコライ　中村健之介
*出口なお・王仁三郎　川村邦光
*新島襄　太田雄三
新島八重　佐伯順子
木下広次　冨岡勝
山川健次郎　小宮京・中澤俊輔
海老名弾正　西田毅
嘉納治五郎　クリストファー・スピルマン
柏木義円　片野真佐子
津田梅子　田中智子
*澤柳政太郎　新田義之
*河口慧海　高山龍三

南北朝・室町

後醍醐天皇　上横手雅敬
*護良親王　新井孝重
*懐良親王　森　茂暁
*赤松氏五代　渡邊大門
*北畠親房　岡野友彦
楠正成　兵藤裕己
楠木正行・正儀　生駒孝臣
*新田義貞　山本隆志
*光厳天皇　深津睦夫
足利尊氏　市沢　哲
*足利直義　亀田俊和
佐々木道誉　下坂　守
細川頼之　亀田俊和
円観・文観　田中貴子
足利義詮　早島大祐
足利義満　川嶋將生
*足利義持　吉田賢司
足利持氏　植田真平
足利義政　木下昌規
日野富子　田端泰子
*大内義弘　平瀬直樹
伏見宮貞成親王　松薗　斉
*山名宗全　山本隆志
細川勝元・政元　古野　貢
畠山義就　呉座勇一
足利成氏　阿部能久
世阿弥　西野春雄
雪舟等楊　河合正朝
宗祇　鶴崎裕雄
*満済　森　茂暁
一休宗純　原田正俊
蓮如　岡村喜史

戦国・織豊

北条早雲　家永遵嗣
北条氏綱　黒田基樹
*北条氏政　黒田基樹
*大内義隆　藤井　崇
*斎藤氏四代　木下　聡
*毛利元就　岸田裕之
*毛利輝元　光成準治
*小早川隆景・秀秋　光成準治
*六角定頼　村井祐樹
*今川義元　小和田哲男
*武田信玄　笹本正治
*武田勝頼　笹本正治
*真田氏三代　笹本正治
*三好長慶　天野忠幸
松永久秀　天野忠幸
*宇喜多直家・秀家　渡邊大門
*上杉謙信　矢田俊文
大友宗麟　鹿毛敏夫
島津義久・義弘　福島金治
細川幽斎　鈴木　元
*長宗我部元親・盛親　平井上総
最上氏三代　松尾剛次
浅井長政　長谷川裕子
蠣崎・松前氏五代　新藤　透
吉田兼倶　西山　克
山科言継　松薗　斉
*雪村周継　赤澤英二
正親町天皇・後陽成天皇　神田裕理
*足利義輝・義昭　山田康弘
織田信長　三鬼清一郎
織田長益　八尾嘉男
*明智光秀・秀満　小和田哲男
豊臣秀吉　藤井讓治
豊臣秀次　矢部健太郎
*北政所おね　田端泰子
*淀殿　福田千鶴
蜂須賀正勝・家政　三宅正浩
前田利家　東四柳史明
山内一豊・忠義　長屋隆幸
*黒田如水　小和田哲男
*蒲生氏郷　藤田達生
石田三成　堀越祐一
*細川ガラシャ　田端泰子
*支倉常長　田中英道
千利休　熊倉功夫
*長谷川等伯　宮島新一
顕如　神田千里
教如　安藤　弥

江戸

*徳川家康　笠谷和比古
板倉勝重　谷　徹也
本多忠勝　柴　裕之
本多正純　小川　雄
柳生宗矩　福田千鶴
*徳川家光　野村　玄
徳川吉宗　横田冬彦
*後水尾天皇　久保貴子
後桜町天皇　所　京子
*光格天皇　藤田　覚
*春日局　福田千鶴
宮本武蔵　渡邊大門
*池田光政　倉地克直
保科正之　八木清治
シャクシャイン　岩崎奈緒子
*田沼意次　藤田　覚
細川重賢　安高啓明
松平治郷　小林准士
*二宮尊徳　小林惟司
*末次平蔵　岡　美穂子
高田屋嘉兵衛　生田美智子
沢庵宗彭　芳澤　元
*林羅山　鈴木健一
吉野太夫　渡辺憲司
熊沢蕃山　川口　浩
*山崎闇斎　澤井啓一
山鹿素行　前田　勉
*北村季吟　島内景二
伊藤仁斎　澤井啓一
貝原益軒　辻本雅史
*ケンペル　B・M・ボダルト＝ベイリー
新井白石　大川　真
荻生徂徠　柴田　純
*雨森芳洲　上田正昭
石田梅岩　高野秀晴
白隠慧鶴　芳澤勝弘
前野良沢　松田　清
平賀源内　石上　敏
本居宣長　田尻祐一郎
杉田玄白　吉田　忠
木村蒹葭堂　有坂道子
*大田南畝　沓掛良彦
菅江真澄　赤坂憲雄
*鶴屋南北　諏訪春雄
良寛　阿部龍一
*山東京伝　佐藤至子
*滝沢馬琴　高田　衛
平田篤胤　山下久夫
国友一貫斎　太田浩司
シーボルト　宮坂正英
本阿弥光悦　岡　佳子
小堀遠州　中村利則
狩野探幽・山雪　山下善也
尾形光琳・乾山　河野元昭
*二代目市川團十郎　田口章子
伊藤若冲　狩野博幸
浦上玉堂　高橋博巳
*佐竹曙山　成瀬不二雄
葛飾北斎　岸　文和
酒井抱一　玉蟲敏子

ミネルヴァ日本評伝選

企画推薦
梅原猛
ドナルド・キーン
佐伯彰一
角田文衛

監修委員
上横手雅敬
芳賀徹

編集委員
石川九楊
伊藤之雄
猪木武徳
今谷明
今橋映子
熊倉功夫
佐伯順子
坂本多加雄
武田佐知子
竹西寛子
西口順子
兵藤裕己
御厨貴

上代

*俾弥呼　古田武彦
*日本武尊　西宮秀紀
*仁徳天皇　若井敏明
雄略天皇　吉村武彦
継体天皇　若井敏明
*蘇我氏四代　遠山美都男
推古天皇　義江明子
聖徳太子　仁藤敦史
斉明天皇　武田佐知子
*小野妹子・毛人・毛野　大橋信弥
*額田王　梶川信行
弘文天皇　遠山美都男
天武天皇　新川登亀男
持統天皇　丸山裕美子
阿倍比羅夫　熊田亮介
*藤原四子　木本好信
役小角　脊古真哉
*柿本人麿　古橋信孝
*元明天皇・元正天皇　渡部育子
聖武天皇　本郷真紹
光明皇后　寺崎保広
*孝謙・称徳天皇　勝浦令子
藤原不比等　荒木敏夫
橘諸兄・奈良麻呂　遠山美都男
吉備真備　今津勝紀
*藤原仲麻呂　木本好信
道鏡　吉川真司
*藤原種継　木本好信
*行基　吉田靖雄

平安

*桓武天皇　井上満郎
嵯峨天皇　西別府元日
宇多天皇　古藤真平
醍醐天皇　石上英一
村上天皇　京樂真帆子
花山天皇　上島享
*三条天皇　倉本一宏
藤原薬子　中野渡俊治
*藤原良房・基経　瀧浪貞子
*紀貫之　神田龍身
源高明　所功
*安倍晴明　斎藤英喜
*藤原道長　朧谷寿
*藤原伊周・隆家　倉本一宏
藤原定子　山本淳子
*藤原彰子　朧谷寿
清少納言　三田村雅子
和泉式部　ツベタナ・クリステワ
大江匡房　小峯和明
*阿弖流為　樋口知志
坂上田村麻呂　熊谷公男
*源満仲・頼光　元木泰雄
平将門　西山良平
藤原純友　寺内浩
源義家　大津雄一
最澄　吉田一彦
円珍　岡野浩二
*空也　石井義長
奝然　上川通夫
*源信　小原仁
慶滋保胤　吉原浩人
*後白河天皇　美川圭
*式子内親王　奥野陽子
建礼門院　生形貴重
藤原頼長・師長　樋口健太郎
*藤原秀衡　入間田宣夫
平時子・時忠　元木泰雄
平維盛　根井浄
木曾義仲　樋口州男
守覚法親王　阿部泰郎
藤原隆信・信実　山本陽子

鎌倉

源頼朝　川合康
*源義経　近藤好和
源実朝　神田龍身
*九条兼実　加納重文
九条道家　上横手雅敬
北条時政　野口実
熊谷直実　佐伯真一
*北条政子　関幸彦
*北条義時　岡田清一
曾我十郎・五郎　杉橋隆夫
後鳥羽天皇　兵藤裕己
北条時頼　山本隆志
北条時宗　近藤成一
平頼綱　細川重男
竹崎季長　堀本一繁
西行　光田和伸
鴨長明　浅見和彦
藤原定家　赤瀬信吾
*京極為兼　今谷明
*兼好　島内裕子
重源　横内裕人
*運慶　根立研介
快慶　井上一稔
法然　今堀太逸
栄西　中尾良信
明恵　西山厚
*親鸞　末木文美士
恵信尼・覚信尼　西口順子
覚如　今井雅晴
*道元　船岡誠
叡尊　細川涼一
*忍性　松尾剛次
*日蓮　佐藤弘夫
一遍　蒲池勢至
夢窓疎石　原田正俊
*宗峰妙超　竹貫元勝

刊行のことば

歴史を動かすものは人間であり、興趣に富んだ人間の動きを通じて、世の移り変わりを考えるのは、歴史に接する醍醐味である。

しかし過去の歴史学を顧みるとき、人間不在という批判さえ見られたように、歴史における人間のすがたが、必ずしも十分に描かれてきたとはいえない。二十一世紀を迎えた今、歴史の中の人物像を蘇生させようとの要請はいよいよ強く、またそのための条件もしだいに熟してきている。

この「ミネルヴァ日本評伝選」は、正確な史実に基づいて書かれるのはいうまでもないが、単に経歴の羅列にとどまらず、歴史を動かしてきたすぐれた個性をいきいきとよみがえらせたいと考える。そのためには、対象とした人物とじっくりと対話し、ときにはきびしく対決していくことも必要になるだろう。

今日の歴史学が直面している困難の一つに、研究の過度の細分化、瑣末化が挙げられる。それは緻密さを求めるが故に陥った弊害といえるが、その結果として、歴史の大きな見通しが失われ、歴史学を通しての社会への働きかけの途が閉ざされ、人々の歴史への関心を弱める危険性がある。今こそ歴史が何のためにあるのかという、基本的な課題に応える必要があろう。評伝という興味ある方法を通じて、解決の手がかりを見出せないだろうかというのも、この企画の一つのねらいである。

狭義の歴史学の研究者だけでなく、多くの分野ですぐれた業績をあげている著者たちを迎えて、従来見られなかった規模の大きな人物史の叢書として、「ミネルヴァ日本評伝選」の刊行を開始したい。

平成十五年（二〇〇三）九月

ミネルヴァ書房

《著者紹介》

室田保夫（むろた・やすお）

1948年　生まれ。

1976年　同志社大学大学院文学研究科修士課程修了。

1996年　高野山大学教授，同志社大学で博士号取得（社会福祉学）。

1999年　関西学院大学教授。

2017年　関西学院大学退職（名誉教授）。

現　在　京都ノートルダム女子大学特任教授。

著　書　『留岡幸助著作集』全５巻，共編著，同朋舎出版，1978～81年。

『山室軍平の研究』共著，同朋舎出版，1991年。

『キリスト教社会福祉思想史の研究』不二出版，1994年。

『留岡幸助の研究』不二出版，1998年。

『石井十次の研究』共編著，同朋舎出版，1999年。

『日本社会福祉の歴史　付史料』共編著，ミネルヴァ書房，2003年。

『人物でよむ近代日本社会福祉のあゆみ』編著，ミネルヴァ書房，2006年。

『子どもの人権問題資料集成』全10巻，共編著，不二出版，2009～10年。

『近代日本の光と影――慈善・博愛・社会事業をよむ』関西学院大学出版会，2012年，ほか。

ミネルヴァ日本評伝選
山《やま》　室《むろ》　軍《ぐん》　平《ぺい》
――無名ノ英雄，無名ノ豪傑タルヲ勉メン哉――

2020年３月10日　初版第１刷発行　〈検印省略〉

定価はカバーに
表示しています

著　者　室　田　保　夫
発行者　杉　田　啓　三
印刷者　江　戸　孝　典

発行所　株式会社　ミネルヴァ書房
607-8494　京都市山科区日ノ岡堤谷町１
電話代表（075）581-5191
振替口座　01020-0-8076

　共同印刷工業・新生製本

ISBN978-4-623-08963-5
Printed in Japan

人名索引

あ 行

か 行

さ 行

ま　行

や　行

ら・わ　行

事項索引

な　行

は　行

た　行

ま　行

や　行

ら・わ　行